Yvonne Frenzel Ganz, Markus Fäh (Hg.)
Cinépassion

Yvonne Frenzel Ganz, Markus Fäh (Hg.)

Cinépassion

Eine psychoanalytische Filmrevue

Mit Beiträgen von Hans Peter Bernet,
Johannes Binotto, Markus Fäh, Ingrid Feigl,
Yvonne Frenzel Ganz, Bianca Gueye, Rolf Hächler,
Andrea Kager, Beate Koch, Alexander Moser,
Alba Polo, Wiebke Rüegg-Kulenkampff
und Mirna Würgler

Psychosozial-Verlag

Die Herausgeber danken den Autorinnen und Autoren
und dem Verein *Cinépassion* für ihre freundliche Unterstützung.

Bibliografische Information der Deutschen Nationalbibliothek
Die Deutsche Nationalbibliothek verzeichnet diese Publikation
in der Deutschen Nationalbibliografie; detaillierte bibliografische Daten
sind im Internet über http://dnb.d-nb.de abrufbar.

Originalausgabe
© 2010 Psychosozial-Verlag
Walltorstr. 10, D-35390 Gießen
Fon: 06 41 - 96 99 78 - 18; Fax: 06 41 - 96 99 78 - 19
E-Mail: info@psychosozial-verlag.de
www.psychosozial-verlag.de
Alle Rechte vorbehalten. Kein Teil des Werkes darf in irgendeiner Form
(durch Fotografie, Mikrofilm oder andere Verfahren)
ohne schriftliche Genehmigung des Verlages reproduziert
oder unter Verwendung elektronischer Systeme verarbeitet,
vervielfältigt oder verbreitet werden.
Umschlagabbildung: Gert Kreutschmann:
»Ein kleines Mädchen steht vor einer Wand mit Kino-Plakaten«,
1956. © ullstein bild – Gert Kreutschmann
Umschlaggestaltung & Satz: Hanspeter Ludwig, Gießen
www.imaginary-art.net
Der Umschlag wurde gesetzt in »Luminol-Fancy«
© Hanspeter Ludwig, 2001
Druck: Majuskel Medienproduktion GmbH, Wetzlar
www.majuskel.de
Printed in Germany
ISBN 978-3-8379-2033-8

Inhalt

Vorwort — 9

Die Hölle in uns
La caduta degli dei, Luchino Visconti, I 1969 — 13
ALEXANDER MOSER

Schnitttechnik des psychischen Apparats
The Conversation, Francis Ford Coppola, USA 1974 — 21
JOHANNES BINOTTO

Ödipus in Texas
Lone Star, John Sayles, USA 1995 — 29
BEATE KOCH

Niederlage als Sieg
The Piano, Jane Campion, AUS 1993 — 39
YVONNE FRENZEL GANZ

Der Storch von Manhattan
Rosemary's Baby, Roman Polanski, USA 1968 — 49
BIANCA GUEYE

Inhalt

Nichts weniger als das Leben selbst
Stalker, Andrej Tarkovskij, UdSSR 1979   59
MARKUS FÄH

Einer gegen keinen
Duel, Steven Spielberg, USA 1971   69
INGRID FEIGL

Der Horror des Unmenschlichen
Apocalypse Now Redux, Francis Ford Coppola, USA 1979/2001   79
MARKUS FÄH

Zwischen Aufbruch und Stillstand
The Dreamers, Bernardo Bertolucci, GB 2003   89
YVONNE FRENZEL GANZ

Das Phantasma der vollkommenen Liebe
Damage, Louis Malle, F/GB 1992   99
WIEBKE RÜEGG-KULENKAMPFF

Wie wahr kann Wahrheit sein?
Rashomon, Akira Kurosawa, J 1950   109
ROLF HÄCHLER

Das unerklärlich Böse
Alien, Ridley Scott, GB/USA 1979   119
INGRID FEIGL

Im Sog der Selbstzerstörung
37°2 le matin, Jean-Jacques Beineix, F 1986   129
ALEXANDER MOSER

Vertrauter Fremder
Harry, un ami qui vous veut du bien, Dominik Moll, F 2000 — 137
YVONNE FRENZEL GANZ

Der Andere bin ich
Fight Club, David Fincher, USA/D 1999 — 147
MARKUS FÄH

Das Unbewusste kennt keine Zeit
The Hours, Stephen Daldry, USA 2003 — 159
ANDREA KAGER

Das achte Weltwunder
King Kong, Merian C. Cooper/Ernest B. Schoedsack, USA 1933 — 167
MIRNA WÜRGLER

Tango der Befreiung
Je ne suis pas là pour être aimé, Stéphane Brizé, F 2005 — 177
WIEBKE RÜEGG-KULENKAMPFF

Der Krieg und seine Gegenspielerin
Kukushka, Aleksandr Rogozhkin, RUS/FIN 2002 — 187
HANS PETER BERNET

Im Namen der Mutter
Transamerica, Duncan Tucker, USA 2005 — 195
ALBA POLO

Filmografie — 203

Autorinnen und Autoren — 223

Vorwort

Das Medium Film hat – wie die Psychoanalyse – unsere Kultur revolutioniert. Die Macht der bewegten Bilder ist auch zu Beginn des 21. Jahrhunderts ungebrochen, die Leinwand als Projektionsfläche unserer inneren Welt zieht die Menschen unverändert in ihren Bann. Öffentliche Veranstaltungen zu »Film und Psychoanalyse« sind in Europa und ganz besonders im deutschsprachigen Raum en vogue.

Die psychoanalytische Betrachtung als eine der möglichen Sichtweisen auf das Kulturprodukt Film gehört zum Gebiet der Angewandten Psychoanalyse. Dank der Popularität des Films erreicht sie ein breites Publikum und vermag es, dem Zuschauer die Evidenz der psychoanalytischen Interpretation nahezubringen.

Zudem ist das Filmschaffen historisch auf das Engste mit der Psychoanalyse verknüpft: Der legendäre Schauspiellehrer und Begründer des »method acting«, Lee Strasberg, bei dem auch Marilyn Monroe und Marlon Brando Kurse besuchten, verlangte zum Beispiel von seinen Schülern, dass sie eine Psychoanalyse machten. Auch ist die Theorie des Drehbuchschreibens und der Figurenkonstruktion von der Psychoanalyse inspiriert.

Zürich ist kulturell gesehen eine Weltstadt und hat als eigentliche Filmmetropole zudem eine Sonderstellung: Filme werden in Zürich bis heute fast ausnahmslos in der Originalfassung mit deutschen Untertiteln gezeigt, und keine andere Stadt im deutschsprachigen Raum hat eine derart hohe Kinodichte im Verhältnis zu ihrer Einwohnerzahl. Das

Zürcher Publikum gilt als cineastisch sehr interessiert, deshalb hat Zürich für Filmregisseure und Filmkritiker eine ähnliche Bedeutung wie Paris. Die Zahl der jährlich veranstalteten Filmfestivals wächst stetig.

Um im schwierigen Umfeld eines vielfältigen, qualitativ hochstehenden Kulturangebots eine Veranstaltungsreihe über »Film und Psychoanalyse« langfristig zu etablieren, hat *Cinépassion* in Zürich neue Wege beschritten. *Cinépassion* ist ein unabhängiger Verein, ein Zusammenschluss von Psychoanalytikerinnen und Psychoanalytikern und anderen an Film und Psychoanalyse interessierten Personen. Der Vereinszweck ist einzig, Spielfilme öffentlich vorzuführen, psychoanalytisch zu kommentieren und mit einem breiten Publikum zu diskutieren.

In der Arthouse Commercio Movie AG, die in Zürich sieben Kinos betreibt und das Independent Cinema, also den Studiofilm, vertritt, fand *Cinépassion* eine starke Partnerin. Der langjährige Leiter der Arthouse-Gruppe, This Brunner, seit über 30 Jahren für seine anspruchsvolle Programmation bekannt und an der Entwicklung der Filmstadt Zürich maßgeblich beteiligt, erhielt 2008 in Paris den Europa Cinema Award für das beste Programm. *Cinépassion* freut sich, mit »Film und Psychoanalyse« eine Blume im Bouquet dieses Programms sein zu dürfen.

Bei Veranstaltungen von *Cinépassion* schlagen interessierte Kommentatorinnen und Kommentatoren unterschiedlicher psychoanalytischer Provenienz selbst Filme vor. Der Vorstand prüft die Angebote und stellt das Programm zusammen; neben Qualität und Verfügbarkeit der Filme ist auch eine abwechslungsreiche Programmgestaltung wichtiges Auswahlkriterium. An der jeweiligen Veranstaltung gibt es zunächst eine kurze Einführung zum Regisseur und zur Entstehungsgeschichte des Films. Erst nach dem Film ist ein rund 15-minütiger psychoanalytischer Kommentar zu hören; dies erlaubt den Zuschauern, den Film auf ihre persönliche Weise zu sehen. Die Kommentare sind so verfasst, dass auch der psychoanalytische Laie ihnen folgen kann. Nicht eine umfassende abschließende Interpretation ist gefragt, sondern ein öffnender Blick auf das Unbewusste und die innere Welt.

Wir legen mit dem vorliegenden Band eine Auswahl von Kommentaren aus den ersten drei Veranstaltungsjahren vor. Die Reihenfolge der Beiträge folgt der Chronologie des Programms. Entstanden ist eine farbige Filmrevue: Klassiker der Filmgeschichte sind ebenso vertreten wie unbekannte Trouvaillen und Erstlingswerke junger Regisseure; sie werden hier wieder und neu gesehen. Der persönliche Hintergrund und die theoretischen Präferenzen der Kommentatorinnen und Kommentatoren prägen die Beiträge; insofern tragen sie die unverwechselbare Handschrift ihrer jeweiligen Verfasserin bzw. ihres jeweiligen Verfassers. Die Diskussion bewegt sich auf breitem und heterogenem theoretischen Terrain: Sie wird unter anderem von Begriffen wie Trieb, Objektbeziehung, Trauma, Spiegelstadium und Genese des Subjekts geprägt. So reflektieren die Beiträge die Arbeitsweise der heutigen Psychoanalyse in ihrer ganzen Vielfalt. Wir haben angesichts dieses Reichtums an Themen und Gesichtspunkten darauf verzichtet, die Texte thematisch zu gliedern. Es ist auch die Lebendigkeit des Projekts *Cinépassion*, die sich in der Auswahl der hier vorgelegten Beiträge niederschlägt.

An dieser Stelle danken wir all jenen herzlich, die zum Gelingen von *Cinépassion* beigetragen haben: Annette Bleichenbacher, der Co-Leiterin der Arthouse-Gruppe, für ihr passioniertes Engagement; Beat Käslin, dem neuen Leiter der Arthouse-Gruppe, der uns, genau wie sein Vorgänger This Brunner, die Programmation von *Cinépassion* vertrauensvoll überlässt, auf dessen beratende Stimme wir aber jederzeit zählen dürfen; und schließlich Raoul Walzer, dem Kinoleiter des Arthouse Movie, für seinen unermüdlichen Einsatz für und während unserer Samstagsmatinées. *Cinépassion* wäre zudem nicht möglich ohne die aktive und passive Unterstützung aller Vereinsmitglieder; auch ihnen sei hier gedankt.

Zu guter Letzt danken wir Michael Ganz für das sorgfältige Lektorat dieses Buchs.

Zürich, im Frühjahr 2010
Yvonne Frenzel Ganz und Markus Fäh

www.cinepassion.ch

Die Hölle in uns
La caduta degli dei, Luchino Visconti, I 1969
Alexander Moser

Einführung

Unser explizites Wissen über die Zusammenhänge, die zur größten Katastrophe der Menschheitsgeschichte, dem Zweiten Weltkrieg mit seinem Holocaust, geführt haben, ist auch heute noch völlig ungenügend. In wesentlichen Punkten hinkt unser explizites Wissen dem impliziten unbewussten Wissen genialer Kunstschaffender wie Luchino Visconti hinterher. Wenn wir uns in *La caduta degli dei* alias *Die Verdammten* von Visconti an der Hand nehmen lassen, lernen wir im Schutz seiner großen künstlerischen Formkraft dämonische Gefilde der eigenen seelischen Unterwelt kennen, ohne in ihnen endgültig zu versinken. Wieder aufgetaucht und sensibilisiert für hintergründige Zusammenhänge, sind wir dem utopischen Ziel näher gekommen, dass wir – statt trennende Abgründe zu behaupten und sie mit Sündenböcken zu zementieren – mit einer gewissen Angst vor uns selbst sagen können: »Nichts Menschliches ist uns völlig fremd.« Und so wird das Gespür geschärft für die stets gegenwärtige menschliche Verführbarkeit zu Regression und Gewalt.

Kommentar

Ein interessanter Kommentar zu Viscontis *Die Verdammten* stammt von einem Großmeister des italienischen Kinos, Pier Paolo Pasolini. In zwei Briefen an Visconti hat Pasolini (1969) den Film kurz nach seinem Erscheinen diskutiert. In beiden Briefen rühmt Pasolini den ersten Teil des Films über alle Maßen, weil Visconti nicht einfach bekannte Denkschemata verfilmt, sondern in überragender Form seine persönliche menschliche Erfahrung eingebracht habe. In der Tat hat Visconti einmal selbst gesagt, dass man, wenn man einen Film über den Nationalsozialismus drehen wolle, zu diesem Zweck nurmehr ein kleines Fragment der Geschichte auswählen müsse. So habe er eine einzige Familie verwendet, um die wichtigsten Aspekte des Nazismus darzustellen; viele andere Aspekte habe er auslassen müssen.

Die Ausgangssituation für die einer inneren Logik folgenden, unaufhaltsam schrecklichen Entwicklung des Plots wird schon in der Geburtstagsszene am Anfang des Films exemplarisch dargestellt, in der Visconti die Hauptakteure leitmotivhaft einführt. Die zentrale Gestalt, Helmut Berger als Martin, ist der Prototyp eines perversifizierten Sohns, der bei einem abwesenden Vater eine komplizenhafte und erotisierte Beziehung zu seiner Mutter Sophie unterhält. Man kann sich gut vorstellen, dass Martin schon als kleines Kind keine Mühe hatte, die unumstößliche Fantasie zu entwickeln, er allein sei die Nummer Eins im Beziehungskreis der Mutter. Der Stillstand an diesem frühen Punkt der psychosexuellen Entwicklung ist Garantie für das Weiterbestehen der exklusiven, den Vater ausschließenden Zweierbeziehung zur Mutter – also zur Aufrechterhaltung von Martins Paradies (Chasseguet-Smirgel 1991).

Auch der spanische Regisseur Carlos Saura stellt in seinem Film *Zärtliche Stunden der Vergangenheit* dar, welche Folgen ein frühes Steckenbleiben in der psychosexuellen Entwicklung haben kann: Er lässt seinen Helden sagen, er habe sich seit der Adoleszenz – die ja zum Teil eine Rekapitulation jener Probleme zum Inhalt hat, die in den ersten Lebensjahren entstanden sind – nicht mehr weiterentwickelt.

Versuchen wir doch einen Moment lang, uns – losgelöst von Viscontis Film – den Prototypen einer ungestörten psychosexuellen Entwicklung anhand eines Beispiels aus der Kleinkinderstube zu vergegenwärtigen:

Ein vierjähriger Knabe sagt zu seiner Mutter: »Liebe Mutter, ich hab dich so gern, ich möchte dich heiraten.« Darauf erwidert die Mutter: »Es ist sehr schön, dass du mich so gern hast, aber ich bin doch schon mit deinem Vater verheiratet, und im Übrigen: Stell dir uns beide auf der Straße vor, nebeneinander als Mann und Frau, ich so groß und du so klein, das passt doch einfach nicht zusammen. Du musst jetzt wachsen und wachsen und wachsen, bis du so groß bist wie dein Vater oder vielleicht gar noch ein wenig größer. Dann kannst du jemanden heiraten, der jetzt noch zusammen mit dir in den Kindergarten geht.« »Ja, aber das geht doch noch sooo lange«, meint da der Kleine enttäuscht (im Wortsinn der Ent-Täuschung), und die Mutter antwortet: »Allerdings, da hast du Recht, das geht noch sooo lange.« Nach ein paar Tagen sagt der Kleine nebenbei zur Mutter: »Was ich Dir noch sagen wollte, ich habe jetzt eine Freundin im Kindergarten. Vielleicht werden wir, wenn wir groß sind, heiraten.«

Der Wunsch des Knaben, im Beziehungsnetz der Mutter noch vor den Vater zu treten, treibt seine psychosexuelle Entwicklung wie ein Motor voran. Die Mutter konfrontiert ihr Kind mit der Realität, indem sie den Generationenunterschied und damit indirekt auch das Inzestverbot unterstreicht; auf diese Weise unterstützt sie die Ablösung des Knaben von der Überbesetzung des Mutterbilds hin zu anderen Beziehungen. Gleichzeitig wird die Zeitdimension eingeführt, die das Kind in seinem Wunsch nach augenblicklicher Wunscherfüllung frustriert und nach Aufschub verlangt.

Vollzieht ein Knabe diese Entwicklungsschritte nicht, sondern hält unbewusst an dem unmöglichen und verbotenen Projekt, für ein ideales Mutterbild doch noch die Nummer Eins zu werden, fest und versucht weiterhin, das Unmögliche möglich zu machen, kann dies für den Rest seines Lebens vielfältige Konsequenzen haben. Zahlreich sind die Männer, die sich von unmöglichen Beziehungen – Dreiecksbeziehungen etwa, in denen sich die geliebte Person bereits in einer anderen Paarbeziehung befindet – magisch angezogen fühlen mit dem Ziel, die unmögliche Beziehung doch noch möglich zu machen. Sind sie dann, stolz auf ihre Eroberung, am narzisstisch befriedigenden Ziel angelangt, stellen sie fest, dass die nun mögliche Beziehung ihre Attraktivität verloren hat und eine nächste unmögliche Beziehung weit faszinierender wäre. So hinterlassen sie für sich und andere fortwährend Trümmerfelder vergangener Beziehungen.

Martin, die Hauptperson in Viscontis *Die Verdammten*, ist nicht nur in seiner psychosexuellen Entwicklung stehengeblieben, sondern hat sich auch in eine Gegenidentifizierung zu Vaterfiguren hinein entwickelt. Dies zeigt treffend die Transvestitenszene, in der Martin, verkleidet als Marlene Dietrich, das größtmögliche Gegenteil dessen darstellt, was sich sein anwesender Großvater gewünscht hätte – frei nach dem Motto: »Ich bin derjenige, vor dem mich mein Vater schon immer gewarnt hat.« Nebenbei sei hier bemerkt, dass das pathognomonische Symptom einer Gegenidentifizierung – die Zielsetzung also, auf gar keinen Fall so wie der eigene Vater zu werden – sämtliche Vaterfiguren und mit ihnen die Classe politique, die Gerichte und die höchsten staatliche Instanzen verhöhnt und verspottet.

Martin jedoch hat das Bewusstsein dafür, was ihm fehlt, nicht verloren. So singt er als Transvestit keineswegs zufällig: »Heut' Abend such ich mir was, einen Mann, einen richtigen Mann ...« Denn gemäß seiner unbewussten Fantasie kann er erst nach der identifikatorischen Einverleibung der phallischen Kräfte eines richtigen Mannes und Vaters selbst als erwachsener Mann im Leben stehen. Mit seinen Bedürfnissen gleicht Martin also dem klassischen Bild einer hysterischen Frau, die sich in unbewussten Vorstellungen an ein Vaterbild gekettet hat und die eigene Vervollkommnung durch die Beziehung mit einem väterlichen Mann erhofft, der ihr ein Kind macht, vor eben diesem Akt der Komplettierung jedoch verängstigt und frigid zurückschreckt und sich dann häufig einen ungefährlichen, weichen und einfühlsamen Partner sucht, der Gefahr läuft, mit der Zeit als Waschlappen dazustehen – ein Thema, das in Sternbergs berühmtem Film *Der Blaue Engel*, in dem Marlene Dietrich die Hauptrolle spielt, treffend thematisiert wird.

Die Geburtstagsfeier für den Großvater und die unmittelbar anschließenden Szenen sind klimatisch durchdrungen von totaler Respektlosigkeit, gröbster Uneinfühlsamkeit, schrankenlosem Egoismus und in zunehmendem Maß auch von Unmenschlichkeit und Skrupellosigkeit. Wir befinden uns auf einer gefährlich schiefen Ebene regressiven infantilen Verhaltens, das auf einem sadomasochistischen Niveau stehen bleibt, auf dem es am Ende tendenziell nur noch Zerstörte und Überlebende gibt. Auf die Respektlosigkeit gegenüber der väterlichen Welt des Gesetzes folgt bald die Grenzüberschreitung hin zur baren Kriminalität. Schlag auf Schlag kommt es zur Ermordung des Großvaters, zur Vertreibung und Verleumdung Herberts, zum pädophilen Übergriff Martins auf das kleine Judenmädchen und dessen Selbstmord sowie zur Erpressung Martins durch Joachim und Hauptsturmführer Aschenbach. Und dann folgt Bad Wiessee.

Hier muss ich zu Pasolinis Brief zurückkehren, denn er beschreibt mit großem Spürsinn einen eigentlichen Umschlagspunkt im Film, an dem dessen zweiter Teil beginnt, den Pasolini ablehnt. Der Umschlagspunkt – laut Pasolini ein geradezu sublimer Moment – ist das Auftauchen der Scheinwerfer eines Motorrads im Morgengrauen nach der Orgie am Wiessee, und ich würde hinzufügen: auch das Maschinengeräusch dieses Motorrads. In genau dem Moment, als das schöne Bild vom Wiessee in Kitsch umzuschlagen droht, schlägt nach meiner Interpretation auch die perverse Sexualität der sentimental nationalistischen, schweißtriefend männertümmelnden Orgie in infernalisch maschinenähnliche Gewalt um. Von nun an laufen der Film und die in ihm agierenden Personen ab wie ein mechanisches Uhrwerk, das die buchstäbliche Unmenschlichkeit der nationalsozialistischen Verfolgungsmaschine symbolisiert.

Die Vorstellung, von einer Maschine verfolgt zu werden, übertrifft alle denkbaren Ängste vor menschlicher Verfolgung; wir wissen dies von psychotischen Patienten der von Tausk (1933) beschriebenen Beeinflussungsmaschine, aber auch aus Filmen wie Stanley Kubricks *2001: Odyssee im Weltraum*. Die Personen in Viscontis Film bewegen sich zunehmend wie in einem stilisierten Ballett, wie aufgezogene Puppenfiguren, deren Menschlichkeit und Seele schon tot sind; so zeigt Sophies weißes Gesicht nach dem Inzest, dass der Selbstmord mit Zyankali nur noch eine Zerstörung ihres übrig gebliebenen Maschinenanteils darstellt.

In der Tat ist ein Inzest immer an die Verleugnung der Generationengrenze gebunden, die für alle Menschen einen Grundpfeiler der Realitätskontrolle darstellt. Damit illustriert dieser Akt folgerichtig das Erreichen und Überschreiten der Grenze zur Verrücktheit (im Wortsinn der Ver-Rücktheit), dargestellt an der Entwicklung einer Familie. Am Schluss des Films tauchen – wie schon am Anfang – die glühend roten Hochöfen der Vernichtungsindustrie auf: Sie deuten darauf hin, dass die Grenzen zur Verrücktheit auch kollektiv gesprengt sind. Mit der totalen Regression in die industrialisierte Massenmordmaschinerie ist der maximal mögliche, in dieser Form in der Menschheitsgeschichte einmalige Regressionszustand erreicht. Und genau dies zeigt Visconti anhand dieses einen ausgesuchten Fragments des Nationalsozialismus unter bewusster Auslassung anderer Aspekte mit unübertreffbarer Symbolik auf.

Auf den zweiten Teil des Films – das Umschlagen von Sexualität in Gewalt bis hin zur Maschinerie der Verfolgung – reagierte Pasolini so ablehnend, dass er in einer Fehlhandlung den positivsten Satz zum ersten Teil des Films aus seinem Briefentwurf abzuschreiben vergaß und dies entschuldigend in einem zweiten Brief nachholen musste. Dem vergessenen Satz lieferte er im zweiten Brief gleich noch drei verschiedene Interpretationen dieses einen Satzes nach, um, wie er sagte, ein Gleichgewicht zu seiner Kritik des zweiten Filmteils zu schaffen; offenbar war ihm bei dieser Kritik nicht ganz so wohl gewesen. Psychologisch unerklärlich erschien Pasolini der dargestellte Inzest; ihm schien ein Mann, der sich in seiner Perversion an kleinen Mädchen vergeht und seiner Mutter droht, sie zu zerstören, nicht potent genug für einen solchen Akt. Etwas wahrscheinlicher, wenn auch immer noch völlig verrückt, wäre Pasolini der Inzest erschienen, wenn Martin statt kleinen Mädchen Knaben geliebt hätte.

Pasolini verkannte offenbar die Macht des regressiven Urwunsches, in den Schoss der Mutter zurückzukehren, und auch die narzisstisch gekränkte Wut eines Kindes, dem das verführerische Elternteil nicht klare Grenzen setzt und das vom Verbot nicht vor der schmerzhaften Erkenntnis geschützt wird, dass eine generationsüberschreitende Paarbildung im Kindesalter eine Unmöglichkeit darstellt, die auch in seiner kindlichen Unfähigkeit begründet ist. Denkt man an Pasolinis Tod, entbehrt all dies nicht einer gewissen Tragik: Pasolini wurde unter unklaren Umständen von einem Strichjungen ermordet – Umschlagen von Sexualität in tödliche Gewalt?

Viscontis Film ist zwar 40 Jahre alt, sein Thema aber bleibt aktuell. Auch heute reagieren Menschen überall auf der Welt auf demagogisch geschürte innerseelische und unbewusste Verunsicherungen aller Art mit einer regressiven, verminderten Toleranz gegenüber eigenen – bewussten und viel mehr noch unbewussten – aggressiven und erotischen Tendenzen, die für das eigene Gewissen nicht akzeptierbar sind. Solche Tendenzen, die nicht einmal in der bloßen Fantasie akzeptierbar sind, werden externalisiert, nach außen projiziert, Dritten wie Mühlsteine um den Hals gehängt und dort dann erst verfolgt. Ziel sind die Kontrolle und die Elimination dieser Tendenzen im Anderen, im Fremden – zum Beispiel im Juden als dem Idealtypus des Fremden.

Wie diese Elimination erfolgt, ist einzig eine Frage der Machtverhältnisse. Man kann Menschen an den Rand drängen, sie ausgrenzen, ihr Anderssein betonen, sie mit Stigmata versehen, sie mit Kälte und Härte verfolgen, in den Tod treiben und umbringen oder – im extremsten denkbaren Fall – einer industrialisierten Mordmaschinerie übergeben. Zu all dem, so zeigt uns Visconti in *Die Verdammten*, sind wir fähig, wenn der Druck und die Verunsicherung groß genug sind und wir auf den eingeschliffenen Bahnen einer regressiven schiefen Ebene abgleiten.

Literatur

Buache, Freddy (1969): The damned ou Götterdämmerung. Les damnés. http//:emmanuel.denis.fr/visconti/texte/texte22.html (11.7.09).

Chasseguet-Smirgel, Janine (1991): Sadomasochism in the Perversions: Some Thoughts on the Destruction of Reality. J. Amer. Psychoanal. Assn. 39, 399–415.

Eco, Umberto (1984): Nachschrift zum »Namen der Rose«. München/Wien (Carl Hanser).

Pasolini, Pier Paolo (1969): Ce phare de moto. http://emmanuel.denis.free.fr/visconti/texte/texte26.html (11.7.09).

Saura, Carlos (1982): Zärtliche Stunden. Spielfilm, Spanien.

Tausk, Victor (1933): On the Origin of the »Influencing Machine« in Schizophrenia. Psychoanal. Q. 2, 519–556.

Schnitttechnik des psychischen Apparats
The Conversation, Francis Ford Coppola, USA 1974

Johannes Binotto

Einführung

Der Psychoanalytiker muss sich wie kein anderer darauf verstehen, das zu vernehmen, was zwischen den Zeilen gesagt wird. Entsprechend lohnt es sich auch für den Kino-Analytiker, besonders auf das zu achten, was zwischen den Zeilen der Filmgeschichte figuriert. Francis Ford Coppola hat *The Conversation* 1974 zwischen dem ersten und zweiten Teil seiner berühmten *Godfather*-Trilogie gemacht, und das hat dazu geführt, dass dieser Film – zumindest im deutschsprachigen Raum – gerne übergangen wird. Dabei hat Coppola mit *The Conversation* nicht nur sein vielleicht persönlichstes Werk geschaffen, sondern zugleich eine der brillantesten Untersuchungen dessen, worum es im Kino – aber auch in der Freud'schen Psychoanalyse – immer wieder geht: um den Zusammenhang von Sprache und Sinn, von Symbolischem und Imaginärem, von Ton und Bild, und darum, was passiert, wenn diese Zusammenhänge aus den Fugen geraten.

Der Film hat einen Abhörspezialisten zur Hauptfigur, einen hauptberuflichen Lauscher und Beobachter. Dieser Umstand sollte auch den Zuschauer im Kinosaal dazu anhalten, genau hinzuschauen und nicht weniger exakt hinzuhören, vom allerersten bis zum allerletzten Bild. Erst dann bemerkt man, wie vielschichtig dieser Film sein eigenes Medium, seine Bild- und Tontechnik und deren Implikationen analysiert und zugleich demontiert. Diese Aufmerksamkeit auf jedes Detail, mit der man *The Conversation* schauen muss, ist wohl vergleichbar mit der »gleichschwebenden Aufmerksamkeit« (Freud 1973, S. 377) des Psychoanalytikers. Vor der Leinwand wie auch hinter der Couch gilt: Es reicht nicht, nur zu hören, was erzählt wird – bedeutsamer ist, wie es erzählt wird.

Kommentar

»Establishing Shot« nennt man die erste Einstellung eines Films, die einem den Schauplatz im Überblick darstellt. Auch *The Conversation* beginnt mit solch einem Establishing Shot, doch etabliert dieser weit mehr als nur den Handlungsraum. Er führt zugleich das Thema des Films ein. Denn die Sicht der Kamera auf einen belebten Platz in San Francisco zur Mittagszeit ähnelt der eines allsehenden Überwachers, dessen Fernrohr an die arglosen Passanten heranzoomt. Gleichzeitig schwillt auf der Tonspur der Sound an, durchbrochen von Klirrgeräuschen und akustischen Verzerrungen. Es ist, als würden diese Laute auf etwas Verborgenes im Bild hinweisen, während uns umgekehrt das Bild aufhorchen lässt (Chion 1994, S. 66–94).

Der auffällige Zoom der Kamera und die gut hörbaren Störungen des Mikrofons machen etwas wahrnehmbar, das man im Kino so gern vergisst, gerade weil es allgegenwärtig ist: die Technik des Films. Was wir sehen und was wir hören – so registrieren unsere Sinne, lange bevor wir uns dessen bewusst werden – ist nur Film, Ausgeburt eines Mediums, eine brüchige Konstruktion.

Unter den Passanten, an die wir uns immer näher heranschauen und heranhören, fällt ein Pantomime auf, der andere in Bewegungen und Gesten imitiert. Auch er ist ein Medium, das die Umgebung nur simuliert. Von dem unauffälligen Mann in Anzug und halbdurchsichtigem Regenmantel lässt der Straßenkünstler indes schnell ab: Zu uninteressant und ohne charakteristische Merkmale, eignet sich dieses Opfer nicht zum Parodieren.

Und doch entpuppt sich gerade dieser farblose Passant als Protagonist des nun Folgenden. Es ist Abhörspezialist Harry Caul. Wie der Pantomime, so zieht auch Caul die Registrierung des Fremden dem eigenen

Sein vor. Auch er imitiert Realität, doch nicht mit seinem Körper, sondern mit seinen Tonbandrecordern, mit denen er heimlich aufgenommene Wortfetzen wieder zu ganzen Sätzen zusammennäht. Erst an seinen Audiogeräten lässt er allmählich jenes Gespräch entstehen, von welchem der Filmtitel spricht. Dazu sehen wir wieder und wieder die Bilder des Paars, das sich auf dem öffentlichen Platz für ein außereheliches Tête-à-Tête getroffen hat und dabei belauscht wurde. Tonschicht um Tonschicht fügt Harry Caul diesen Bildern hinzu, bis man alles zu verstehen glaubt. Paradoxerweise beginnt der Zuschauer, je länger er Harry Caul bei seiner Arbeit zusieht, diesen Arbeitsprozess allmählich zu vergessen. Stattdessen fängt man an, das (Re-)Konstruierte für Wahrheit zu halten und tappt damit – zusammen mit der Hauptfigur – in die Falle.

Was der Schnüffler Harry Caul an seiner Werkbank treibt, ist dasselbe, was der Cutter eines Films am Schneidetisch macht. Auch dieser heftet Töne und Bilder aneinander, vernäht Schnipsel, um so ein sinnvolles Ganzes zu konstruieren, das den Anschein von Wahrheit hat. Walter Murch, der Cutter und Sounddesigner von *The Conversation* – er war für die ausgeklügelte Form dieses Films ebenso verantwortlich wie Regisseur Coppola – hat auf die Verwandtschaft von Cauls Arbeit und jener des Cutters hingewiesen:

> »Während der Film entstand, hatte ich oft das Gefühl einer Verdoppelung. Ich arbeitete spät abends an dem Film, sah das Bild Harry Cauls, der an seinem Tonband arbeitete, und ich sah vier Hände, seine und meine. Mehrere Male war ich so müde und desorientiert, dass ich mich wunderte, wenn Harry Caul den Knopf drückte, um das Band zu stoppen, und der Film weiter lief! Warum blieb er nicht stehen?« (Ondaatje 2002, S. 154)

Wenn wir Harry Caul bei der Arbeit zusehen, werden wir eigentlich Zeuge davon, wie der Film vor unseren Augen fabriziert wird.

Über Harry Cauls Schultern sehen wir zu, wie Schnitt und Montage im Film funktionieren. Und doch bleibt dieses Funktionieren rätselhaft. Wie kommt es, dass wir uns zurechtfinden, wenn die Filmhandlung mit nur einem Schnitt von Schauplatz zu Schauplatz, von einer Szene zur nächsten Szene springt, funktioniert doch unsere alltägliche Wahrnehmung völlig anders? Wahrscheinlich aber ist uns die sprunghafte, diskontinuierliche Schnitttechnik des Films vertrauter als wir meinen:

Der psychische Apparat vollführt auch Montagen, wie sie mit den Apparaten des Kinos möglich sind. Ähnliches vermutete auch Walter Murch in seiner Vorlesung über Schnitttechnik: »Wir akzeptieren den Schnitt, weil er der Art und Weise ähnelt, wie in unseren Träumen Bilder einander entgegengesetzt werden. Vielleicht sind es gerade die Härte und Plötzlichkeit des Schnitts, welche die Ähnlichkeit zwischen Filmen und Träumen produzieren« (Murch 2001, S. 58).

»Verdichtung« und »Verschiebung« – so nennt Freud in der *Traumdeutung* die Arbeitstechniken des Traums (Freud 1968, S. 284–315). Verdichtung und Verschiebung – das ist es auch, was der Cutter eines Films und was Abhörspezialist Harry Caul mit ihren Apparaten machen: Schnappschüsse und Wortfetzen werden verschoben und zu neuen, überraschenden Ketten gefügt; die Bild- und Tonspur wird verdichtet, indem man Aufnahmen überlagert und überblendet. In dieser Verdichtungs- und Verschiebungstechnik, so insistiert Freud, liegt das Wesentliche des Traums: »Der Traum ist im Grunde nichts anderes als eine besondere Form unseres Denkens […]. Die Traumarbeit ist es, die diese Form herstellt, und sie allein ist das Wesentliche am Traum, die Erklärung seiner Besonderheit« (Freud 1968, S. 510f.).

In seiner Verdichtungs- und Verschiebungstechnik liegt auch das Wesen des Films und somit das, was ihn so affin macht für die psychoanalytische Betrachtungsweise. Der Zusammenhang zwischen Film und Psychoanalyse ist dabei weniger in den fiktiven Filmfiguren und deren Verhalten als vielmehr in den Apparaturen und Erzählmethoden des Kinos zu suchen. Nicht erst die Stories, bereits die Techniken des Films machen Prozesse durchsichtig, die das Unbewusste bestimmen. Denn das Unbewusste ist kein geheimer, im Oberstübchen verborgener Inhalt, der in Bildersprache codiert wird; das Unbewusste ist die Sprache selbst mit ihrer Verschlüsselungstechnik von Verdichtung und Verschiebung. Das gilt nicht nur für den Rebus des Traums, sondern auch für jede Form von Zeichensprache. Auch hier spielen die Prinzipien von Verdichtung und Verschiebung, die das Unbewusste auszeichnen: Ein Wort lässt sich beliebig verschieben und bekommt von Kontext zu Kontext eine ganz neue Bedeutung; in jedem Zeichen finden sich Anklänge an alle anderen Zeichen verdichtet. Erst in dieser Eigenwilligkeit der Sprache, die man zu beherrschen glaubt und die doch in Wirklichkeit uns beherrscht, äußert sich das Unbewusste. Und wer das – wie Harry Caul – nicht glaubt, der muss es schmerzlich lernen.

»Es interessiert mich nicht, was sie sagen – ich will bloß eine gute Aufnahme davon!« So lautet Harry Cauls Arbeitsmotto. Dabei verkennt er Sprache als bloßes Lautmaterial. Für Caul sind Worte nichts als dürre Signifikanten, die man abspeichern kann und die keine Wirkung haben auf ihn, der das Aufnahmegerät bedient. Ist es ein Zufall, dass es nur eine simple Buchstabenvertauschung braucht, um den Begriff »conversation« in »conservation« zu verwandeln? Was Harry Caul an der Konversation interessiert, ist einzig ihre Konservierung. Doch zeigt gerade dieses Wortspiel, wie schwer Worte und Zeichen wiegen können und welch radikale Auswirkungen ein einzelner Buchstabe haben kann – auf die Sprache und auch auf den, der sie benutzt.

»Das Unbewusste, ja: der Mensch wird vom Signifikanten bewohnt«, schreibt Jacques Lacan (Lacan 1991, S. 35). Am Buchstaben (französisch »lettre«) hängt das ganze Sein (»l'être«). Vom Moment seiner Geburt und schon davor ist das Subjekt in die Muttersprache, in die Sprache des Anderen eingebunden. Der Mensch wird in ein ihm fremdes symbolisches Universum hineingeworfen und ist doch als Sprechwesen hier ganz bei sich. Das mag denn auch erklären, weshalb Freud von der Technik der Hypnose zur Psychoanalyse als »Sprechkur« übergegangen ist: Nichts reicht tiefer als die scheinbare Äußerlichkeit der Sprache, und gerade indem man fremde Worte benutzt, verheddert man sich in den Fäden des eigenen Unbewussten. Das zeigen auch die Fehlleistungen, wie sie Freud in seiner *Psychopathologie des Alltagslebens* untersucht: An einem kleinen Lapsus, einem falsch ausgesprochenen Wort, einer anstoßenden Zunge kann sich ein verdrängter Wunsch zu erkennen geben (Freud 1964). Ein verschobenes, ein falsch verstandenes Zeichen kann nicht nur den Sinn ganzer Texte verändern, sondern auch ein Leben.

So es ist denn auch kein Zufall, dass Harry Caul ausgerechnet an einem Lapsus, einem Verhörer zugrunde geht: »Er würde uns umbringen, wenn er könnte.« Diesen Satz filtert Caul aus dem belauschten Gespräch heraus und missversteht ihn prompt. Und wir mit ihm. Legt man die Betonung auf das Wörtchen »uns«, verändert der Satz seine scheinbar so klare Bedeutung und wird zur Drohung: Er würde uns umbringen, wenn er könnte, also müssen wir ihn vorher töten. So lautet die eigentliche Bedeutung des Satzes, wie sich am Ende des Films herausstellt. Damit wird vorgeführt, wie an einer sprachlichen Nuance gleich mehrere Existenzen hängen – nicht zuletzt auch jene des Lauschers Harry Caul.

Und dabei ist dieser bereits mit seinem Namen ein Beispiel dafür, wie schwerwiegend Feinheiten der Sprache sind. Francis Ford Coppola hatte den Protagonisten seines Films in Anlehnung an Hermann Hesses Romanfigur Harry Haller in *Der Steppenwolf* Harry Caller nennen wollen. Doch schien ihm diese Referenz allzu plakativ; er benannte die Hauptfigur in Harry Call um (»the call« = der Ruf). Da Coppola das Drehbuch nicht selbst tippte, sondern seiner Sekretärin auf Tonband diktierte, schrieb diese ins fertige Drehbuch nicht »Harry Call« sondern »Harry Caul«. Call oder Caul – gesprochen wird beides gleich und bedeutet doch ganz Verschiedenes. Denn mit »caul« bezeichnet man im Englischen auch jene Membran, die den menschlichen Fötus umschließt. So ist durch einen simplen Verhörer aus dem »Rufer« Harry Call plötzlich Harry Caul geworden, der sich in seinen milchigen Regenmantel hüllt, wie ein Fötus, der noch nichts weiß, noch nichts wissen will von der Anrufung durch Sprache. Auch die Wohnung, in der er sich verbarrikadiert, mit ihrer mehrfach verschließbaren Tür und einem Telefon, dessen Nummer niemand kennen darf, ist eine solche Schutzmembran, in die Harry Caul sich verpuppt.

Doch so sehr sich Caul auch gegen das Eindringen des Anderen in seinen Kokon wehrt, so sehr er auch die Wortwörtlichkeit des Unbewussten abstreitet, gibt es doch ein Wort, das voller Bedeutung ist und an das er sich klammert. »Don't use that word in vain!« – »Sprich dieses Wort nicht umsonst aus!« So weist er seinen Assistenten barsch zurecht, als dieser »God!« flucht. Den Namen des Vaters spricht man nicht leichtfertig aus. Die Signifikanten der Religion sind das einzige, was in diesem von aller Bedeutung entleerten Leben Harry Cauls noch einen Sinn hat. Der Glaube erweist sich damit als Symptom im Lacan'schen Sinn: Ein Sicherungsknoten, der im Subjekt zusammenhält, was sonst auseinanderzufallen drohte. Wenn sich die lebensnotwendigen Verschlaufungen von Zeichen, Sinn und Körper auseinanderdröseln, ist es einzig das Symptom, das dem Subjekt noch Konsistenz gibt (Lacan 2005, S. 45–57).

Löst man das Symptom auf, droht damit auch das Subjekt in Psychose aufzugehen. Wie kann man diese Auflösung eindrücklicher zeigen als mit dem Ende von *The Conversation*? Die schützende Membran um Harry Caul wird immer löchriger, und nun ist er selbst in seinem Wohnungskokon nicht mehr vor Lauschangriffen sicher. Er, der Abhörspezialist, muss in den eigenen vier Wänden nach fremden Mikrofonen suchen und findet sie nicht. Alle Gegenstände untersucht er dabei akribisch, nur die kleine Marienstatue im Regal mag er nicht anrühren. Als er das Mikrofon nirgends findet, zerschlägt er schließlich auch die Figur der Gottesmutter und vernichtet damit das Einzige, was ihm bislang noch Halt gegeben hat. Von diesem Moment an ist der Zerfall seiner selbst nicht mehr aufzuhalten, und damit endet denn auch der Film: mit einem zerstörten Menschen in seiner zerstörten Wohnung.

Aber es ist nicht nur der psychotische Zerfall eines Einzelnen, den der Film damit anschaulich macht, sondern der Zusammenbruch einer ganzen Zeit. Wer genau hinschaut, erkennt durch die Jalousien in Harry Cauls Wohnung schon in den ersten Szenen des Films, dass die Häuser in der Nachbarschaft abgebrochen werden. Ein flächendeckender Zerfall ist im Gang, lange bevor der eigene kleine Kokon zusammenfällt: 1974, in dem Jahr, in welchem Coppola *The Conversation* in die Kinos brachte, erlebte Amerika, wie Präsident Richard Nixon im Zusammenhang mit der Watergate-Affäre zurücktreten musste. Selbst der mächtigste Mann der Welt, so musste man erkennen, ist verstrickt in Bespitzelung und Verschwörung. Abhörmikrofone sind überall versteckt, sogar im Weißen Haus. Die Einsicht, wie verrottet die Landesväter und ihre Gesetz waren, stürzte ein ganzes Volk in Paranoia.

Und das Kino? Es bietet nicht mehr jenen Eskapismus, dessen man es gerne bezichtigt. Das Medium Film, so wie Coppola es inszeniert, entlarvt sich selbst als Werkzeug der Verschwörung, vom ersten bis zum letzten Bild: In der ersten Einstellung des Films nimmt der Zuschauer den Standpunkt jener Beobachter ein, die mit Richtmikrofonen bewaffnet Jagd auf die Intimität der Passanten machen. In der letzten Einstellung betrachten wir, wie Harry Caul erschöpft in seiner Wohnung sitzt. Und so, wie am Anfang die Kamera auf den Schauplatz zoomt, schwenkt sie nun über ihn hinweg. Doch ihre Bewegung ist eigenartig steif. Die Kamera stoppt abrupt und schwenkt in der gleichen Bahn zurück. Man kennt solche Schwenkaufnahmen: Genau so filmen Überwachungskameras.

Das Kino mit seiner Technik von Verdichtung und Verschiebung hat heimlich immer schon Psychoanalyse betrieben. Es kann nicht anders. Aber mitunter geht seine Analyse auch zu weit, geht bis zum Wahnsinn. Der psychisch-kinematografische Apparat entpuppt sich unversehens als eine Vorrichtung, die psychotisch macht. Man denke daran, was die Patienten des Freud-Schülers Victor Tausk über jenen ominösen »Beeinflussungs-Apparat« sagten, von dem sie behaupteten, dass er ihre Psychose kontrolliere: »Er besteht aus Kasten, Kurbeln, Hebeln, Rädern, Druckknöpfen, Drähten, Batterien u. dgl. [...]. Er macht den Kranken Bilder vor. Dann ist er gewöhnlich eine laterna magica oder ein Kinematograph« (Tausk 1983, S. 246f.). Auch darüber hat Francis Ford Coppola seinen Film gemacht.

Literatur

Chion, Michel (1994): Audio-Vision. Sound on Screen. New York (Columbia University Press).
Freud, Sigmund (1968): Die Traumdeutung. GW II/III. Frankfurt (S. Fischer).
Freud, Sigmund (1964): Zur Psychopathologie des Alltagslebens. GW IV. Frankfurt (S. Fischer).
Freud, Sigmund (1973): Ratschläge für den Arzt bei der psychoanalytischen Behandlung. In: Freud, Sigmund: GW VIII. Frankfurt (S. Fischer), S. 375–387.
Lacan, Jacques (1991): Schriften I. Weinheim (Quadriga).
Lacan, Jacques (2005): Le séminaire. Livre XXIII: Le sinthome. Paris (Seuil).
Murch, Walter (2001): In the Blink of an Eye. A Perspective on Film Editing. 2nd, revised Edition. Los Angeles (Silman-James Press).
Ondaatje, Michael (2002): Die Kunst des Filmschnitts. Gespräche mit Walter Murch. München (Hanser).
Tausk, Victor (1983): Gesammelte psychoanalytische und literarische Schriften. Wien (Medusa).

Ödipus in Texas
Lone Star, John Sayles, USA 1995

BEATE KOCH

Einführung

Der Western ist als Filmgenre etwas aus der Mode gekommen. Vielleicht kann man aber sagen, dass John Fords große epische Western nach dem Zweiten Weltkrieg ähnlichen Fragen nachgingen wie heute etwa Scorseses Filme, die gewalttätige Kämpfe zwischen Einwanderergangs in New York beschreiben: Die klassischen Western handelten vom Substrat von Gewalt, Rechtlosigkeit und rücksichtsloser Aneignung in der Geschichte eines Landes und verwiesen damit auf Spuren von Krieg, Gewalt und Rechtlosigkeit in der Gegenwart der Nachkriegsgesellschaft. Ein zentrales Thema der klassischen Western waren die Schwierigkeiten der Einzelnen, zumal der Jungen, ihren Platz in einer von der Vergangenheit gezeichneten und zugleich ganz von der Beschwörung eines Neuanfangs geprägten Gemeinschaft zu finden. So jedenfalls hat meine Generation, die um 1950 Geborenen, wohl jene Western verstanden, mit denen wir im Kino und vor dem Fernsehgerät unsere ersten Filmerfahrungen machten.

In *Lone Star* unterzieht John Sayles, ein dezidiert unabhängiger Vertreter des amerikanischen Autorenfilms, das Genre einer kritischen und sorgfältigen Lektüre, wobei er es zugleich zitiert, überschreitet und durchaus auch bedient. Dabei bezieht sich Sayles sehr genau, ja fast dokumentarisch auf die Gegend entlang der texanisch-mexikanischen Grenze, in der sein Film spielt, und macht die symbolische Funktion von Mythen und Legenden selbst zum Thema – Geschichten, in denen historische und biografische Ereignisse individuell und kollektiv angeeignet und repräsentiert werden und die selbst wieder zu »Geschichte« werden. Hier spielt der Verweis auf den Alamo eine Schlüsselrolle.

El Alamo war der Name eines Missionsgebäudes im spanischen Kolonisationsgebiet in der Gegend des heutigen San Antonio, Texas; es wurde später zur Kaserne für die spanische Armee. Als Mexiko seine Unabhängigkeit von Spanien erkämpfte, blieb es ein Fort. Etwa gleichzeitig siedelten sich in der Gegend des Rio Grande weiße amerikanische Jäger, Pelzhändler und Viehzüchter an, und wegen der Landknappheit am Rand der Wüste kam es bald zu Streitigkeiten. El Alamo wurde von den angloamerikanischen Siedlern 1835 besetzt und befestigt.

1836 erklärte die Gemeinschaft der Siedler die Unabhängigkeit von Mexiko und gründete die Republik Texas – nicht zuletzt wohl aus wirtschaftlichen Interessen: Die Grundbesitzer hofften, auf diese Weise Sklavenhandel und Sklavenarbeit einführen zu können; in Mexiko war beides verboten. In dem darauf folgenden Krieg zwischen Texas und Mexiko hielt die Festung El Alamo zwei Wochen lang der Belagerung stand. Nach ihrem Fall wurden alle überlebenden Festungsverteidiger von den mexikanischen Truppen getötet. Im Gegenangriff der verbliebenen texanischen Armee, bei dem wenig später die Mexikaner geschlagen wurden, lautete der Schlachtruf der Texaner: »Remember the Alamo!« Der junge Staat Texas setzte einen einzigen Stern, den »Lone Star«, auf seine Fahne, um seine Affinität zu den Vereinigten Staaten zu signalisieren.

Für die Abkömmlinge der weißen Siedler dient der hier kurz referierte Mythos des Alamo bis heute der Legitimierung einer Verteidigung weißer texanischer Identität. Die ideologische Verteidigungslinie hat sich dabei in Zeiten der Globalisierung verschoben auf die mexikanischen Einwanderer und die Abkömmlinge des in der Gegend ansässigen spanischsprachigen Bevölkerungsteils. Grenzzaun und Bürgerwehren sollen neue Migranten aus dem Süden am Grenzübertritt hindern. Auch über Texas hinaus fand der Alamo immer wieder rhetorische Verwendung, wenn es darum ging, Soldaten aufzufordern, sich aufzuopfern – zuletzt, als Präsident George W. Bush sich während des Golfkriegs symbolischer Bezüge zum Alamo bediente, wie Sayles in einem Interview erwähnt (West/West 1996).

Kommentar

Frontera, Texas

Es ist eines der großen Verdienste Freuds, dass er den Ödipusmythos als eine jener Menschheitsgeschichten erkannte, die immer neu bearbeitet werden, weil sie Elemente strukturierender Grunderfahrungen transportieren. Freud hat die Ödipusgeschichte in *Totem und Tabu* und in *Das Unbehagen in der Kultur* erweitert und auf die gesellschaftliche Ebene zu transponieren versucht. Der Mord am despotischen Vater durch eine Gruppe von Söhnen und die Etablierung eines gesellschaftlichen Zusammenlebens, in dem nicht einer allein den ganzen Genuss und Gewinn für sich behält und jeder auf die Vernichtung der Anderen verzichtet, als zivilisatorischer Schritt in Frontera, Texas?

Ein Skelett in der Wüste wird als jenes des ehemaligen sadistischen, rassistischen und korrupten Sheriffs Wade identifiziert. Wir lernen eine Gruppe freundlicher älterer Männer in der Stadt Frontera kennen, repräsentiert vor allem durch Bürgermeister Hollis sowie durch Otis, den Besitzer der Bar für die afroamerikanischen Einwohner. Otis ist zugleich Geldleiher, Wahlorganisator und der informelle »Bürgermeister« des Schwarzenviertels. Wir verstehen allmählich, dass die beiden Männer nach Wades Verschwinden im Jahr 1957 zusammen mit Sheriff Deeds und der inzwischen gesellschaftlich arrivierten Latina Mercedes Cruz ein – wie auch immer prekäres – Gleichgewicht zwischen den verschiedenen Bevölkerungsgruppen etabliert und über Jahrzehnte erhalten haben.

In diesem Arrangement blieben der Rassismus, die ökonomischen und sozialen Ungleichheiten und die Spannungen zwischen den Bevölkerungsgruppen zwar weiter bestehen, führten aber zumindest vorläufig nicht zu offener Gewalt. Wir sehen, wie die Legende des inzwischen verstorbenen Sheriffs Buddy Deeds, des Helden des Koreakriegs, der Wade durch seine Zivilcourage vertrieben haben soll, dieser Gesellschaft als Klammer dient – »Die Leute hören das lieber als jede Wahrheit, die wir ihnen hätten erzählen können«, sagt Hollis – und wie das etablierte Gleichgewicht austariert wird durch das, was erzählt werden darf, und das, worüber geschwiegen werden muss.

Zu Beginn des Films soll dieser Zustand gerade durch ein Denkmal besiegelt werden, während ringsherum vieles schon darauf hinweist, dass er nicht mehr lange halten wird. Das gesellschaftliche Gleichgewicht ist immer ein prekäres; davon spricht auch Freud: In ihm entfaltet sich die Macht der Identifizierungen mit den primitiven gewalttätigen Vorläufern der erreichten Zivilisationsstufe und damit der Wiederholungszwang.

Bei seinem ersten Auftritt sehen wir das Auto des Sheriffs über die Bodenwellen der Steppenlandschaft herangleiten. Dazu ertönt wie eine Exposition ein Lied, das dieses Gleiten über unebenen Boden untermalt. Der spanische Text des Refrains lautet: »Mi pecado y mi culpa sara conocer demasiado el dolor.« – »Meine Sünde und Schuld wird es sein, den Schmerz zu gut zu kennen.«

So wird Sam Deeds eingeführt, Sohn des legendären Sheriffs, der im Lauf seiner Nachforschungen zur Leiche im Ödland erfahren wird, dass seine wiedergefundene Geliebte Pilar seine Halbschwester ist und dass sein Vater nicht ganz der war, für den er ihn hielt. Jemand forscht zum Königsmord, den er von Amts wegen verfolgen muss, und stößt auf verstörende Erkenntnisse, die ihn selbst und seine Herkunft betreffen: Darin erkennen wir freilich sogleich eine mögliche Kurzfassung der Ödipus-Geschichte.

Der Ödipuskomplex, wie die Psychoanalyse ihn beschreibt, impliziert immer ein Maß von psychischem Schmerz, von »dolor«, das mit der Entwicklung unmittelbar verknüpft ist: Das Kind muss die Unterschiede der Geschlechter und der Generationen zur Kenntnis nehmen und seinen Platz darin finden; es muss damit zurechtkommen, dass Vater und Mutter innerhalb ihrer Generation ein eigenes Leben haben und auch eine sexuelle Verbindung, die das Kind ausschließt. Es ist in seinen Triebregungen von ihnen getrennt. All das begrenzt das Kind in dem schmerzlichen Prozess, für den verschiedene psychoanalytische Sprachen unterschiedliche Formulierungen gefunden haben: ödipale Triangulierung, symbolische Kastration, depressive Position. In der zeitgenössischen Psychoanalyse haben Autoren wie Hans Loewald (1979), John Steiner (1999) und Haydée Faimberg (2005) auf unterschiedliche Weise die Frage nach der Rolle der Eltern in der ödipalen Geschichte gestellt und sie damit weiter akzentuiert.

Faimberg beleuchtet besonders jenes Element des ödipalen Mythos, in welchem Geheimniszonen aus ungelösten Konflikten der Eltern in deren eigener Geschichte entstehen. In diese Geschichte tritt das Kind unweigerlich ein und wird für die Eltern mit seiner Sicht der Dinge und seinen Triebregungen zum Verfolger und zur Bedrohung des eigenen narzisstischen Gleichgewichts. Das innere Ringen des ödipalen Kinds mit entwicklungsgemäßen Schwierigkeiten wird dann mit narzisstischen Konflikten der Eltern verhängt. Das nährt die Vorstellung eines ödipalen Kampfs, in der nur Unterwerfung unter das Diktat des ödipalen Gegenspielers oder aber Vernichtung eines der Kontrahenten denkbar ist. Dieser Version des Ödipuskonflikts, bei der eine Identifizierung mit den Eltern unter dem Druck von Schuldgefühl oder Unterwerfung zustande kommt, aber Groll und Hass unbearbeitet erhalten bleiben, stellt Steiner eine andere Lösung gegenüber, in der eine offene Konfrontation mit dem ödipalen Gegner gewagt werden kann. In der Konfrontation gewinnt das ödipale Kind Zugang zu seinen eigenen Hassgefühlen und zu seinen Wünschen nach narzisstischem Triumph und Rache, zugleich aber auch zu Schmerz und Besorgnis über den Verlust der guten Beziehung zu den Eltern.

Das unvermeidliche Wiederaufleben der ödipalen Auseinandersetzung in der Adoleszenz bedeutet selbst unter günstigen Bedingungen auch für die Eltern eine dramatische Wegkreuzung. Sie verlieren dort zwar nicht gerade das Leben wie Ödipus' Vater Laios, aber sie werden doch mit ihrer eigenen Endlichkeit, dem Verlust ihrer Bedeutung und den Begrenzungen ihrer eigenen Perspektive auf schmerzliche Weise konfrontiert. Eine solche Auseinandersetzung impliziert für beide Seiten eine gewisse Trauer, ermöglicht aber auch die Neubearbeitung innerer Repräsentanzen. Wo die Beziehung zu den realen Eltern diese objektale Konfrontation nicht zu erlauben scheint, gedeihen Identifizierungen, in denen die verfolgerische und narzisstische Qualität der Beziehung im Innern des Subjekts erhalten bleibt und die weitere Entwicklung behindert. Der Ödipuskomplex ist dann lediglich verdrängt, wie Loewald (1979) sagt, nicht aber transformiert worden: Ödipale Wünsche und Hass bahnen sich im Verborgenen ihren Weg. Diese komplexe Landschaft ödipaler Konfigurationen (Faimberg 2005) finden wir im Film gleichsam in verschiedenen geologischen Schichten dargestellt.

»Conocer demasiado el dolor« kann bedeuten, ein Übermaß an

Schmerz gekannt zu haben, das primitive Abwehr mobilisiert. Das gilt wohl für Buddy, den Veteran des Koreakriegs, den Unruhigen, Umgetriebenen, dem sein Sohn zur Bedrohung wird. Es gilt sicher auch für Mercedes. Mercedes empfindet nicht nur die »wetbacks« und ihre Latino-Angestellten im Restaurant als verfolgerisch, sondern auch die Tochter Pilar mit ihren Fragen nach ihrem Privatleben und ihrer Sexualität. Mercedes fühlt sich durch sie daran erinnert, dass ihre relative gesellschaftliche und materielle Sicherheit mit Verlust verbunden gewesen ist. Erst der Kellner Ernesto, der »mojados« über die Grenze holt und dabei Mercedes' Hilfe in Anspruch nimmt, weckt damit Erinnerungen an ihre eigene Migrationsgeschichte und ihre Liebe zum ermordeten Eladio Cruz.

»Conocer demasiado el dolor« könnte aber auch bedeuten, zum Schmerz eine übermäßige, allzu intime Beziehung zu unterhalten, in einer pervertierten Beziehung zum Schmerz eine masochistische oder melancholische Lösung zu suchen. Das ist Delmore Paynes und in gewisser Weise auch Sams Geschichte. Beide kultivieren Groll über das, was ihre Väter ihnen angetan haben. Beide bleiben mit ihren Müttern vereint durch Versionen der Familiengeschichte, in der die Väter als Schuldige erscheinen. Delmores Sohn Chet überschreitet dagegen heimlich die von seinem Vater eng gesteckten Grenzen und findet dabei einen Verbündeten in seinem Großvater Otis. Erst die Begegnung mit einer adoleszenten Soldatin aus dem Ghetto von Houston erlaubt es Delmore, Zweifel an seiner eigenen Lösung zuzulassen und sich Fragen über seine Rolle als schwarzer Offizier in der US-Army zu stellen.

Bunnys Garage

In einer kleinen, auffallend sorgfältig besetzten Szene sucht Sam seine Ex-Frau Bunny auf. Zunächst erscheint die Szene wie ein Fremdkörper im Film. Liest man sie jedoch wie eine Traumerzählung, in der eine äußere Szene für eine innere steht und die auftretenden Figuren Aspekte der inneren Welt des Träumers darstellen, erweist sie sich als eine Scharnierstelle.

Bunny ist ihres Vaters kleines Mädchen geblieben, mit ihm und seinen

Interessen in einer narzisstisch-inzestuösen Verbindung verstrickt. Sie wirkt verkümmert, eingesperrt in einer infantilen Welt, deren Verbindung nach außen lediglich durch das Fernsehen vermittelt scheint, in dem sie das immer Gleiche konsumiert. Auf die Footballspieler, die ihr Vater sponsert, richten sich ihre masochistischen Fantasien: Sie stellt sich vor, wie es wäre, das Gewicht auf sich zu haben, das ein solcher Spieler stemmen kann – es würde sie erdrücken. Die Fantasie zeigt im Grunde, was ihr psychisch in der ambivalenten Bindung an den zum Koloss idealisierten Vater tatsächlich geschehen ist.

In Bunnys Haus begegnet Sam Deeds den Folgen seiner eigenen »deeds« – der eigenen, durch Fantasien in Gang gesetzten Handlungen – und damit der Schuld. Bunny benennt diese Schuld. Sie sagt zunächst: »Du hast mit mir die Katze im Sack gekauft.« Sam, dem sie sichtlich leid tut, antwortet, das Scheitern ihrer Ehe sei nicht nur an ihr gelegen. »Stimmt«, sagt Bunny, »du warst auch nicht so ganz mit dem Herzen dabei.« Sam war in einer Mischung von Hass und Unterwerfung seinem Vater gegenüber gefangen geblieben – zu sehr, um für Bunny ein transformierendes Objekt werden zu können, das vermocht hätte, ihre Beziehung zum Vater aufzusprengen. Beide stehen sich wie Spiegelbilder gegenüber, die einander mit unbewusster Zielstrebigkeit gefunden haben.

In Bunnys Garage, so erfahren wir nun, hat Sam seine Sachen zurückgelassen. Dort liegt auch der persönliche Nachlass von Sams Vater; Sam hat den Nachlass nach dem Tod des Vaters offenbar dort verstaut, ohne sich damit zu beschäftigen. Hätte er das getan, wäre er schon vor Jahren auf die Briefe und Fotos gestoßen, die beweisen, dass Buddy Deeds ein Verhältnis mit Mercedes Cruz hatte und Pilar Buddys Tochter und damit Sams Halbschwester ist. So liegt dort auch ein Stück von Sams Leben begraben, das melancholisch an seinen Vater gebunden blieb. Sein eigenes karges Zimmer in Frontera, so bemerkt Pilar in der Liebesszene, sehe aus, als ob sein Leben schon vorüber wäre.

Bunnys Garage ist so der Schauplatz eines verborgenen Mords, den der Film indirekt erzählt. Es ist der verdrängte Mord am ödipalen Vater, dessen Spuren Sam hier findet und mit dem er sich konfrontieren muss: keine offene Auseinandersetzung mit dem despotischen Laios um den Vortritt an der Weggabelung, sondern das Wegschließen des Vaters als inneres Objekt des Grolls, in dem sich das eigene Leben erschöpft. Mehr noch: Indem Sam Buddys Sachen in der Garage zurückließ, setzte er sie dem Risiko aus, von Bunny in einem ihrer pyromanischen Ausbrüche verbrannt zu werden. »Du hast doch nicht wieder eins deiner Feuer gehabt?«, fragt er sie besorgt. Mit dieser Besorgnis um das Schicksal des durch seinen Nachlass symbolisierten Vaters, den er Bunnys hasserfüllten Impulshandlungen überlassen hat, könnte in Sams innerer Welt beginnen, was Loewald (1979) »Abbitte« (»atonement«) und was Klein Wiedergutmachung nennt.

Zunächst scheint Sams Suche nach Erkenntnis weiter angetrieben von seinem Hass, seiner rechthaberischen Anklage und dem Festhalten an einem auch im Negativen idealisiert gebliebenen Vater. Noch muss Buddy für ihn der Schuldige sein – überführt als Ehebrecher, Dieb der Gemeindekasse und Lügner. Doch der Besuch bei Bunny hat andere Voraussetzungen geschaffen: Zurück in Frontera gelingt es ihm jetzt, Hollis und diesmal auch Otis zu konfrontieren. Das ermöglicht den Zugang zu einer anderen Version der Geschichte: Wir sehen in einer letzten Rückblende, wie Hollis endlich aus seiner perversen Rolle als Zuschauer von Wades Verbrechen herausfand und diesen erschoss. Die Vätergeneration übernimmt auf diese Weise nachträglich die Verantwortung für ihre »deeds«, und Sam begegnet einer anderen Version seines Vaters: einer weniger heldenhaften zwar, aber auch einer weniger bösen als in seiner Fantasie.

Silver Screen

Dass Pilar und Sam wieder zusammenkommen, ist eine Folge ihrer Entwicklung, angestoßen nicht zuletzt durch die Heranwachsenden in ihrer Umgebung. Der wiederbelebte Wunsch löst sich aus der identifikatorischen Unterwerfung unter eine verfolgerische väterliche oder mütterliche Repräsentanz. Der Schritt an diese Grenze und über die Grenze hinaus, eine notwendige Bewegung der Adoleszenz, bringt Ödipus in Augenhöhe mit Laios und Iokaste und schließlich dazu, sich selbst mit Liebe und Hass zur Kenntnis zu nehmen. Doch werden Pilar und Sam zusammenbleiben? Diese Frage beschäftigt am Ende des Films das Liebespaar – und auch die Zuschauer.

Welche Anhaltspunkte gibt uns der Film? Pilar, unter dem Eindruck dessen, was sie gerade von Sam erfahren hat, reagiert zunächst mit verzweifelter Auflehnung: Soll sie ihre Jugendliebe endlich wiedergefunden haben, um sie sogleich wieder zu verlieren? »Das können sie mir nicht antun!«, sagt sie zuerst, und dann, beschwörend: »Ich kann sowieso keine Kinder mehr bekommen. [...] Zum Teufel mit den ganzen alten Geschichten!« Ihr »Let's forget the Alamo!« ist der letzte Satz des Films.

Beschwor der Schlachtruf »Remember the Alamo!« die Erinnerung an eine Niederlage und an die Grausamkeit des Gegners herauf, um Feindseligkeit und Ressentiment den »Anderen« gegenüber zu schüren, so ruft Pilar hier in einer Umkehrung zum Vergessen »alter Geschichten« auf, um sich vor den schmerzlichen Folgen des Erkennens zu schützen – dieselbe Pilar, die am Anfang des Films gerade für einen differenzierten Geschichtsunterricht gegen das Vergessen einsteht (Bronfen 1999).

Gewiss, man kann vergessen, was man weiß, und immer hat man gute Gründe dafür. Aber erscheint der Wunsch, zu vergessen, nicht gerade dann besonders dringlich, wenn das, was man zu erkennen beginnt, einen hohen Preis fordert, Konflikt und Verlust impliziert? Sayles scheint zu unserer Ausgangsfrage eine affirmative Meinung zu haben, die im Dialog aufscheint und die er auch in Interviews vertreten hat. Manchmal führen Geschichten ihre Erzähler aber woanders hin als sie selbst wissen. Mir scheinen die Bilder hier eine andere Sprache zu sprechen.

In der letzten Einstellung des Films blicken wir mit dem Liebes- und Geschwisterpaar auf die leere, halb verfallene Leinwand des Drive-in-Kinos. Sie sind zurückgekehrt an den Ort, an dem sie gewaltsam getrennt wurden, ohne die Gründe dafür zu verstehen. Sie kennen sie jetzt.

So stehen Analysanden und Analysandinnen am Ende einer Analyse oft genug auch da. Sie wissen mehr über sich und die Objekte ihrer Kindheit, sie haben mehr Einsicht in die eigenen Beweggründe und mehr Freiheit, verschiedene Versionen einer Geschichte gelten zu lassen. Sie können es mit Unterschieden und Ambivalenzen besser aushalten. Was fangen sie damit an? Wir wissen es nicht. Es ist ein Moment, der nicht leicht auszuhalten ist. Man möchte mit raschen Handlungen neue Bilder auf die Leinwand zaubern, um sich vom Moment abzulenken. Manchmal möchte man den ganzen Film noch einmal ablaufen lassen oder, dem

Wiederholungszwang folgend, einen längst abgelaufenen noch einmal heraufbeschwören – Play it again, Sam ...

Sayles führt auch uns am Ende zurück zu einer Leinwand. Es ist die Leinwand unserer ersten Erfahrungen mit dem Medium Film, mit der Verführung der Bilder, mit dem Zauber der fast vollkommenen Illusion. The Silver Screen – bei Tageslicht eine ziemlich heruntergekommene Sache, und Sayles scheint zu sagen: Ihren Verheißungen ist nicht zu trauen. Es ist Tag, die Protagonisten sind nicht mehr 15, die Gegend ist ziemlich öde und die Leinwand, Projektionsfläche für Wünsche und Träume, löst sich bereits in ihre Bestandteile auf. Es ist eine Brecht'sche Geste, mit der dieser Film endet, und sie wird gleich noch einmal ironisch gebrochen durch den munteren Cowboysong, der den Abspann begleitet. Damit legt sich für mich ein anderer Text unter diesen Schluss: Auf der Leinwand meines inneren Auges erscheint ein Zitat aus Brechts *Mahagonny*:

> »Ihr fragt, wie lange sind sie schon beisammen?« – »Seit kurzem.« – »Und wann werden sie sich trennen?« – »Bald.« – »So scheint die Liebe Liebenden ein Halt« (Brecht 1967, S. 536).

Literatur

Brecht, Bertolt (1967): Gesammelte Werke, Band I. Frankfurt (Suhrkamp).
Bronfen, Elisabeth (1999): Heimweh: Illusionsspiele in Hollywood. Berlin (Volk und Welt), S. 405.
Faimberg, Haydée (2005): The Oedipal Configuration. The Oedipus Myth Revisited. In: Faimberg, Haydée: The Telescoping of Generations. Listening to the Narcissistic Links between Generations. London (Routledge), S. 51.
Loewald, Hans (1979): The Waning of the Oedipus Complex. Reprint in: J Psychother Pract Res 9(4). Fall 2000, 239–249.
Steiner, John (1999): Der Kampf um Vorherrschaft in der ödipalen Situation. In: Weiss, Heinz (Hg.): Ödipuskomplex und Symbolbildung. Tübingen (Diskord), S. 98–118.
West, Dennis & West, Joan M. (1966): Borders and Boundaries: An Interview with John Sayles.
Cinéaste 22, 3:14, www.lib.berkeley.edu/MRC/sayles.html (1.5.2009).
http://de.wikipedia.org/wiki/Alamo (1.5.2009)

Niederlage als Sieg
The Piano, Jane Campion, AUS 1993

Yvonne Frenzel Ganz

Einführung

Jane Campions *The Piano* machte am Filmfestival von Cannes 1993 Furore. Für ihren dritten Spielfilm erhielt die neuseeländische Regisseurin als erste Frau in der Filmgeschichte die Goldene Palme. Zudem erhielt sie den Oscar für das beste Drehbuch, Holly Hunter jenen für die beste Hauptrolle und die erst elfjährige Anna Paquin jenen für die beste weibliche Nebenrolle. Von der Kritik als »Film der weiblichen Superlative« gefeiert, wurde *The Piano* zu einem weltweiten Kinoerfolg. Er begeisterte vor allem das weibliche Publikum, steht doch im Mittelpunkt der Geschichte eine Frau.

Seit 1984 war Jane Campion mit dem *Piano*-Projekt beschäftigt. Jahrelang arbeitete sie am Script, feilte immer wieder daran, suchte die Schauspieler und das nötige Geld. In den neun Jahren zwischen Idee und Realisierung entstanden die zwei ersten größeren Spielfilme Campions, *Sweetie* (1989) und *An Angel at my table* (1990), die Verfilmung der erschütternden Autobiografie der neuseeländischen Schriftstellerin Janet Frame. Bereits mit ihrem zweiten Film gelang Campion international der Durchbruch.

In einem Interview (Campion 1994, S. 109ff.) betrachtete Jane Campion die Geschichte von *The Piano* aus zwei Perspektiven: zum einen als Auseinandersetzung mit der kolonialen Siedlungsgeschichte ihrer Vorfahren, zum anderen als eine Illustration des – um mit Campions Worten zu sprechen – »Schockerlebnisses Sexualität«, wie es noch im

19. Jahrhundert völlig unvorbereitet über die Menschen hereinbrach. Nicht zuletzt ließ sich Campion vom romantischen Erzählstil Emily Brontës und deren berühmtem Roman *Wuthering Heights* inspirieren; entstanden ist ein märchenhaft anmutendes Werk.

Ähnlich einem Traum kommt *The Piano* facettenreich und hoch verdichtet daher. Der Film ist mehrdeutig und lässt eine Vielzahl von Interpretationsansätzen zu. Meine Betrachtung wird sich auf die Person von Ada konzentrieren.

Kommentar

Käme Ada in mein Sprechzimmer, geriete ich in Schwierigkeiten. Denn Ada tut ja eben nicht, was Psychoanalytiker erwarten: Sie sagt nicht, was ihr gerade in den Sinn kommt. Bereits als Kind hat sie aufgehört zu sprechen. Nur gerade acht Mal hören wir im Film Adas Kinderstimme aus dem Off, vier Mal am Anfang, als Ada noch in England lebt, und vier Mal am Schluss, als sie in die Kolonialstadt Nelson kommt. Diese Kinderstimme ist, wie wir von Ada erfahren, nicht ihre Sprech-, sondern ihre »Gedankenstimme«. Die Aufmerksamkeit des Zuschauers wird so auf die kindliche Fantasie gelenkt. Nur wenige Sätze spricht Ada, doch das Wichtigste ist mit ihnen gesagt; sie umrahmen die formal streng durchkomponierte Geschichte, die Jane Campion bild- und ereignisreich in Szene setzt.

Um mich der stummen Ada gleichwohl anzunähern, werde ich die Anfangs- und die Schlussszene beleuchten und drei Fragen nachgehen: Woran leidet Ada? Warum scheitert Stewart? Und weshalb gewinnt Baines?

Die Anfangsszene

Schon die erste Kameraeinstellung lädt uns ein, uns mit der weiblichen Protagonistin zu identifizieren. Wir blicken durch die Ritzen leicht geöffneter Hände in die Welt hinaus, so als wären es unsere eigenen: Geht diese Geschichte vielleicht uns alle an? Verbergen die Hände das Gesicht, damit man es nicht sieht? Wird das Verbot, nicht zu schauen, übertreten? Oder soll ein Zuviel an Reizen abgewehrt werden?

Ada erzählt uns mit ihrer Kinderstimme, dass keiner weiß, warum sie seit dem sechsten Lebensjahr nicht mehr spricht. Das legt nahe, dass es sich um eine im Verborgenen angesiedelte traumatische Erfahrung handelt, um ein Geheimnis, das sowohl ein sexuelles als auch ein gewalttätiges sein könnte. Mich selbst erinnert der Blick durch die Hände an den neugierig-lustvollen Blick eines Kindes; in diese Neugierde wird der Zuschauer sogleich versetzt. Wer kennt ihn nicht, jenen verbotenen Blick durch das Schlüsselloch! Das Eingangsmotiv ist Rückblende und Vorausschau zugleich, denn die Neugierde zeigt sich im Verlauf des Films noch mindestens drei Mal explizit: Sowohl Adas Tochter Flora als auch ihr Ehemann Stewart werden durch die Türritzen schauen und als jeweils ausgeschlossene Dritte Ada und Baines beim Liebesakt beobachten. Und es gibt noch die theatralische Blaubart-Inszenierung im Lauf der dramatischen Entwicklung: Das Märchen vom Ritter Blaubart handelt von der Neugierde der Ehefrau, die das Geheimnis des verschlossenen Zimmers lüften will, und von der ihr drohenden Bestrafung (Bechstein 1999).

Mit den ersten Bildern von *The Piano* lernen wir noch mehr von Ada kennen. Auch wenn es, wie wir wenig später erfahren, Adas Tochter Flora ist, die mit Rollschuhen auf dem störrischen Pony sitzt, suggeriert der Schnitt, dass es Ada selbst sein könnte. Und offenbar ist es Floras Großvater, Adas Vater also, der am Zaumzeug zieht. Hat Ada vielleicht einen ungelösten Konflikt mit ihrem Vater? Dieser bezeichnet Adas Stummheit als »finstere Gabe« und meint, der Tag, an dem sie sich in den Kopf setze, nicht mehr zu atmen, werde ihr letzter sein. Das Trotzige, Temperamentvolle gehört also zu Ada, die offenbar unehelich eine Tochter geboren hat – im viktorianischen England des 19. Jahrhunderts ein wahrer Sündenfall. Adas Vater verbannt die Tochter in die Ferne: Er verheiratet sie in die Kronkolonie Neuseeland.

Das bedrohlich wogende, sich endlos brechende Meer, das Ada und Flora an den einsamen Strand von Neuseeland wirft, könnte eine Darstellung der unbezwingbaren Wogen in Adas Innerem sein. Zudem illustriert die Verlegung der gesamten dramatischen Handlung in den neuseeländischen Urwald den zutiefst menschlichen Konflikt zwischen den Anforderungen der Kultur – symbolisiert durch die Kolonialmacht – und den unbewussten und ungezähmten Triebansprüchen des Individuums – repräsentiert durch die »unzivilisierten« Ureinwohner, die Maori.

Woran leidet Ada?

Als sechsjähriges Mädchen hat Ada auf das traumatische »Schockerlebnis Sexualität« mit Sprachverlust reagiert und sich den Menschen verschlossen. Sie ist regressiv auf eine vorsprachliche Altersstufe zurückgekehrt, auf der es die Erfahrung von Trennung und die Wahrnehmung von geschlechtlicher Differenz noch nicht wirklich gibt. Ada war, wie wir eingangs gesehen haben, als Kind ein wildes, aktives Geschöpf, und diese Aktivität rettet sie nach dem traumatischen Erlebnis in das Klavierspiel hinüber, mit dem sie zu diesem Zeitpunkt beginnt. Das Piano als imposantes Soloinstrument bekommt, psychoanalytisch gesehen, für das Unbewusste von Ada phallische Bedeutung. Im Klavierspiel gestaltet Ada ihren inneren Aufruhr. Noch in England bricht Ada ihr Spiel allerdings erschrocken ab, als eine Frau das Zimmer betritt: Das Klavierspiel hat offensichtlich eine verbotene autoerotische Qualität. Ada sagt von sich aus dem Off, dass sie sich nicht als stumm empfinde. Sie kommuniziert jedoch nicht mit der äußeren Welt, ihr Spiel richtet sich an innere Fantasiegestalten. Stewart und Tante Morag finden Adas Spiel eigenartig und beunruhigend; beide – und auch wir Zuschauer – spüren, dass es Züge einer Obsession aufweist.

Könnte es sein, dass Ada die weibliche Rolle, das Weibliche schlechthin ablehnt? Positive weibliche Referenzfiguren fehlen im Film nämlich völlig, Ada ist sich im Fortgang der Geschichte selbst genug. Sie begegnet dem Publikum als Frau, die bereits ein eigenes Kind hat. Es scheint, als wäre dieses Kind – ähnlich wie das Piano – für Ada eine narzisstische Ergänzung. Tochter Flora repräsentiert in einigen Szenen jenes kleine, glückliche Mädchen, das Ada selbst einmal war. Zum anderen erscheint Flora als kleine Ausgabe ihrer Mutter, als deren Doppelgängerin. Mutter und Tochter sind gleich streng gekleidet, bewegen sich zum Teil auch gleich, und die Tochter, innerlich nicht wirklich getrennt, fungiert als Adas Sprachrohr.

Flora ist der Mutter Spiegel und Ergänzung. Eigenständig wirkt Flora nur dann, wenn sie über den ihr unbekannten Vater und über ihre eigene Herkunft konfabuliert. Es wird spürbar, dass Flora ein Vater als Dritter gefehlt hat und immer noch fehlt, um sie aus der frühen dyadischen Beziehung zur Mutter zu befreien. Es scheint, als sei Ada selbst innerlich zu jener symbiotischen Beziehung zurückgekehrt, die sie zu ihrer eigenen Mutter hatte. Nicht nur die Beziehung zur Tochter gestaltet sich nach diesem Muster: Ähnlich war auch jene zu Floras Vater. Ada hatte fantasiert, dass sie in seinem Verstand Gedanken ausbreiten konnte, dass er sie auch ohne Worte verstand. Als sie die Illusion dieser Fusion nicht mehr aufrechterhalten konnte, kam es zum Bruch.

Gleich nach der Ankunft in Neuseeland müssen Ada und Flora den morastigen Urwald durchqueren. Auch später kämpfen sie sich immer wieder durch Schlamm und versinken knöcheltief darin. Es sind Wiederholungen, die zu illustrieren scheinen, dass Ada in ihrer Entwicklung in der Analität stecken geblieben ist, Wiederholungen, die aber auch für Adas starken Wunsch stehen, ihre Entwicklung wieder in Gang zu setzen. Ada selbst sagt in der Anfangsszene, dass das Schweigen letztlich jedem zusetzt, also auch ihr.

Warum scheitert Stewart?

Der selbstgefällige Stewart, Prototyp des kolonialen Eroberers, gibt sich betont männlich. Ständig ist er im Kampf mit der Natur und mit den Maori, die er sich Untertan machen will. Stewarts Behausung steht in toter, unwirtlicher Wildnis: Kahlschlag, Brandrodung, Baumstümpfe und – auch hier – viel Schlamm prägen das Bild. Versucht Stewart seine innere Natur zu beherrschen, indem er sie abholzt? Er hat seine künftige Frau wie eine Ware per Brief mit Bild erworben. Als er Ada und Flora abholt, wirft Stewart einen Blick auf das Foto von Ada, das ihm zugleich als Spiegel dient; ihr Bildnis verschwindet in seinem. Am Strand dann überblickt er sein neues Hab und Gut und taxiert Ada: »Sie ist so klein, ich hätte nicht gedacht, dass sie so klein ist.« Er wendet sich für ein Urteil an seinen Kollegen Baines: »Was halten Sie von ihr?« Doch Baines enttäuscht den Wunsch nach gemeinsamer Männersache im Entwerten der Frau, sodass Stewart dann selbst kommentiert: »Sie ist verkümmert, soviel steht fest.«

Stewart ahnt intuitiv, dass das Piano das große Hindernis bei der Unterwerfung Adas sein wird. Er nimmt Ada nicht als eigenständige Person wahr. Gebieterisch verfügt er, dass das Piano am Strand zurückbleiben muss. Damit ist Adas Feindschaft ihm gegenüber besiegelt. Stewart begegnet in Ada allerdings einer Gegenspielerin, die das sadomasochistische Metier ebenso gut beherrscht wie er: Er hat sie vom Piano getrennt, sie rächt sich, indem sie ihn genüsslich verschmäht und demütigt.

In der Szene, in der Stewart Ada und Baines beim Liebesakt beobachtet, ist er der ausgeschlossene Dritte. Er wird zum Kind und Baines zum Vater, der Ada alias die Mutter besitzt. Nachdem Stewart Ada vergewaltigen will und dann einsperrt, nähert sich ihm Ada nachts sehnsuchtsvoll. Als sie zärtlich seinen Rücken und Anus streichelt, kann sich Stewart dieser passiven Position nicht hingeben: Sie widerspricht seinem Verständnis von Männlichkeit. In diesem Moment ist Ada aktiv, Stewart seinerseits passiv, und dies entspricht nicht der klassischen Rollenverteilung, schon gar nicht jener des 19. Jahrhunderts. Gerade weil Stewart diese Art der Verführung, die homoerotische Fantasien weckt, so heftig abwehren muss, kann er in seiner Männlichkeit Ada gegenüber nur scheitern. Schließlich muss Stewart erkennen, dass Ada Baines liebt, weil sie selbst das Piano unbrauchbar macht, indem sie eine Taste entfernt und diese Baines als Liebespfand zukommen lässt. Eine mörderische, infantile Wut lodert in ihm auf, und er rächt sich an Ada, der mächtigen Frau-Mutter: Er »kastriert« sie, indem er ihr einen Finger abhackt. Letztlich gibt Stewart Ada dem Rivalen frei und beugt sich ihm, denn psychisch gesehen ist er immer noch der kleine Junge von einst.

Weshalb gewinnt Baines?

Baines ist anders, ein Aussteiger, der England und seiner Ehefrau den Rücken gekehrt hat und fern von bürgerlicher Konvention ein alternatives Leben führt. Er teilt das Leben der triebfreundlicheren Maori. Üppiges Grün umgibt Baines' Hütte. Die Natur ist hier einladend; in dieses Grün lassen sich Ada und Flora mehrmals hoffnungsvoll wartend nieder, als würde Ada spüren, dass sie nur mit Baines' Hilfe aus der Isolation des Schweigens herausfinden kann. In Baines' sehr viriler Erscheinung gibt es einen markanten Bruch: Er trägt – mit einer Ausnahme – während des ganzen Films einen Damenstrohhut und tauscht diesen erst zum Schluss gegen einen Herrenhut. Ist damit angedeutet, dass er das Weibliche weniger fürchtet, weniger ablehnen muss – auch in sich selbst – als Stewart?

Ihm machen auch die homosexuellen Avancen des Maori keine Angst. In der Ankunftsszene am Strand bemerkt Baines fast fürsorglich Adas Müdigkeit. Im Gegensatz zu Stewart vermag er Ada als eigenständige Person wahrzunehmen.

Während Baines am Strand Adas Klavierspiel passiv zuhört, verliebt er sich in sie. Er lässt sich von ihrer triebstarken Seite bezaubern und durchdringen. Baines realisiert, dass das Piano der Schlüssel zu Ada ist, und lockt sie mit einem Tauschhandel, um sich ihr anzunähern; eine Sprache, die sie versteht. Ada steigt auf den Handel ein, gibt aber den Tarif durch: Nur die schwarzen Tasten zählen. Und sie klemmt Baines – versehentlich? – den Finger mit dem Klavierdeckel ein. Auch quält sie ihn anlässlich der Blaubart-Aufführung, indem sie ihn eifersüchtig macht.

Baines beginnt seine Verführung behutsam. Während er Ada ermöglicht, ihre Aktivität über das Klavierspiel zu bewahren, drängt er sie zugleich sanft in die passive Position. Er beschaut, betastet, beriecht sie. Adas Klavierspiel und ihre Musik verändern sich im Laufe der Klavierstunden mit Baines; ihre infantile Fantasie wird mehr und mehr von Baines' Gestalt überlagert, das Piano ist bald nicht mehr von ihm zu trennen. Baines steigt aus dem Tauschhandel aus, bevor sich Ada prostituiert. Damit verlässt er die sadistisch-anale Stufe und begegnet Ada als liebender Mann, er gibt sie frei und riskiert den Verlust. Baines möchte Ada nicht besitzen, sondern von ihr geliebt werden.

Adas heftige Ambivalenz spiegelt sich in ihrem Umgang mit dem wiedergewonnenen Piano. Als sie zu Baines eilt, beobachten wir – ebenfalls als ausgeschlossene Dritte – eine hinreißende Liebesszene: Baines, krank vor Verlangen, liefert sich Ada passiv aus und gibt sich ihr völlig preis – und gerade dadurch kann er sie erobern. In einem letzten Aufbäumen von Ambivalenz schlägt ihn Ada und bemächtigt sich so seiner, um sich dann niedersinkend ihrem eigenen Begehren zu ergeben, worauf sich Baines aktiv ihrer bemächtigt. Für den Zuschauer wird sichtbar, dass der Trieb bei beiden Geschlechtern immer aktiv, gewissermaßen männlich, ist. Vielleicht ist es nicht von ungefähr, dass Ada im weiteren Fortgang ihr Piano, das für sie phallisches Äquivalent gewesen war, untauglich macht, indem sie Baines eine Taste übereignet. Sie verzichtet damit aktiv auf ihr Solistinnendasein, denn nur er kann sie sexuell – und das bedeutet nun genital – glücklich machen.

Bei der Abreise tritt Ada aus dem Haus und blickt nach oben. Sie findet sich unter einem grünen Dach von Baumwipfeln, durch die der Himmel schimmert. Der Eindruck einer Kathedrale verstärkt sich, als Baines seinen Herrenhut lüftet und Ada küsst: Wir scheinen Zeugen einer Trauung zu sein, Ordnung und Gesetz sind nun eingekehrt.

Die letzte Szene

Schon bei der Ankunft hatten die englischen Siedler über das Piano als einen »verdammten Sarg« geflucht. Der Kreis schließt sich, als die Maori am Schluss auf hoher See sagen: »Sie hat recht, es ist ein Sarg. Soll die See sein Grab sein.« So hat das Piano von Anfang an etwas, das vom Leben trennt. Ada beschließt, das Klavier über Bord zu werfen. Baines verteidigt es zunächst, er möchte es für sie reparieren lassen. Doch für Ada hat das Piano die unbewusste phallische Bedeutung verloren, sie akzeptiert nun die Erfahrung des Mangels – eine Erfahrung, welche die menschliche Existenz bestimmt und nicht etwa nur weibliches Schicksal ist. Adas narzisstische Schutzhülle ist durchlässig geworden. Sie kann die Illusion, ohne einen Anderen glücklich zu sein, nicht mehr aufrecht erhalten und, was entscheidender ist, sie will es auch nicht mehr.

In einem letzten Aufbegehren setzt Ada in einem suizidalen Akt den Fuß in die Schlinge, um gegen den Tod anzukämpfen. Beim Auftauchen hören wir dann wieder Adas Kinderstimme: »Was für ein Tod! Was für eine Möglichkeit! Was für eine Überraschung! Mein Wille hat sich für das Leben entschieden!« Aus diesen Worten ist der Verzicht auf die Grandiosität zu hören, die sie zumindest in diesem Tod noch hätte realisieren können. Und es klingt auch der Abschied von den Eltern an: vom ödipalen Vater, der ihr die finstere Gabe prophezeit hatte, und von der frühen Mutter, die sie in der Umarmung des tödlichen Meeres wiedergefunden hätte.

Später sehen und hören wir, dass Ada nun in der bürgerlichen Umgebung der Kleinstadt Nelson lebt und hier Klavierstunden gibt. Ihre kunstvoll gefertigte silberne Fingerprothese täuscht nicht über den Verlust hinweg. Das Leben hat an Glanz und Größe eingebüßt, es ist prosaischer geworden – Preis dafür, der einsamen Welt des Schweigens entflohen zu sein. Die Befriedigung, das »Monster der Stadt« zu sein, wie uns Ada aus dem Off erzählt, ist Adas kleiner, dem Leben zugewandter narzisstischer Trost. Ihr Schamgefühl jedoch über die noch ungeübte Stimme zeugt von Adas innerer Arbeit, die schmerzliche Erfahrung des Mangels zu integrieren und mit ihrer Stimme den Weg zu den Menschen zu finden.

Schlussbemerkung

Die Frage, weshalb *The Piano* so viele Frauen fasziniert, hat mich begleitet und zum Nachdenken angeregt. Nachdem ich den Film mehrmals gesehen habe, denke ich: Zwar in die Mitte des 19. Jahrhunderts versetzt, behandelt die Geschichte dennoch ein Thema, das bis heute nichts an Aktualität verloren hat, nämlich jenes der weit verbreiteten Ablehnung der Weiblichkeit bei beiden Geschlechtern – hier im Film exemplarisch vertreten durch Ada und Stewart. Sigmund Freud definierte diese Ablehnung 1937 als den stärksten Widerstand gegen die analytische Arbeit, als »den gewachsenen Fels« beim Mann wie der Frau. Bei der allen Menschen eigenen psychischen Bisexualität ist es jeweils die gegengeschlechtliche Identifizierung, also jene mit dem anderen Geschlecht, die im Lauf der Entwicklung integriert wird und in eine gefestigte sexuelle Identität mündet. Für diese geglückte Integration steht im Film Baines, der deshalb als starker Liebhaber das Weibliche in Ada zu schaffen vermag.

Die französische Psychoanalytikerin Jacqueline Schaeffer (1999) präzisiert Freuds These rund 60 Jahre später dahingehend, dass die Ablehnung des Weiblichen die Leugnung der Differenz der Geschlechter impliziert und auf der Angst vor genitaler Penetration beruht. Vielleicht begeistert *The Piano* viele Frauen auch deshalb, weil der Film die Bewältigung des zentralen Konflikts der weiblichen Sexualität widerspiegelt. Jacqueline Schaeffer formuliert diesen treffend so: »Das Ich der Frau hasst die Niederlage, aber ihr Geschlecht fordert sie.«

Literatur

Bechstein, Ludwig (1999): Sämtliche Märchen. Düsseldorf/Zürich (Artemis&Winkler).
Campion, Jane (1994): Das Piano. München (Heyne).
Freud, Sigmund (1937): Die endliche und die unendliche Analyse. GW XVI. Frankfurt (S. Fischer).
Schaeffer, Jacqueline (1999): Was will das Weib? Oder: Vom Skandal des Weiblichen. In: Heenen-Wolff, Susann (Hg.) (2000): Neues vom Weib. Göttingen (Vandenhoeck&Ruprecht).

Der Storch von Manhattan
Rosemary's Baby, Roman Polanski, USA 1968
BIANCA GUEYE

Einführung

Es gibt Filme, bei deren Titel allein sich dem Kinobesucher die Nackenhaare sträuben. *Rosemary's Baby* ist einer davon. Verteufeln wir *Rosemary's Baby* zu Unrecht? In seinem Erscheinungsjahr 1968 wurde Roman Polanskis Film auf Anhieb zum epochalen Kinoerfolg. Der junge und erfolgreiche Polanski war gleich nach seinem *Tanz der Vampire*, in dem Sharon Tate die Hauptrolle spielte, zur Verfilmung von *Rosemary's Baby* nach Hollywood gerufen worden (Feeney/Duncan 2005). Der professionelle Durchbruch und die Begegnung mit Sharon Tate verbanden sich zu einem glücklichen Höhepunkt in Polanskis Leben. Jahre später begann Roman Polanski seine Autobiografie mit folgenden Zeilen:

> »So weit ich zurückdenken kann, ist in meinem Leben die Grenze zwischen Fantasie und Wirklichkeit hoffnungslos verwischt gewesen. Ich habe lange gebraucht, um zu erkennen, daß gerade dies der Schlüssel zu meinem Dasein ist. Er hat mir mehr als genug Enttäuschungen, Leiden und Katastrophen gebracht. Er hat mir aber auch Türen geöffnet, die sonst für immer verschlossen geblieben wären« (Polanski 1984).

1967 zog Polanski mit Sharon Tate, seiner späteren Frau, von Europa nach Los Angeles und begann mit der Verfilmung der Novelle *Rosemary's Baby* von Ira Levins. Die Geschichte spielt 1965 in New York. Levins beschäftigt sich darin mit der Spannung zwischen der Agnostik, einer rationalen Weltsicht, die das Übersinnliche nicht anerkennt, und dem Katholizismus. Polanski selbst verstand sich als Agnostiker; schon seine beiden Eltern waren, obschon jüdischer Herkunft, Agnostiker gewesen. Polanski wollte eine rationale Geschichte erzählen, und es gelang ihm, das Oszillieren von Wahn und Wirklichkeit plausibel darzustellen.

Gemeinsam mit Rosemary verirrt sich der gesunde Menschenverstand des Zuschauers auf der Suche nach rationalen Erklärungen im Labyrinth des realen Wahnsinns: Fantasien, Ahnungen, Albträume und Ängste vermischen sich mit Krankheit und Zwischenmenschlichem. Der Handlungsraum wird von zwei Koordinaten abgesteckt: Einerseits erkrankt eine junge Erstgebärende an einer Schwangerschaftspsychose und einer darauf folgenden Wochenbettpsychose, anderseits werden eine junge Frau und ihr Baby zu Opfern einer Sektenverschwörung, also zum Objekt der Begierde einer Gruppe praktizierender Satansverehrer.

Kommentar

Der Film *Rosemary's Baby* beginnt wie eine Weihnachtsgeschichte. Ein mit Jugend und Schönheit gesegnetes Paar ist auf der Suche nach einer Bleibe, um hier ein Kind zu zeugen. Im Vogelflug kreist die Kamera über Manhattan und erspäht die beiden in einem altehrwürdigen Stadtviertel. Sie nähern sich einem Hauseingang. Hier ist nach einem Todesfall eine Wohnung zu vermieten. Ein zartes Wiegenlied begleitet die Szene. Wie nur soll das Böse in solch eine Welt eindringen? Das Wiegenlied klingt uns noch in den Ohren, da erstarren wir schon vor dem abgründigen Blick eines afroamerikanischen Liftboys. Hypnotisch zieht er das junge Paar ins schmiedeiserne Klaustrum einer viktorianischen Liftkabine; in ihm funkelt der Voodoo ehemaliger Sklaven. Die Lifttüre schlägt zu. Eine unheimliche Beklemmung ergreift uns: Werden die Schmelztiegel Amerikas bald zu Hexenkesseln?

Das junge Paar scheint keine familiären Bindungen zu haben. Guy stammt aus einer Provinzstadt; Rosemary, eine Katholikin, die nicht mehr an Gott glaubt, kommt aus dem erzkatholischen Omaha. »I have three brothers and two sisters, I am the baby«, wird sie bei erster Gelegenheit ihrer neuen Nachbarin, der kinderlosen Minnie, erzählen. Mit Minnie

Castevets will Rosemary auf keinen Fall anbandeln – weil man ja wisse, dass man solch Alte nie mehr los werde. Sie erfährt, dass ihre beiden Wohnungen früher zusammengehört haben; hinter dem Wandschrank im Korridor entdeckt sie sogar noch einen Durchgang. Kaum eingezogen, werden Guy und Rosemary von Minnie und Roman Castevets eingeladen und rührend umsorgt. Die Zurückhaltung des jungen Paars weicht der Neugier, und die Fäden elterlicher Verführung verweben sich zu einem Nest der Geborgenheit im Schoß der beiden Alten.

Als Roman Castevets, der alte Fuchs, der alles zu wissen und jeden zu kennen scheint, mit anerkennenden Worten über Guys Geburtsstadt spricht, fließt dessen Herz über. So eine mächtige und einflussreiche, gleichwohl aber einfühlsam zugewandte – kurz: mafiöse – Vaterfigur hat sich Guy schon immer gewünscht. Sozialer Neid und gesellschaftliche Ressentiments verbinden Guy und Roman sowie auch die narzisstische Bereitschaft, für Macht und Erfolg buchstäblich über Leichen zu gehen. Guy ist ein erfolgloser Schauspieler, Roman ein frustrierter Sektenführer, der sich in teuflischer Mission wähnt. Sein Lebenstraum ist die Zeugung des Antichristen. Dieser soll die (anderen) Mächtigen in seinem Land endgültig besiegen.

Roman und Guy machen einen Handel: Rosemarys zukünftiges Kind gegen die Hauptrolle in einem Theaterstück, die soeben an Hutch, Rosemarys väterlichen Freund und Guys Rivalen, vergeben wurde. Roman verspricht, für Hutchs Ermordung zu sorgen. Guy ist fortan nur noch ein verlängerter Arm von Roman – genauer gesagt: sein verlängerter Penis. Rosemary erfährt von alledem nichts. Euphorisch richtet sie die Wohnung ein, glücklich wie ein Mädchen, das seine erste Puppenstube bekommen hat.

Rosemary schließt Freundschaft mit Theresa, einem ehemaligen Drogenmädchen, das die Castevets von der Straße aufgelesen haben. Doch Theresa springt aus dem Fenster. Nach dem Selbstmord hat Rosemary ihren ersten Alptraum: Die strenge Ordensschwester Agnes – vermutlich eine ehemalige Lehrerin und im Traum eine finstere Mutterfigur – schaut Rosemary böse an. Sie ist verärgert. Hinter dem zugemauerten Fenster eines katholischen Mädcheninternats steht Rosemary inmitten einer Mädchenschar. Es ist, als staue sich hier ein Mief lebenslänglicher Schuld und Verdammnis. Steht die böse Schwester Agnes für den Keim unbewusster Schuld an Theresas Suizid? Ist die Schuld am Schwesternmord womöglich ein Hinweis auf die Verschiebung eines Muttermordes hin zur Figur der Schwester? Für Minnie war Theresa wie eine Tochter. Ihr Tod macht nun Platz für Rosemary. Rosemarys feindliche Verschlossenheit weicht dem Mitleid mit den beiden Alten, und sie erhält von Minnie dasselbe Amulett wie Theresa.

»Opa« Roman, seine neugierige Ehefrau Minnie, deren gefräßiger Schwatzmund in Dauererregung zittert, und ihre Freundin Laura-Louise mit den fiesen Stielaugen sind – im Film vordergründig witzig – eine bissige Darstellung von neidischen, gierigen Alten, die ihre Kinder regelrecht auffressen. An welcher Verachtung lässt uns Polanski hier teilhaben? Ist es das Zeichen des Bruchs zwischen den Generationen?

Es ist der Vorabend des Papstbesuchs in New York. Roman will die Zeugung des designierten Antichristen mit dem Papstbesuch orchestrieren. Minnie mischt Rosemary eine Droge in die Schokoladenmousse. Rosemary möchte zwar mit Guy ein Baby machen, deliriert aber zwischen Traum und Horrortrip; alle weiblichen Ängste und Schuldkomplexe fallen über sie her. Im Traum weilt sie mit anderen Gästen auf John F. Kennedys Yacht. Erst ist Kennedy der Kapitän, dann ist es Hutch. In einer nächsten Sequenz muss Hutch an Land bleiben: »For catholics only«, sagt ein neuer Kapitän. Guy entkleidet Rosemary Stück um Stück und trägt sie in den Schiffsbauch. Erst noch symbolistisch bemalt wie die sixtinische Kapelle, verwandelt sich der Raum allmählich in eine okkulte Gruft. Rosemary liegt aufgebahrt wie ein Opfertier. Castevets' Sektengemeinde – eine Horde nackter, schlaffhäutiger Alter – versammelt sich um sie herum. Mit gierigen Blicken dringen die Sektenmitglieder in die Entblößte ein, als wollten sie ihre entleerten Lebensspeicher wieder aufladen.

An Armen und Beinen festgebunden, ergibt sich die folgsame Rosemary dem exorzistischen Akt mit der Duldsamkeit einer Gebärenden. Eine Frau in weißem Gewand, die Jacky Kennedy gleicht, gibt ihr medizinische Anweisungen; Rosemary entschuldigt sich für die Umstände, die sie mache. Jetzt markiert Roman ihren Körper mit Ziffern und Zeichen aus frischem Blut, und während Guy in sie eindringt, verwandelt er sich in den Satan: Als schwarz-geschuppter Faun gräbt er seine Krallen tief in ihr Fleisch. »Das ist kein Traum«, schreit Rosemary, »das ist die Wirklichkeit! Etwas Unmenschliches hat mich vergewaltigt!« Ein Priester beugt sich über sie, ihn bittet sie um Vergebung. Als Rosemary voller Striemen erwacht, ist sie entsetzt, dass Guy sie im Schlaf vergewaltigt hat. Aber Guy spielt die Angelegenheit herunter.

Rosemarys bewusstlose Empfängnis erinnert an die unbefleckte Empfängnis der Mutter Maria. Rosemary scheint unschuldig und schutzlos wie ein Kind. Sind die nun folgenden Befürchtungen um das Überleben ihres Kindes die prophetischen Schatten der eigenen abgespaltenen Kindheit? Wird das Virus abgetöteter Erinnerungen die Frucht ihres Leibes infizieren? Die Ex-Katholikin Rosemary trägt den befruchteten Keim als Indiz ihrer Erbsünde unter dem zerbrochenen Herzen. Der Fluch einer traumatischen Urszene und das Stigma des Inzests verfolgen sie im Namen des Teufels. Rosemary, die jüngste Tochter ihres abwesenden Vaters, bleibt in Hassliebe mit diesem verbunden.

Rosemary dämmert es: »Die Leute hier sind ja genau wie bei uns in Omaha!« Sie beobachtet die Machenschaften ihrer Nachbarn: dubiose Partys einer verschworenen High Society, und ihr Guy ist stets dabei. Sogar ihren Gynäkologen entdeckt sie unter den Gästen. In einem Buch über Hexen, das ihr der verstorbene Hutch noch zukommen ließ, erkennt sie Romans Praktiken. Das Vertrauen zu Guy ist zerbrochen, die Beziehung zerrüttet. Unsere Kindfrau muss erwachsen werden, denn auf Guy ist kein Verlass. Guy scheut seine Vaterschaft sichtlich. Er ist feige, fürchtet sich sogar, Rosemarys gewölbten Bauch zu berühren – wohl aus Angst, sich die Hände an seiner eigenen Satansbrut zu verbrennen.

In Polanskis Inszenierung lässt sich Rosemary jetzt die Haare schneiden; Guy findet die neue Frisur schrecklich. Der Haardesigner Vidal Sassoon kam persönlich zu den Dreharbeiten, um Mia Farrow die damals moderne »Bubikopffrisur« zu verpassen. »Vidal Sassoon«, flüstert Rosemary im Film, als gäbe es ihr Kraft. Waren das die magischen Lettern ihres neuen Frauenideals? Rosemary schwört ihrem zukünftigen Kind »Andy« oder »Susy«, dass sie es beschützen werde. Sie will sich von den Anderen emanzipieren und selbstständig werden. Ist bei Guy und Rosemary der Kampf zwischen den Geschlechtern ausgebrochen? Begibt sich Rosemary auf den Weg einer alleinerziehenden Mutter?

Rosemary gleicht jetzt dem anorektischen Topmodel Twiggy, zu Deutsch »Zweiglein«. Twiggys Becken ist aber nicht zum Gebären gedacht. Doch mit der – in den 60er Jahren aufkommenden – Antibabypille können sich Frauen vor einer Schwangerschaft schützen; »make love, not babies« ist das Motto der Zeit. Als wäre ihr Becken aus Glas und bärste unter dem Druck des wachsenden Embryos, leidet Rosemary an satanischen Schmerzen. Die Frage, ob Andy oder Susy noch am Leben oder schon am Sterben sind, quält sie unablässig. Tötungsängste und Todesängste vermischen sich: Wer bringt hier wen um? Das ist gewissermaßen die Frage in Rosemarys Becken, als bestünde eine höllische Konfusion zwischen den Identitäten: Wer von beiden ist das Kind, wer die Mutter? Sucht Rosemary den Vater und will erst selbst dessen Tochter werden, oder will sie ein Kind vom Vater?

Im Versteckten verzehrt Rosemary rohes, blutiges Fleisch, als müsste die zierliche Kindfrau erst ihre eigenen Milchzähne abstoßen, bevor sie zu einer nährenden Mutter für das heranwachsende Säugetier mutieren kann. Hat auch sie Angst vor dem kleinen Vampir in ihrem Bauch? Kurz vor dem Geburtstermin noch sucht Rosemary verzweifelt einen neuen Gynäkologen – vergeblich. Sie kann ihren Befürchtungen nicht entrinnen: Alle scheinen gegen sie verschworen zu sein. Vor der Geburt wird sie narkotisiert, und als sie erwacht, erklärt man ihr Kind für tot. Gepflegt wie eine Geisteskranke und mit Tabletten lahm gelegt, kämpft Rosemary um ihren Verstand, denn sie hört ein Baby schreien.

Bewaffnet mit einem Fleischmesser und in hellblauer Robe – als suche sie nach einer Identifikation mit dem kleinen Knaben – dringt die geschwächte Wöchnerin in die Nachbarswohnung ein. Inmitten fremder Leute steht eine große schwarze Wiege; die Satansgemeinde feiert die Geburt des designierten Antichristen. Roman bejubelt das Neugeborene sinngemäß als den »Erlöser und Rächer der Benachteiligten und Ausgeschlossenen«. Der Kleine soll folglich ein sozialer Erlöser werden – vielleicht ein Antikapitalist oder gar ein Kommunist? Roman ist ja in der Stadt Dubrovnik beheimatet.

Rosemary sucht ihr Baby, doch was sie in der Wiege erblickt, sind die Satansaugen aus der Zeugungsnacht – allerdings verschwindet das Bild des Satans schon teilweise hinter einem vertikalen Farbstreifen aus dem Hellblau ihrer Robe. »Oh Gott, was habt ihr mit meinem Kind gemacht?« Am liebsten würde sie mit dem Messer zustechen, aber sie weiß nicht wohin. Guy, ganz Partylöwe, versucht sich bei ihr einzuschmeicheln; ihm spuckt sie direkt ins Gesicht. Ratlos schaut sie in die Runde. Als sie bemerkt, dass sich Laura-Louise bereits als Amme aufspielt und das weinende Baby wie eine Irre schaukelt, beginnt der Mutterinstinkt, die letzten Widerstände zu brechen.

Trotzdem braucht Rosemary das Machtwort von Roman, um die aufsässigen Frauen der Sekte wegzuschicken und den Platz an der Wiege für sich frei zu machen. Auch ist es Roman, der ihr erklärt: »Sei nur einfach die Mutter deines Kindes!« – »Sie wollen mich dazu bringen, seine Mutter zu sein«, erwidert sie ihm trotzig. Dann merkt sie aber, dass sie ihr Kind haben kann, wenn sie es mit dem Satan teilt. Ihr Baby ist ein Knabe und gehört zum anderen Geschlecht, dem Geschlecht seines Vaters. Und Roman beansprucht das Recht, den Namen des Kinds zu bestimmen: »Adrian soll er heißen. Die Mächtigen soll er stürzen und alles Unrecht mit Verachtung heimzahlen. Rächen soll er die Verbrannten und Gequälten. Satan ist sein Vater.«

Hat Rosemarys eigenes Schwarz-Weiß-Denken die Empfängnis eines realen Kindes verhindert? Wollte sie den Schmutz zwischenmenschlicher Beziehungen aus ihrer »heiligen Puppenstube« aussondern? War es ihre eigene Ambivalenz gegenüber dem zukünftigen Säugling, den sie womöglich unter satanischen Schmerzen und mit tierischem Geschrei im ungefilterten Auswurf ihrer weiblichen Geschlechtsorgane zur Welt bringen würde? Rosemary scheint sich erst an die – in ihren Augen – hässliche Triebhaftigkeit ihres Babys – das Stigma des Satans – gewöhnen zu müssen: Ein kleiner »Teufel« passt nicht in ihre Welt. In der Psychose bewerkstelligt Rosemary eine radikale Ausblendung der weiblichen Genitalität: die Zeugung eines Kindes und dessen Geburt.

Offenbar benötigt sie Romans Segen, um den Platz der Auserwählten einzunehmen und jene Rivalinnen auszuschalten, deren böse Blicke sie magisch verfolgt haben: die Agnes', Minnies, Laura-Louieses und wie sie alle heißen. Endlich kann sie dem armen kleinen Teufel, der, versteckt hinter seinen schwarzen Tüchern, weint, ihr bezauberndes Lächeln schenken. Und Mia Farrow – wohl eine der schönsten Madonnen ihrer Zeit – blickt liebevoll ins Schwarz der Wiege: eine Pietà von Roman Polanski. Wir dürfen annehmen, dass Rosemarys Baby das »ödipale Kind« repräsentiert, das Kind des sexuellen Unbewussten. Es ist ein Relikt aus der Blütezeit kindlicher Sexualität in der ödipalen Phase: jenes

Kind, das ein Mädchen von seinem Vater bekommen möchte – wenn es schon nicht seine Frau werden darf oder kann.

So werden wir zu guter Letzt doch noch die erleichterten Zeugen eines nicht ungewöhnlichen Happy Ends. Roman bleibt trotz Nachwuchs Platzhirsch in der Sippe, und Rosemary gelingt es mittels einer Übertragung auf Roman, den Kontakt zum »ödipalen Vater« ihres Unbewussten herzustellen. Weit weg von zu Hause kann sie ihren Anti-Vater finden: den Anti-Katholiken Roman. Zu Schwarz bekennen sich bekanntlich beide, der Erzkatholik aus Omaha und der orthodox drapierte Satanist aus Dubrovnik. Rosemary war mit der psychischen Integration ihrer Mutterschaft überfordert, und deshalb erkrankte sie an einer Psychose.

Die Hölle auf Erden kann durchaus real sein. Polanski selbst hat Szenen und Bilder schwerster gesellschaftlicher Regression in seinem fotografischen Gedächtnis gespeichert. Als Kind war er mit seinen Eltern und seiner Schwester im Ghetto von Krakau interniert. Es war geplant, ihn im Falle beginnender Verhaftungen durch die Nazis zu einer katholischen Familie aufs Land zu schicken. Als seine Mutter 1943 von den Nazis verhaftet wurde, war er neun Jahre alt. Der kleine Roman sollte allein aus dem Ghetto flüchten. Das tat er aber nicht, sondern lungerte noch tagelang im Ghetto herum. Aus der Schlüssellochperspektive seiner Verstecke konnte er in die Folterkammern der Erwachsenen schauen und beobachten, wie die Nazis das Ghetto zerstörten, Menschen quälten und vernichteten. Einmal habe er versucht, auf der Straße seinen Vater anzusprechen, erzählt Polanski in seiner Autobiografie, doch dieser habe nur gefaucht: »Verschwinde!« 1945 kehrte Roman Polanski nach Krakau zurück. Auf dem Land war er vorübergehend Katholik geworden, um für seine Mutter zu beten, allerdings vergeblich: Die Nazis brachten sie um.

Rosemary's Baby ist vielen Zuschauern unheimlich, als könnte der Film den Teufel selbst reizen und ihn erneut auf uns hetzen. Und wir erinnern uns noch an die Katastrophe, die sich, als wäre sie sein Nachbeben, mit dem Erfolg des Films vermischt hat: die Morde von Charles Manson und seiner Sekte. Nachträglich scheint es, als sei ein Bumerang der Geschichte zeitgleich mit *Rosemary's Baby* zu einem mörderischen Kreisflug über die westliche Hemisphäre gestartet und hätte dazu Polanskis Talent gebraucht – oder missbraucht.

Im Januar 1968 heirateten Roman Polanski und Sharon Tate. In Los Angeles genossen sie das Glück der »Happy Few« in vollen Zügen. Ende desselben Jahres wurde Sharon Tate schwanger. Nach den Morden an John F. Kennedy, Martin Luther King und Robert Kennedy waren die USA erschüttert. Mit dem Osten führte man den Kalten Krieg, und in Vietnam verbluteten die jungen Männer der Nation. Überhaupt drohte eine Entgleisung sozialer Symptome, die westliche Welt in Gewalt und Chaos zu versenken – manche sahen darin die Vorboten eines biblischen Weltuntergangs.

In der Nacht des 8. Augusts 1969 wurden die hochschwangere Sharon Tate – sie stand wenige Tage vor dem Geburtstermin – und ihre vier Gäste von Charles Manson, drei Frauen und einem weiteren Mann in einer mörderischen Blutorgie satanistischem Stils umgebracht. Charles Manson, damals 34-jährig, war der uneheliche Sohn einer 16-jährigen Trinkerin. In seinem fünften Lebensjahr war seine Mutter wegen bewaffneten Raubüberfalls ins Gefängnis gekommen. Er wuchs in Institutionen und Gefängnissen auf. Seine Verteidigungsschrift verfasste er selbst. Manson identifizierte sich mit Jesus Christus, Satan, Hitler und dem *Helter-Skelter*-Musikalbum der Beatles. »Helter Skelter« setzte er mit »Konfusion« gleich (Charles Manson Trial 2007).

Aus medial verbreiteten kollektiven Erfahrungen entsteht Geschichte. So steht die Gegenwart stets mit dem Gesicht zur Vergangenheit; die unterschiedlichsten Ereignisse werden miteinander verknüpft, und das gesellschaftliche Unbewusste bleibt mit den Symptomen vergangener Ereignisse und Geschichten infiziert. Irrationale Ängste vor den psychischen Katastrophen der Vergangenheit sind also berechtigt. Und trotzdem dürfen wir uns darüber freuen, dass es Rosemary gelungen ist, eine bedingungslose Liebe zu ihrem Kind aufzubauen. Vielleicht steht Rosemarys Pietà auch für einen jener kurzen Momente, in denen sich Roman Polanski mit der Welt versöhnt sah.

Literatur

Charles Manson Trial (2007): www.law.umkc.edu/faculty/projects/ftrials/manson/mansonaccount.html (02.05.2007).
Feeney, F. X. & Duncan, Paul (Hg.) (2005): Roman Polanski. Köln (Taschen GmbH).
Polanski, Roman (1984): Roman Polanski von Roman Polanski. Übersetzung Günter Panske. Bern/München/Wien (Scherz).

Nichts weniger als das Leben selbst
Stalker, Andrej Tarkovskij, UdSSR 1979

MARKUS FÄH

Einführung

Andrej Tarkowskij (1932–1986) ist der Poet und Philosoph des modernen russischen Kinos. Sein Werk und sein Leben lassen sich wie bei kaum einem anderen Regisseur unmöglich voneinander trennen. Sein Vater, der Dichter Arseni Tarkovskij, verließ die Familie, als der Sohn drei Jahre alt war. Andrej wuchs bei seiner Mutter auf, zu der er ein inniges, leidenschaftliches und ambivalentes Verhältnis hatte. Der Film *Der Spiegel* von 1975 ist seine cinéastische Hommage an sie.

Andrej Tarkovskij drehte sieben Kinofilme, den ersten, *Die Straßenwalze und die Violine*, als Diplomarbeit für die Filmschule in Moskau, in der er zum Regisseur ausgebildet wurde. Dann folgte sein eigentliches Oeuvre: *Iwans Kindheit*, der Film über einen Waisenjungen im Vaterländischen Krieg, der ihn mit einem Schlag weltberühmt machte, *Andrej Rublev*, *Solaris*, *Der Spiegel*, *Stalker* und die beiden letzten im Westen gedrehten Filme *Nostalghia* (in Italien) und *Das Opfer* (in Schweden). Tarkovskij erlag am 29. Dezember 1986 in Paris nur 54-jährig einem Krebsleiden, drei Jahre nachdem er aus der Sowjetunion emigriert war.

Stalker war 1975 praktisch fertig gedreht, als sich herausstellte, dass bei der Entwicklung des Filmmaterials im Labor in Moskau Fehler gemacht worden waren; Tarkovskij erklärte, das sei nicht mehr sein Film. Nach mehreren Interventionen bei den höchsten sowjetischen Funktionären – unter anderem durch Tarkovskijs Frau Larissa – wurde der Film mit einem neuen Drehbuch und einem neuen Kameramann ein zweites Mal gedreht.

Kommentar

Stalker ist Tarkovskijs zentrales Werk. In ihm ist die Essenz seines gesamten Oeuvre am reinsten kristallisiert: die reduktionistische rationalisierende Vernunft hinter sich lassen (die Welt, welche die Zone umgibt), allem seinen Platz im Geheimnis der Existenz geben (die Zone, eine verbotene Industrielandschaft), das Absolute Reale sehen (das Zimmer der Wünsche). Die drei männlichen Protagonisten drücken existenzielle Positionen dem Leben gegenüber aus: die Suche nach der absoluten Wahrheit und die menschliche Würde als oberstes Prinzip (der Stalker), das Steckenbleiben in der flachen Rationalität des Pragmatismus (der Professor), den Rückzug in den Zynismus der Beliebigkeit und Beziehungslosigkeit (der Schriftsteller). Die Ehefrau des Stalkers verkörpert die Liebe trotz Zweifeln und Entbehrungen, das Kind, »das Äffchen«, die existenzielle Schwäche, die gleichzeitig die größte Stärke, die Empfänglichkeit für die letzten unsichtbaren Wahrheiten, ist.

Die Reise des Stalkers ist eine Regression und eine Progression zugleich. Sie ist eine Regression, weg von der Welt der Worte, des Pragmatismus, der Ordnung, hin zur Welt der Bilder, Bewegungen und Klänge, in der die Zeit nicht mehr existiert, zurück in den Mutterschoß, zum geheimnisvollen Zimmer, in dem jeglicher Mangel aufgehoben werden soll. Sie ist aber auch eine Expedition nach vorn ins Unbekannte auf der Suche nach dem Gral, der revolutionierenden Wahrheit.

Der Stalker hat ein panerotisches, radikal kommunikativ-sinnliches Verhältnis zur Welt und zur ihn umgebenden Natur, die voller Gefahren und Geheimnisse ist. Er legt sich gleich nach dem Betreten der Zone mit dem Gesicht nach unten auf die Erde. Die Grenze zwischen ihm und der Welt ist aufgehoben, er steht ihr nicht kritisch-objektivierend gegenüber. In der wichtigen Szene nach dem Wasserfall und vor dem Betreten des Fleischwolfs liegt er in einer Pfütze und träumt. Eine Frauenstimme aus dem Off zitiert aus der Apokalypse von Johannes.

Es geht Tarkovskij um die Entlarvung falschen Wissens, um die Kritik rationalistischen menschlichen Hochmuts. Der Stalker ist ein randständiger leidender Weiser, ein »Jurodiwy«, ein Narr, ein heiliger Verrückter im Sinne Dostojewskijs, ein seelisch verletzter Asket und Sehender.

Für den Stalker ist die Zone der einzige Ort, an dem er seine Fähigkeiten einsetzen kann, zu helfen und Gefahren und Wege zu sehen, welche die sogenannten Starken und Arrivierten nicht sehen. Seine Lebensunfähigkeit, Schwäche und Hypersensitivität in der Welt außerhalb der Zone sind in der Zone eine Überlebensnotwendigkeit und eine Stärke. Er ist der einzige, der genügend Respekt vor dem Lebendigen hat. Die Zone ist »seine Schöpfung«, sein Lebewesen, er kommuniziert mit ihr, versteht sie wie eine Mutter ihr Baby. Er enträtselt unermüdlich und demütig die Botschaften, die sie, ein ständig in Bewegung befindlicher Organismus, ihm schickt. Wir hören von ihm keine Klage über das Leben, das er führt, über Entbehrungen und Gefahren. Empörung und Verzweiflung bescheren ihm nur die Menschen, die nicht begreifen wollen.

Tarkovskij liefert uns keine Handlung nach dem klassischen Ursache-Wirkung-Schema des Thrillers und auch keine Montage einer realistischen sozialen Welt. *Stalker* ist reines Kino, das Leben und Zeit naturalistisch darstellt. Bilder und Töne bilden einen Rhythmus und fügen sich von Einstellung zu Einstellung so harmonisch aneinander, dass der Film wirkt, als wäre er in einer einzigen Einstellung gedreht. Die vier Elemente Luft in Form von Wind, Feuer, Erde, Wasser und auch die Vermischung dieser Elemente in Form von Rauch, Dreckwasser, Staub oder glühender Kohle sind als Erscheinungsformen des Lebens immer im Bild. Am wichtigsten ist das Wasser, das Lebenselement per se, aus dem wir alle stammen, stehend, fließend, glucksend, tropfend, als Regen, Wasserfall oder Fluss.

Für den Stalker ist die Natur – und da ist der Mensch untrennbar mit eingeschlossen – die große Lehrmeisterin. Die Kamera gleitet über Gesichter, verweilt im Close-up auf kleinsten Details, verharrt, bis wir, schmerzhaft erwartend, dass »etwas passiert«, erkennen müssen, dass es schon passiert ist, dass es immer passiert, dass da Leben ist, zum Beispiel auch in den Zerfallsprodukten der Zivilisation wie einer rostigen Injektionsspritze und einem Kalenderblatt im Wasser. Das durch die Kamera eingefangene Bild ist ein Ausschnitt aus dem Leben und verweist mit seiner Begrenzung der vier Ränder auf die Unendlichkeit der Lebenserscheinungen.

Der Stalker sucht, genau wie der Psychoanalytiker, die durch Abwehr nicht mehr verstellte Erfahrung des Lebendigen und Realen. Es geht ihm darum, das Zimmer der Wünsche zu finden, im Sinn von Wilfred Bions Konzept »O« als letzter Realität nach der unbewussten Wahrheit zu suchen, es geht ihm letztlich aber auch darum, die Unausweichlichkeit der Versagung zu akzeptieren und die Kastration zu ertragen. Ein Stalker darf das letzte Zimmer nie betreten.

»To stalk« bedeutet im Englischen »pirschen«, »sich heranpirschen«. Der Stalker ist ein Suchender, ein Forscher, der Spuren folgt, der Wege kennt und richtige Zeitpunkte, die er auch abwarten kann. Er ist eine Art Führer und Initiator. Und er ist Erfinder. Tarkowskij sagt, dass der Stalker »seine Zone erfunden« hat. Die Zone ist ein kompliziertes System, das sich in ständiger Bewegung befindet und mit dem Geisteszustand ihrer Besucher korrespondiert. Stalking ist sowohl das konkrete körperliche Begehen bestimmter Wege zu bestimmten Zeiten als auch die dieses Gehen begleitende innere seelisch-geistige Bewegung im Sinne des Werdens und Anderswerdens. Im Stalking ist die Erwartung einer Ankunft enthalten im Sinne der Erfüllung von etwas, das insgeheim schon da, aber noch unbekannt, unbewusst und erst im Werden begriffen ist. Stalking ist der schöpferische Akt des Anderswerdens als Bewegung, oder, um mit Deleuze (1989, 1990) zu sprechen: Stalking ist nomadisierendes Denken.

Die Handlung des Films beruht auf der Erzählung *Picknick am Wegesrand* der russischen Science-Fiction-Autoren Arkadi und Boris Strugatzki. Eine fremde Zivilisation hat der Erde einen Besuch abgestattet, eine Art Picknick auf ihrem Weg durch das Universum. Sie hat Abfälle ihrer eigenen Kultur und Technologie zurückgelassen. Die Erdmenschen stehen vor einer rätselhaften Zone mit mysteriösen Gegenständen und unerklärlichen Phänomenen. Die Regierung zieht einen Sicherheitskordon um diese Zone, das Betreten ist verboten, schon weil es – wie der Schriftsteller, vor dem Zimmer angekommen, zynisch bemerkt – gefährlich ist, Menschen in zu nahen Kontakt mit ihren geheimsten, ihnen selbst möglicherweise unbekannten Wünschen kommen zu lassen und diese auch noch zu befriedigen. Nur einige wenige Outlaws, eben die Stalker, schmuggeln Neugierige, Sinnsucher und Sensationslustige in die Zone.

Das Drehbuch – von Tarkovskij zusammen mit den Strugatzki-Brüdern verfasst – entkleidet die Science-Fiction-Vorlage praktisch jeglicher Action-Effekte: Es gibt keine landenden Raumschiffe, Laserkanonen und Wesen aus dem All. Stattdessen wird die Vorlage umgesetzt in eine zeitlose Reise von einer kranken Zivilisation in eine Zone, die diese Zivilisation hinter sich gelassen hat. Die Schlüsselszene – und eine der wichtigsten Szenen des modernen »pure cinema« überhaupt – ist die Fahrt auf der Draisine in die Zone. Sie dauert dreieinhalb Minuten und besteht nicht, wie fälschlicherweise oft angenommen, aus einer Einstellung, sondern aus fünf. Tarkovskij arbeitet hier nur mit Zeit, Ton und Bild: Die fünf Einstellungen zeigen Close-ups der drei Männer vor einem verschwommenen Hintergrund, der, wenn er manchmal schärfer wird, Industrieschrott zeigt. Das monotone Klicken der Draisine wird zunehmend von einer elektronischen Musik begleitet, die gegenüber dem Klicken der Draisine eine eigene Rhythmizität besitzt.

Die Kamera gleitet über die von hinten und im Profil sichtbaren Köpfe der Männer dahin und verweilt auf ihnen. Damit das Auge sehen kann, muss ihm die Kamera Zeit lassen. Die Endlichkeit der Einstellung auf Details verweist auf die Unendlichkeit des Universums. Die Fahrt in die Zone, in Sepia gefilmt, endet abrupt und in Farbe. Wir wissen: Wir sind in der Zone, Grün dominiert, wir sehen Masten, überwucherten Industrieschrott. Es ist still. Die Natur erobert sich ihr Terrain zurück. Während der Stalker einen kurzen Erkundungsgang unternimmt, erzählt der Professor aus der Geschichte der Zone und aus dem Leben des Stalkers. Als der Stalker aufgeräumt zurückkehrt, beginnt die Expedition.

Bald schon gibt es Spannungen. Der zynische Schriftsteller will sich der moralisierenden Führung des Stalkers nicht unterordnen, er mault, stichelt, opponiert. Die Zone warnt ihn. Der eigensinnige und pedantische Professor bekundet ebenfalls Mühe damit, seine Gewohnheiten abzulegen. Auch er erfährt die Gnade der Zone. Sie alle zeigen im Gespräch, dass sie Gescheiterte, Verzweifelte sind, die in der Zone Erlösung suchen. Aber es kommt auch darauf an, dass man sich benehmen kann, denn die Zone ist ein Lebewesen, das Respekt verlangt.

Was dann in der Zone geschieht, lässt sich als Handlung nur lapidar beschreiben; Tarkovskijs Kino ist kein Handlungskino. Die drei Protagonisten kämpfen sich unter der Führung des Stalkers vorwärts in Richtung des mysteriösen Zimmers; sie führen tiefsinnige, verworrene und langatmige Gespräche; der Stalker wirft, um die Gefahren auszuloten und den gangbaren Weg zu bestimmen, seine Schraube. Der anscheinend kürzeste Weg ist dabei nicht immer der beste. Wir kennen das aus der Analyse. Auch wir müssen Widerstände überwinden, und wenn wir das Ziel vor Augen zu sehen glauben, so behindern uns doch unsichtbare lebendige innere Grenzen, die wir nicht einfach respektlos durchbrechen können, sondern mit Achtung vor dem Leben gemeinsam mit unseren Analysanden untersuchen und überwinden müssen.

Der Respekt vor dem Leben und all seinen Erscheinungen, den das Auge der Kamera mit seinem langsamen gleitenden Blick bekundet, sei es vor den verlorenen Papieren im Wasser als Zeugen des Verfalls, sei es vor einem Wasserfall, vor den Gräsern im Wind oder vor den Gesichtern, auf denen sie ruht – es ist der gleiche Respekt, den wir Analytiker vor den lebendigen Ausdrucksformen der gewordenen natürlichen Geschichte unserer Patienten haben müssen. Die Zone ist unser innerer Raum, den zu respektieren es gilt und in dem das Leben, »der Lauf der Dinge«, mit all seinen Versagungen, unbekannten Bereichen, Verlusten und Glücksmomenten aufgehoben ist.

Die schlimmste Stelle und Prüfung in der Zone ist die Röhre, auch »Fleischwolf« genannt. In ihm kommen die meisten Besucher um. Nachdem er und seine Begleiter auch diesen Ort passiert haben, rezitiert der Stalker ein Gedicht mit dem Refrain »... das ist zuwenig«. Der Schriftsteller klagt den Stalker verzweifelt an, der Professor lehnt sich gegen seinen Chef auf. Eine leise Charakteränderung der Figuren kündigt sich an. Sie wollen aus ihren Rollen ausbrechen und gewinnen an Tiefe.

Was ist in der Röhre passiert? Das Geschehene lässt sich auf verschiedene Weise deuten. Die Röhre ist der Geburtskanal der Individuation, der Separation und der psychischen Geburt, in dem die Männer ihr altes Selbst hinter sich lassen. Der Fleischwolf steht aber auch für den aggressivierten Ausdruck des passiven Wunsches der Männer. Sie wünschen sich unbewusst, »dass es über sie kommt«; sie können ihre seelische Empfänglichkeit nicht entwickeln, ohne mit der Kastrationsangst konfrontiert zu werden und sie zu überwinden. Die Gefahren der Zone entsprechen unbewussten Trennungs-, Kastrations- und Vernichtungsängsten, die uns daran hindern, uns dem vollen Leben, unserem inneren Reichtum und dem lebendigen Kontakt zu unserer Umgebung zu öffnen. Der Film stellt das Thema nicht nur im Geschehen auf der Leinwand dar, sondern verlangt – Einheit von Form und Inhalt – auch dem Zuschauer genau diese rezeptive Einstellung ab, indem er ihm ausführliche Aufnahmen kleinster Einzelheiten über einen langen Zeitraum zumutet.

Vor dem Eintritt ins Zimmer kehren die Protagonisten um. Vordergründig sind sie gescheitert. Sie haben nicht den Mut, sich selbst ins Gesicht zu sehen; sie haben Angst vor der Befriedigung ihrer unbewussten Wünsche. In Wirklichkeit aber sind sie gereift, denn sie geben sich mit der Begrenzung zufrieden und akzeptieren die Kastration, die unausweichliche Versagung, unseren Beitrag an die menschliche Kultur. Der Stalker kehrt heim zu seiner Frau, die ihm – zum Zuschauer gewandt – eine Liebeserklärung macht. Das Leben geht weiter.

Der Stalker, seine Frau, das Äffchen: eine Kleinfamilie in der trostlosen, dem Untergang geweihten Zivilisation. Der Stalker erscheint auch wie die Karikatur des gewöhnlichen, psychisch beschädigten Mannes der westlichen Zivilisation, der mit Frau und Kind ein armseliges Dasein fristet. Wie in jeder entfremdeten Ehe geht der Mann seiner Wege; die Frau wartet illusionslos auf seine Rückkehr, und das Kind ist eine Last. Doch dies hier ist eine subversive Familie. Der Stalker hat eine Mission, die Armseligkeit ist nur materieller Art. So ist die Wand der Wohnung bis an die Decke mit Büchern vollgestellt, und die Ehefrau zeigt eine illusionslose, selbstbewusste und hingebungsvolle Leidenschaftlichkeit. Sie wählt, auch wenn es schwierig ist, den Mann, den sie liebt, und nicht den für das bequeme Leben. Sie will das volle Leben in seiner Süße und Bitterkeit und keine komfortable, aber graue Einöde.

Das Kind seinerseits ist behindert, hat aber übersinnliche Kräfte. Das schweigende Kind ist ein Topos, der auch in Tarkovskijs letztem Film *Das Opfer* eine zentrale Rolle spielt. War am Anfang das Wort? Nein, am Anfang war das Bild der Mutter, wie in *Iwans Kindheit*. Das Schweigen macht empfänglich für die Geheimnisse des Lebens. Das Wort ist eine männliche Position, das Schweigen eine weibliche. Die Männer müssen ihre weibliche Seite erkennen und annehmen, sonst sind sie blind für die Erkenntnis ihrer selbst und der Grundtatsachen des Lebens.

Tarkovskij betrachtet den Film als eine »Skulptur aus Zeit«: Gebt mir Tausende von Kilometern gedrehtes Material, und ich schneide daraus ein Skulptur aus Leben, sagt er. Die Filmmusik dient als eine Art poetischer

Refrain zum Rhythmus der Bilder. In regelmäßigem Abstand fährt ein Zug so nahe am Haus des Stalkers vorbei, dass er einen Metalltisch vibrieren lässt; das Zuggeräusch und das Vibrieren des Tischs vermischen sich. Auf sehr diskrete Art und Weise mischt Tarkowskij Musik hinzu, die *Marseillaise*, Ravels *Boléro*, die Ouvertüre zu Wagners *Tannhäuser* oder die *Ode an die Freude* aus dem Schlusschor von Beethovens Neunter Symphonie. Das Zuggeräusch unterstreicht die Bewegung der Zeit, den revolutionären Charakter der lebendigen Entwicklung. Tarkowskij nimmt es während der Fahrt in die Zone wieder auf, stilisiert es elektronisch und fügt ihm ein Flötenmotiv hinzu, das nur während des Aufenthalts in der Zone zu hören ist.

Das Verhältnis von Bild zu Sprache ist bei Tarkovskij eindeutig: Die Wahrheit ist im Bild. Die Sprache wiederum reduziert, verdinglicht und lähmt. Fast wie unerträgliches Geplapper auf dem Hintergrund der mächtigen Bilder wirken die Gespräche der Protagonisten, besonders die leeren Worte des Schriftstellers und des Professors. Das Reale und das Imaginäre stehen über dem Symbolischen, das Rationale ist bloß Verdinglichung und Reduktion. Der Sehnsucht nach der Verschmelzung mit der Mutter – der Natur – wird gegenüber dem Gesetz des Vaters der Vorrang eingeräumt. Das eigentliche Faszinosum jedoch ist das unergründliche Reale, das uns prinzipiell unzugänglich ist – das Zimmer – und von dem wir mit unseren unzureichenden Wahrnehmungs- und Denkinstrumenten allenfalls einen schwachen Abglanz erhaschen können. Der Film birgt, genau wie das Leben, viele Geheimnisse, die es bei jeder Visionierung neu zu entdecken gilt.

In *Sculpting in Time – Reflections on the Cinema* (1987) schreibt Andrej Tarkovskij:

> »Wie die Unendlichkeit des Bildes, so ist auch ein Film größer, als er in Wirklichkeit ist, zumindest, wenn es denn ein wirklicher Film ist. Und er enthält letztendlich immer mehr Gedanken und Ideen als jene, die der Autor bewusst in den Film gesteckt hat. So wie das Leben, das sich ständig bewegt und verändert, jedem und jeder erlaubt, jeden einzelnen Moment auf seine persönliche Weise zu fühlen und zu interpretieren, lebt ein wirkliches Bild, das getreu die Zeit abbildet, die jenseits der Ränder des Bildausschnitts weiter fließt, in der Zeit, wenn die Zeit in ihm lebt.«

Literatur

Deleuze, Gilles (1989): Das Bewegungs-Bild. Kino. Frankfurt (Suhrkamp).
Deleuze, Gilles (1990): Das Zeit-Bild. Kino II. Frankfurt (Suhrkamp).
Strugatzki, Arkadi & Strugatzki, Boris (1981): Picknick am Wegesrand: utopische Erzählung. Frankfurt (Suhrkamp).
Tarkovskij, Andrej (1987): Sculpting in Time – Reflections on the Cinema. New York (Knopf).

Einer gegen keinen
Duel, Steven Spielberg, USA 1971

INGRID FEIGL

Einführung

Die Geschichte von *Duel* lässt sich in einem Satz erzählen: Lastwagen verfolgt Auto auf einsamer Landstraße. Sie basiert auf einer wahren Begebenheit. Richard Matheson, ein vor allem im Science-Fiction- und Horrorgenre tätiger Drehbuchautor, wurde am 22. November 1963 – dem Tag des Kennedy-Mords – auf dem Nachhauseweg nach einem Golfspiel von einem Lastwagen gejagt. Er veröffentlichte die Story 1971 im Playboy-Magazin, und Steven Spielberg wurde darauf aufmerksam gemacht.

Steven Spielberg ist einer der bekanntesten und erfolgreichsten Regisseure unserer Zeit. Er kam 1946 in Ohio zur Welt; seine Eltern sind Nachfahren österreichischer Juden, deren europäischer Zweig im Zweiten Weltkrieg praktisch ausgelöscht wurde. Spielberg wuchs in einem gutbürgerlichen Vorstadtmilieu auf; sein Vater war Elektroingenieur und Computerfachmann, seine Mutter Konzertpianistin. Schon früh entwickelte er ein Interesse für Filme; als Elfjähriger drehte er ausgiebig Amateurfilme, die er im Familienkreis vorführte. Er tat es mit viel Begeisterung und Einsatz – darunter litten offenbar seine Schulnoten –, und sein Berufswunsch, Filme zu machen, stand schon während der Schulzeit fest.

Die renommierte Filmhochschule der University of South California lehnte Spielbergs Bewerbung wegen ungenügender Schulnoten ab.

So schrieb er sich am California State College in Long Beach im Fach Englisch ein, frönte aber seiner Filmleidenschaft weiter. Damals, 1969, fiel er am Atlanta Film Festival mit seinem Kurzfilm *Amblin* auf (so taufte er später seine Filmproduktionsfirma). Aufgrund dieses Films kam er – absolut außergewöhnlich mit seinen 22 Jahren – zu einem Sieben-Jahres-Vertrag mit Universal Pictures, wo er das Filmhandwerk von Grund auf lernte.

Spielberg produzierte vor allem TV-Serien und erhielt dadurch 1971 die Möglichkeit, seinen ersten eigenen Spielfilm fürs Fernsehen zu drehen: *Duel*. Danach folgten seine berühmteren Filme, der internationale Durchbruch gelang ihm 1976 mit *Jaws*. *Duel* war in den USA so erfolgreich, dass er auch nach Europa kam; zu diesem Zweck musste er jedoch vom amerikanischen 74-Minuten-Format auf das 90-minütige europäische Kinoformat aufgeblasen werden, was noch zusätzliche Dreharbeiten zur Folge hatte. Anlässlich der Premiere kam Spielberg zum ersten Mal nach Europa.

Als Regisseur spielt Spielberg gekonnt auf der Klaviatur der menschlichen Emotionen. Er gilt als präziser Beobachter des Gewöhnlichen und Alltäglichen und versetzt ganz normale Menschen in außergewöhnliche Situationen, in denen er jeweils das ganze Repertoire von Angst, Bedrohung, Befreiung, Kampf, Sieg und Niederlage durchkonjugiert. Kino, soll Spielberg einmal gesagt haben, sei ein Vorwand, sein eigenes Leben ein paar Stunden lang zu verlassen.

Kommentar

Ein zentrales Moment in *Duel* ist die Unsichtbarkeit des Truckfahrers; die zweite Hauptfigur bleibt also im Dunkeln. In der psychoanalytischen Praxis geht es ja wesentlich um das Spurenlesen, Aufspüren, Entdecken und Finden von Verborgenem. Das Thema der Fantasien, das Fischen im Trüben, das Irren im Dunkeln – das Konzept des Unbewussten ist ja sozusagen die Entdeckung Sigmund Freuds und bildet einen ganz zentralen Bestandteil der psychoanalytischen Theorie. Psychoanalytiker sind gewissermaßen Fachleute für das Unbewusste.

In *Duel* entsteht zunächst der Eindruck, es gebe nichts Unbewusstes.

Alles spielt sich im hellen Sonnenlicht ab, und wir als Zuschauer sind jede Sekunde dicht am Geschehen. Nichts vordergründig Hintergründiges ist sichtbar, kein Film im Film. *Duel* wurden verschiedenste Interpretationen und Deutungsmuster verpasst; Spielberg war erstaunt darüber, wie vieles man in seinem Film sah, an das er während der Arbeit nie im Leben gedacht hatte. Welcher Deutungslinie man folgt, ist eine Frage des persönlichen Interesses oder des Berufs. So wie wir Psychoanalytiker es in unserer Praxis mit den Träumen halten, nämlich von der manifesten Traumerzählung auszugehen, so versuche ich, den Film von der Oberfläche her zu erschließen. Meine Ausführungen werden nahe am Filmgeschehen bleiben, das ja durchaus mit einem Albtraum vergleichbar ist.

David Mann macht an einem gewöhnlichen Arbeitstag eine Erfahrung, die er sich in seinem bisher wahrscheinlich sehr geordneten und überschaubaren Leben nie hätte vorstellen können. Doch wer ist dieser David Mann? Allein schon sein Name: Ist er ein »man«, ein Jedermann, oder ein »Mann«, eine echter Kerl? Es fällt uns schwer, ihn zu mögen, diesen Durchschnittstypen mit geschmackloser Krawatte und übergroßer Sonnenbrille, diesen Allerweltsbürolisten und Spießer mit Eheproblemen, der vermutlich lieber sein frisch gewaschenes rotes Auto ausfährt als seine Ehefrau auszuführen – diesen Eindruck erhält man jedenfalls nach dem Telefongespräch. Seine Frau macht ihm Vorwürfe über den Vorabend und nörgelt wegen seines Zuspätkommens, er, unmännlich und ohne Rückgrat, entschuldigt sich ständig. Er erscheint uns als erbärmlicher Antiheld.

Als David Mann in Gefahr gerät, gelingt es ihm nicht, Hilfe zu mobilisieren. Seine Sozialkompetenz lässt zu wünschen übrig, keiner nimmt ihn ernst; die Gäste in der Kneipe, der Busfahrer und das ältere Ehepaar halten ihn für verrückt, seine ungeschickten Hilferufe verhallen ungehört. Weit weg von seiner vertrauten Umgebung, seinem Zuhause und seinem Büro, im öden kalifornischen Hinterland, ist er ganz auf sich allein gestellt.

David Mann macht im Lauf des Films eine beachtliche Wandlung durch. Will er die Attacken des Trucks überleben, muss er notgedrungen initiativ werden. Er wandelt sich vom Antihelden zum Kämpfer und Sieger und wächst über sich hinaus. Er ist es leid, herumgeschubst zu werden, und beginnt, sich mannhaft zu wehren. Am Schluss trennt er sich sogar von seinem geliebten roten Auto, wirft es dem Truckmonster quasi als Köder zum Fraß vor und lässt sich dann, geläutert und vom Gehetzten zum Triumphator gewandelt, im Abendrot auf die Erde nieder.

Und wer ist der Jäger des gehetzten Manns? Mehr als Hände und Stiefel des Truckfahrers bekommen wir nicht zu sehen. Da hilft David Mann auch das Scheiben- und Brilleputzen am ersten Tankstellenstop nichts. Der LKW-Fahrer bleibt anonym, praktisch unsichtbar und in seinen Beweggründen, das rote Auto zu jagen, unergründbar. Der Lastwagen selbst wird hier zum personifizierten Verfolger und erhält mit seinem Äußeren und seinen Geräuschen einen lebendigen Charakter: Kühlergrill und Scheinwerfer wirken wie Mund und Augen, die Nummernschilder aus den verschiedenen Bundesstaaten haften an ihm wie Trophäen der bisher erlegten Beute, er blinkt und zwinkert mit den Lichtern, er brüllt, faucht, hupt, röhrt, röchelt und zischt – ein ganzes Repertoire an Lautäußerungen. Der Truck wird zur teuflisch beseelten Maschine. Mit der Aufschrift »flammable« (»brennbar«) signalisiert er schon bei der ersten Begegnung mit Mann Gefahr. Er qualmt und stinkt und raubt dem hinter ihm fahrenden David Mann die Luft. Und bald schon fährt er gröberes Geschütz auf.

Der Truck ist eine Art Herrscher der Prärie, der den Eindringling jagt und ihn vernichten will. Er ist nicht grundsätzlich böse, kein Psychopath und kein Amokläufer; an der Tankstelle und auf dem Restaurantparkplatz benimmt er sich gut, und dem Schulbus kommt er sogar zu Hilfe, was ihn für den Hauptdarsteller nur noch unheimlicher und irrationaler werden lässt. Schauplatz des Geschehens ist ein einsamer amerikanischer Highway, seinerzeit Sinnbild für Freiheit und Symbol des American Dream à la *Easy Rider*. Dieses Niemandsland – oder Jedermannsland – ist Kulisse des tödlichen Duells.

Wie schafft es der Film, den Zuschauer in so viel Spannung und Beklemmung zu versetzen? Worin unterscheidet sich *Duel* von einem ganz gewöhnlichen Actionfilm? Filmtechnisch ist er solide, mit einer sehr geschickten Kameraführung, aber unspektakulär gemacht. Keine spektakulären Bilder, keine Spezialeffekte, keine opulenten Kostüme, kein besonderes Licht; die Dialoge können es auch nicht sein, es gibt ja kaum welche. Geredet wird, wenn überhaupt, mehrheitlich im Selbstgespräch, und zum Schluss hin reduziert sich der Text auf Stoßgebete und Schlachtrufe: »Here we go ... Oh my god ... Come on ... Faster, faster ...«

Der Zuschauer wird förmlich in die Handlung hineingesogen, wie ein Beifahrer ist er mitten im Geschehen drin. Die Enge des Autos, die gekonnten Nah- und Detailaufnahmen – Augenausschnitt, übergroße Stoßstange – verstärken diesen Eindruck noch. Der Zuschauer muss sich der Spannung aussetzen, er kann unterwegs nicht aussteigen. Hier spielt Spielberg meisterhaft mit Bewegung und Tempo: Jagd, Stopp, Pausen, Verlangsamung, Beschleunigung. Die Bewegung wird hier zum Reiz, der uns in Spannung versetzt – Kino pur mit sparsamen Zutaten: wenige Schauspieler, gleichförmige Landschaft, fast kein Text.

Der Plot ist ein übersichtlicher, gradliniger Handlungsstrang. Der Hauptdarsteller und wir als Zuschauer sind bald schon in eine dauerhafte Spannung zwischen herannahender Katastrophe und der Hoffnung auf Rettung versetzt. David Mann muss pausenlos gefährliche Situationen überstehen, die als gänzlich unmotivierte und undurchsichtige Bedrohung eines gesichtslosen Gegners daherkommen. Spielberg bemüht hier noch keine monströsen Gestalten wie in seinen späteren Filmen *Jaws* oder *Jurassic Park*, sondern nimmt dafür einfach zwei Autos.

Die Unterbrechungen an der Tankstelle und im Café, die Schulbus-Szene und der Stopp bei der Schlangendame dienen der Verzögerung – einer vermeintlichen Chance zur Rettung – und erhöhen die Spannung so nur noch mehr. Das ganze Filmgeschehen dreht sich um dieses Katz-und-Maus-Spiel, aus dem es kein Entrinnen gibt. David Manns Spielraum verkleinert sich systematisch, der Truck kommt dem roten Auto immer näher, dockt sich an. Die äußere und innere Ordnung der Hauptfigur gerät ins Wanken. David Mann wird immer verwirrter und konfuser, er kann sich keinen Reim auf das Geschehen machen. Die äußere Grenze, die Karosserie seines Autos, wird zunehmend ramponiert, Manns Gefühlslage zunehmend verzweifelter, und der Zuschauer zittert auf dem Beifahrersitz mit.

Im Finale kehrt sich die Sache dann um. David Mann macht eine Wendung zum Gegner hin, er flieht nicht mehr, sondern steuert sich und sein Auto auf den Gegner zu und lockt diesen mit einer List in den Abgrund. Wir sehen ein fulminantes Schlussbouquet: eine riesige Staubwolke, letzte Zuckungen des Monsters. Die Fahrertür geht auf, doch wir bekommen den Killerfahrer auch jetzt nicht zu sehen. Die erwartete Explosion bleibt aus, und Öl tropft wie Blut aus dem zerstörten Truck.

Zurück zur Frage, was den Film so spannend und beklemmend macht. Spielberg ist ein großer Verehrer Alfred Hitchcocks und orientiert sich zuweilen auch an diesem freundlichen Sadisten und Meister des Suspense. In *Duel* setzt Spielberg die Filmmusik ähnlich sparsam und gezielt ein wie Hitchcock in *Psycho*. Der Unterschied ist jedoch, dass der Zuschauer in *Duel* im Grunde nie mehr weiß als der Hauptdarsteller selbst, bis hin zur Ungewissheit über den Ausgang der Geschichte.

Die Waffe von *Duel* ist seine Einfachheit und Direktheit. Die Distanz zwischen Film und Zuschauer bleibt stets gering. Was zu Beginn des Films als Gefühl von Irritation und Ärger daherkommt, kippt bald einmal in Angst, Panik und Ohnmacht um. Ist der Truck mit seinen dummen Überholspielchen erst ein lästiges Verkehrshindernis, entpuppt er sich zusehends als unheimliche Killermaschine. Die Frage nach dem Warum, nach den Gründen und Motiven dieser Jagd, bleibt im Film unbeantwortet. Dem Film gelingt es aber meisterhaft, zu zeigen, wie das Unheimliche mit dem damit verbunden Schrecken und der damit verbundenen Angst plötzlich in das Leben eines Menschen tritt.

Der Tag beginnt heiter und harmlos, das Autoradio plappert Belangloses vor sich hin. Die Bedrohung – und das ist das Raffinierte am Film – geht von etwas ganz Alltäglichem aus. Das Unheimliche kommt in der normalen Gestalt eines LKWs daher, ist anfänglich also weder fremdartig noch furchterregend oder dämonisch. Wie und wann beginnt David Mann, am Verstand des Truckfahrers und an seinem eigenen zu zweifeln? Beim ersten Tankstellenstopp blickt er zwar etwas irritiert und neugierig zum Lastwagen hinüber, sieht aber nur die Hände auf dem Steuerrad. Als er kurz danach beim Überholen – der Truck winkt ihn vor – die Sicherheitslinie überfährt und beinahe einen Unfall verursacht, wird ihm und uns klar, dass es sich hier nicht um einen normalen LKW handelt. Von nun an greift der Lastwagen offen an, rast auf Mann zu, jagt und rammt sein Auto.

Angst und Panik kommen auf, und im Café versucht David Mann, sich mit Selbstgesprächen zu beruhigen. Er wendet ein ganzes Repertoire von Beschwichtigungsversuchen an, verharmlost seinen Schock, merkt, dass man ihm nicht glaubt, versucht, sich einzureden, dass das Ganze ein dummer Zufall sei und der Truck immer hier Rast macht, kurzum: Er versucht, dem unfassbaren und unerklärlichen Geschehen einen Sinn und eine Ordnung zu geben. Er will seine Angst nicht zeigen, wohl weniger aus Scham als vielmehr aus einem Gefühl der Aussichtslosigkeit heraus: Ihm würde ja doch keiner glauben. Selbstbeobachtung und Selbstkritik nehmen überhand; Mann hinterfragt sich und sein Verhalten und weiß nicht mehr, was Wirklichkeit ist und was Einbildung.

Die Paranoia wird offensichtlich und macht sich breit, Mann ist gefangen im Strudel seiner Ängste und Wirrungen. Alles kreist nur noch um ihn, um den Anderen und um die Frage, wer dieser Andere sein könnte und warum ihm da jemand nach dem Leben trachtet. David Mann versucht verzweifelt, aus den fragmentierten Körperteilen – den Händen und Füßen, ohne Körper und ohne Gesicht – ein Ganzes, eine Person zu bilden, die Leere der Führerkabine mit einem Wesen zu füllen, den entseelten Verfolgungsapparat halluzinatorisch zu einem lebendigen Monster zu machen, das atmet und lebt. Dabei gerät David Mann mehr und mehr in einen Zustand völliger Depersonalisation. Er sieht die Anderen nur noch als Fratzen und Verfolger und gerät, zunehmend psychotisch, in diese wahnhafte Verfolgungsjagd, die in einem manischen Triumph endet; am Schluss sitzt er allein und verrückt in der Wüste, in der psychischen Leere. Auch auf den Zuschauer übt der Film einen großen Druck aus, die Leere, das Fehlende, die Person des Fahrers also – so es denn nur einer ist, wofür es keine Beweise gibt – zu ergänzen.

Was bedeutet das Wort »unheimlich«? Etwas, das un-heimlich, also nicht mehr heimlich ist und besser im Verborgenen bliebe? Was macht das Unheimliche so besonders, was unterscheidet das Gefühl des Unheimlichen von jenem der Ängstlichkeit oder der Schreckhaftigkeit? David Mann kann sich nicht vorstellen, dass ihm jemand nach dem Leben trachtet, obwohl er es nicht anders interpretieren kann. Ist denn das Unheimliche das ehemals Heimliche und Verborgene, aber auch das Heimische und Vertraute? David Mann scheinen Beseitigungswünsche jedenfalls alles andere als heimisch, sondern eher abwegig zu sein. Krampfhaft versucht er, sich in den Truckfahrer hineinzuversetzen, um sich dessen Verhalten erklärbar zu machen.

Über dieses Doppelgängerphänomen schreibt Sigmund Freud in seiner Schrift über das Unheimliche:

> »[D]urch Überspringen seelischer Vorgänge von einer dieser Personen auf die andere […], so daß der eine das Wissen, Fühlen und Erleben des anderen mitbesitzt, die Identifizierung mit einer anderen Person, so dass man an seinem Ich irre wird oder das fremde Ich an die Stelle des eigenen versetzt, also Ich-Verdoppelung, Ich-Teilung, Ich-Vertauschung« (Freud 1919, S. 246).

Und:

> »Das Unheimliche der Fallsucht, des Wahnsinns, hat denselben Ursprung. Der Laie sieht hier die Äußerung von Kräften vor sich, die er im Nebenmenschen nicht vermutet hat, deren Regung er aber in entlegenen Winkeln der eigenen Persönlichkeit dunkel zu spüren vermag« (Freud 1919, S. 257).

David Mann ist, so wie wir ihn im Film kennenlernen, ein eher feiger Typ und kann wohl keiner Fliege etwas zuleide tun. Er will nur seinen Frieden, Tötungswünsche kennt er nicht, solche kennt nur der halluzinierte Truckfahrer. Bürolist Mann wird dem Truckfahrer im Lauf des Films immer ähnlicher, also angriffslustiger, und hat am Ende gar höllische Freude an dessen Vernichtung. Der Doppelgänger führt gewissermaßen aus, was sich das eigene Ich auszuleben verbietet. Ebenso gehört zum Unheimlichen das Moment der Wiederholung: Es will nicht aufhören! Kaum glaubt Mann, dem Truck entwischt zu sein und seine Ruhe zu haben, taucht dieser wie aus dem Nichts wieder auf. Ein Gefühl des Verhängnisvollen, des Unentrinnbaren drängt sich auf.

Warum, könnte man sich fragen, gelingt es David Mann nicht, dieser erbarmungslosen Jagd Einhalt zu gebieten? Ist er nicht nur dem irren Truckfahrer, sondern seinen eigenen Wahnvorstellungen ausgeliefert? »Das Unheimliche des Erlebens kommt zustande, wenn verdrängte infantile Komplexe durch einen Eindruck wieder belebt werden oder wenn überwundene primitive Überzeugungen wieder bestätigt scheinen« (Freud 1919, S. 263).

In *Duel* ist das Unheil in den Alltag eingebettet. Das Grauen wird während einer – anfangs – alltäglichen Autofahrt in einer sonnenbeschienenen amerikanischen Landschaft in Szene gesetzt. Es könnte nicht nur David Mann, sondern jedermann passieren. *Duel* ist eine Art filmgewordener

Albtraum: die menschliche Urangst, sich plötzlich einer unfassbaren Gefahr ausgeliefert zu sehen und ihr nicht entrinnen zu können. Den meisten sind Erlebnisse solcher Art bisher wohl erspart geblieben. Wir kennen jedoch solche oder ähnlich gelagerte Geschichten durchaus, und zwar aus unseren nächtlichen Träumen – dem Traum als »vorübergehender Psychose des Gesunden«.

Das führt mich zurück zu Spielberg und seinen gar nicht traumhaften Bedingungen bei der Produktion von *Duel*. Als er die Zusage für diesen Film bekam, freute er sich sehr über die Möglichkeit, ein eigenes Werk schaffen zu können. Er hatte dabei aber ein enges Korsett: Das Budget war für Hollywoodverhältnisse mit 450.000 Dollar eher klein und ließ nur gerade zehn Dreh- und 30 Schnitttage zu. Spielberg hatte ganz genaue Vorstellungen von seiner Arbeit. Er wusste, welche Autos er wollte; ein rotes musste es sein, ein Plymouth Valiant Custom 1970, der Lastwagen ein Peterbilt Conventional 1958. Er besaß auch eine detaillierte Landkarte vom Highway seiner Wahl. Seine Auftraggeber wollten den Film im Studio produzieren, Spielberg jedoch wollte ihn im Freien drehen; *Duel* sollte echt wirken. Der junge Spielberg verhandelte hart und gewann, allerdings mit der Auflage, die Drehzeit einzuhalten. Er überzog sie nur knapp und drehte den Film in 13 Tagen in der Wüste von Arizona. So hart, so schnell und unter so viel Stress hat Spielberg seither nie wieder gearbeitet.

Literatur

Freud, Sigmund (1919): Das Unheimliche. GW XII. Frankfurt (S. Fischer).
Reiche, Reimut (2001): Mutterseelenallein. Kunst, Form und Psychoanalyse. Frankfurt (Stroemfeld).
Schardt, Markus (1998): Steven Spielbergs Duell – Wie wird Spannung erzeugt? Institut für Filmwissenschaft. Mainz (Johannes Gutenberg Universität).
www.wikipedia.org/wiki/Duell (21.10.2007).
www.wikipedia.org/wiki/Steven_Spielberg (21.10.2007).
www.wikipedia.org/wiki/Richard_Matheson (21.10.2007).
www.wikipedia.org/wiki/Billy_Goldenberg (21.10.2007).
www.imdb.com (21.10.2007).
www.filmzentrale.com (21.10.2007).

Der Horror des Unmenschlichen
Apocalypse Now Redux, Francis Ford Coppola, USA 1979/2001

MARKUS FÄH

Einführung

Francis Ford Coppola, 1939 in Detroit geboren, gehört seit *The Godfather* (1972) und *The Conversation* (1974) zu den bedeutendsten amerikanischen Filmschaffenden. In *Apocalypse Now* transponiert er Joseph Conrads Erzählung *Herz der Finsternis* aus dem Jahr 1902 in den Vietnamkrieg. Der Film gilt als Meisterwerk, das den Wahnsinn des Kriegs in – abgesehen vielleicht von Spielbergs *Saving Private Ryan* – bisher nie mehr erreichter Weise in Bilder und Töne fasste. Die ursprüngliche Fassung kam 1979 in die Kinos, war entgegen den Befürchtungen ein kommerzieller Erfolg und erhielt verschiedene Auszeichnungen, unter anderem die Goldene Palme für den besten Film, den Golden Globe für die beste Regie und je einen Oscar für die beste Kamera und den besten Ton.

Kommentar

Wo anfangen mit dem Kommentar zu einem derart überwältigenden Film? Wir ringen nach Worten, und es will uns nicht recht gelingen, sie zu finden. Und jenen Worten, die uns vielleicht spontan einfallen, gelingt es nicht recht, das Erlebte zu fassen; sie sind nicht wirklich Symbole, sondern brüchige Verweise auf Bilder, eine dünne Schicht Sprache, der es kaum gelingt, die brutalen Bilder zu überschreiben: Horror, Grauen, Gewalt oder eben Apokalypse, Endzeit.

Dann Sprachfetzen, die Namen der Hauptfiguren: Kurtz, Willard, Chief, Chef, Clean, Lance. Wir rekonstruieren die Reise: Willard, völlig am Ende und betrunken in Saigon, die Rekrutierung für seinen Auftrag, der größenwahnsinnige Oberst Kilgore mit seiner Helikopterdivision, der Angriff auf das vietnamesische Dorf zu den Klängen von Wagners *Ritt der Walküren*, der Auftritt der Bunnies bei der Transportkompanie, die Do-Lung-Brücke als der letzte amerikanische Posten, die französische Plantage, die Apokalypse in der Festung von Kurtz. Dazwischen Gespräche, Selbstgespräche von Willard, am Schluss auch von Kurtz, und immer diese gewaltigen Bilder des Dschungels, die ohrenbetäubenden Geräusche des Kriegs.

Die sinnliche Überwältigung ist total. Der Wechsel von einem langsam fließenden Tempo, gleichsam schläfrig und meditativ, zu zunehmend angstvoller Spannung in Erwartung des Schrecklichen, das gleich eintreten wird: die abrupten Entladungen in Gewaltdurchbrüchen, die sinnlose Durchsuchung der Dschunke, die Angriffe auf das Boot, denen die Besatzung sukzessive zum Opfer fällt, und die letzte Steigerung in die Raserei mit der Opferung des Wasserbüffels und der Tötung von Kurtz.

Es ist nicht leicht, zum Inhalt des Films etwas zu sagen, vor allem etwas Interpretierendes, das den Bildern und Klängen mögliche neue Bedeutungen hinzufügt und symbolische Verknüpfungen schafft. Der Inhalt des Films ist ja gerade das Ringen mit dem Unsagbaren, Nicht-Symbolisierbaren, er setzt uns der Überwältigung durch den Horror des unerträglich Realen und des gnadenlos Imaginären aus. Es geht um etwas Grundlegendes, um unser Ringen damit, spezifisch menschlich zu werden, um unser Entsetzen bei der Konfrontation mit dem aggressiv Triebhaften in uns. Wie gelingt uns die Bändigung unserer Destruktivität? Oder andersherum gefragt: Warum versagt sie? Wie schaffen wir es, mittels Sprache und einer verbindenden, von uns allen verinnerlichten kulturellen Ordnung unser spezifisch menschliches Defizit, unsere Frühgeburtlichkeit, unsere mangelnde biologische Programmierung, unsere Traumatisierbarkeit durch die deshalb benötigte, aber eben immer brüchige und gefährdete Kultivierung zu kompensieren? Wenn dieses Programm des Humanen nicht gelingt, führt dies im individuellen und kollektiven Schicksal zu Gewaltdurchbrüchen, zur Psychose, zum Krieg.

Coppola hat das Filmdrehbuch von *Apocalypse Now* an eine Erzählung von Joseph Conrad angelehnt: *Herz der Finsternis (1902)*. Conrads Protagonist Marlow sucht im Auftrag der Handelsgesellschaft den wahnsinnig gewordenen Elfenbeinhändler Kurtz am Oberlauf des Kongo und beschreibt das Grauen der kolonialistischen Ausbeutung. Ich versuche, in der Folge zu skizzieren, wie Coppola in seinem Film unseren verzweifelten Kampf darstellt, Mensch zu sein und zu bleiben, unseren täglichen Kampf mit dem Grauen in uns und um uns, unsere oft scheiternden oder nie ganz gelingenden Anstrengungen, das schwer Sagbare, Chaotische, Monströse zu fassen, zu binden, zu ordnen, zu kanalisieren.

Als wir Willard am Anfang des Films begegnen, ist er ein gescheiterter Eliteoffizier, ein versoffenes Wrack, der im Niemandsland eines Hotelzimmers in Saigon auf irgendetwas wartet. Eine Verhaftung? Einen Prozess? Eine neue Chance? Seine Situation ist ein Nullpunkt, eine Lebenskrise. Sie ist uns in der abendländischen Kultur seit den Eröffnungszeilen von Dante Alighieris *Göttlicher Komödie* bekannt: »Mitten in meiner Lebensreise befand ich mich in einem dunklen Walde und hatte meinen Weg verloren« (2001).

Der Film erzählt also von menschlicher Entwicklung: Welchen Weg wird Willard nehmen? Wird er scheitern oder sein Menschsein verwirklichen? Willard erhält von einem verschwörerischen Trio – einem kriegsmüden General, einem adretten Obersten und einem schmierigen Geheimdienstler – den verdeckten Auftrag, einen wahnsinnig gewordenen Truppenkommandanten zu eliminieren. Nicht nur die zögernden und ausweichenden Worte, auch die verständnislose und dennoch entschlossene Mimik und Gestik der drei Männer drücken die Beklemmung angesichts des Hereinbrechens von etwas Beängstigendem aus. Der General lässt ein Foto zeigen und ein Tonband abspielen. Kurtz tritt zum ersten Mal direkt auf den Plan – als raunende, kaum verständliche Stimme aus dem Äther. Er erzählt seinen präpsychotischen Albtraum: Eine Schnecke kriecht auf einer Rasierklinge. Wir spüren, dass da jemand die Sprachgemeinschaft verlässt, auch wenn er vordergründig verständlich spricht. Wie Lacan sagt: Im Wahnsinn wohnt das Subjekt nicht mehr in der Sprache, sondern es wird von der Sprache bewohnt, besessen; die

Sprache macht mit ihm, was sie will, was »Es« will, sie benutzt Kurtz als Medium für die absolute Gewissheit. Das Verdikt des Generals als Vertreter der militärischen Hierarchie ist klar: Der Mann ist ein Genie, aber er gehört nicht mehr zu uns, er hat alle Brücken zur sozialen Ordnung abgebrochen, man kann nicht mehr mit ihm reden, er macht, was er will. Er hat seinen Bruchpunkt erreicht, kann das Monster in sich nicht mehr kontrollieren. Sein individueller anarchistischer Wahnsinn ist eine Bedrohung für den organisierten Wahnsinn des Kriegs, er muss deshalb eliminiert werden.

Was ist das also für ein Auftrag? Kurtz hat im Dschungel mit seinen Soldaten und einigen Eingeborenen ein Privatreich errichtet. Er hat sich der äußeren Ordnung entzogen, akzeptiert die militärische Befehlsautorität nicht mehr und folgt nur noch seinem eigenen überlegenen »Wissen«. Er hat sich auch der »inneren Ordnung« entzogen, akzeptiert keine Verbote mehr, mordet wahllos, entwickelt seine eigenen Theorien über den Krieg. Den Bruch mit der äußeren und inneren Ordnung kann selbst die korrumpierteste Hierarchie nicht dulden. Sie schickt Willard als ihren »Botengänger, um die Rechnung einzutreiben«, wie Kurtz sogleich erkennt. Das ist die Perspektive des Auftrags aus der Sicht der Hierarchie, der gesellschaftlichen Norm, des großen Anderen. Es geht um die Re-Installierung von Ordnung und Macht.

Und die Perspektive von Willard, der diesen Auftrag annimmt? Hat er eine Wahl? Er hat keine, er muss ihn annehmen, es ist ein Befehl und gleichzeitig seine existenzielle Herausforderung. Die Perspektiven von Kurtz, dem Outlaw, von Willard, dem Grenzgänger, und der Armee als Vertreterin der Ordnung, der Gesellschaft und der Herrschenden verzahnen sich. Willard und Kurtz stehen in einer spiegelbildlichen Beziehung.

An dieser Stelle sei, ohne Lacans Konzeption länger zu referieren, eine kurze Bemerkung zu den drei Ordnungen eingeflochten, in denen psychische Phänomene beschrieben werden können. Es sind dies die Ordnungen des Realen, des Imaginären und des Symbolischen. Wir können seelisches Leben in diesen drei Formen beschreiben: in der rohen ungefassten Form, dem nackten Realen gewissermaßen, dem Sich-zufällig-Ereignenden, der Gewalt der natürlichen und ökonomischen Verhältnisse außerhalb unseres Verständnishorizonts, vor und jenseits von Symbolisierung und

Sprache. Mit real ist also nicht die äußere materielle oder soziale Realität gemeint, sondern das real Seelische, das nicht mentalisiert, symbolisiert und in Signifikantenketten eingefangen ist, die Erfahrung jenseits von Bildern und Sprache, bizarr, zufällig hereinbrechend, unfassbar, total.

Real in diesem Sinne ist beispielsweise der Blick eines Menschen, für den wir keine Worte finden. Real ist auch all das Zufällige, das in unserer Umgebung Wirksame, das nicht in die Ketten individueller Bedeutungen eingewoben ist. Das Imaginäre kommt ins Spiel, sobald sich Erfahrung mit Bildern verbindet – zum ersten Mal prototypisch, wenn das Baby in den Spiegel blickt und seine rohe, unkoordinierte, unzusammenhängende Körpererfahrung mit dem Bild seiner selbst verknüpft. Das Imaginäre ist immer brutal; es geht um den Vergleich, um Rivalität, wer siegt, wer ist stärker, doch immerhin sind es Bilder. Der größenwahnsinnige Kilgore lebt manisch völlig im Imaginären: Er muss sich ständig als stärker beweisen, befiehlt das Wegbomben von Bäumen, damit er besser atmen kann, und steckt den Toten Bildkarten in die Ärmel.

Das Symbolische und letztlich bedrückend und gleichermaßen befreiend Zivilisierte tritt erst auf den Plan, wenn Erfahrung und Bilder mit Sprache verknüpft werden. Das seelisch Rohe und Unsymbolisierte ist traumatisch, komme der Reiz nun von außen in Form eines Gewaltaktes, eines unintegrierbaren Ereignisses, oder von innen durch eine aggressive oder sexuelle Triebregung.

Willard ist auf der Kippe, ein Grenzgänger, ein Borderliner. Für welche Seite entscheidet er sich? Er tritt in eine innere Beziehung zu einem Mann, bei dem das Symbolische die Herrschaft verloren hat. Kurtz wird durch sein Trauma, seine triebhafte Aggression beherrscht, er hat sich für den totalen Krieg entschieden. Willard studiert die Biografie von Kurtz, und mit der räumlichen Distanz auf der Fahrt flussaufwärts verringert sich auch die innere Distanz. Kurtz, ein überzeugter Soldat, ertrug die Unvollkommenheit der Kriegsführung nicht. Er zerbrach an den Widersprüchen, die sich im Krieg in kaum noch fassbarer Grausamkeit zeigen. Er konnte nicht mit der Lüge leben, die dem amerikanischen Volk von den Generälen und Politikern aufgetischt wurde.

Kurtz brach schließlich zusammen, als der Vietcong allen Kindern, die von seiner Einheit geimpft wurden, den geimpften Arm abhackte. Von diesem Moment an verließ er die Ordnung und wurde wahnsinnig.

Ein Feind, der selbst davor nicht zurückschreckt, die eigenen Kinder zu verstümmeln, lässt sich nur besiegen, indem man sich eine eigene Moral erfindet und sich keiner übergeordneten Moral mehr unterstellt – so die imaginäre Logik von Kurtz. Es zählt nur noch das Gesetz des Stärkeren, es gibt keine humane Ordnung mehr, keine Verbote und keine Hemmungen. Der totalen Entfesselung der Aggression sind keine Grenzen mehr gesetzt. Kurtz enthauptet den Küchenchef und legt seinen Kopf in Willards Schoss.

Coppola rang während der Schneidearbeiten permanent mit dem Thema der Entscheidung zwischen dem Humanen und dem Inhumanen. Er bemühte sich, seinen Figuren immer wieder zumindest den Versuch zuzugestehen, menschlich zu sein. So rettet der größenwahnsinnige Oberst Kilgore ein Baby mitten im Schlachtenlärm – eine Szene, die erst in der *Redux*-Version von *Apocalypse Now* eingefügt wurde.

Ein paar wenige Worte zur Psychopathologie. Die Psychose ist der radikalste Bruch mit der sozialen Realität. Der Neurotiker wendet sich zwar ebenfalls gegen Forderungen der Realität, tut dies aber nicht in dieser Totalität. Er setzt gewisse kindliche Wünsche, Ideen und Irrtümer über Ansprüche der Umwelt und bildet Kompromisse mit ihren Anforderungen, er verdrängt seine realitätsfeindliche Position und opfert einen Teil der Befriedigung. Insofern ist der Neurotiker gespalten. Er unterwirft sich und lehnt sich gleichzeitig auf. Der Perverse als Vorstufe des Psychotikers geht einen Schritt weiter. Er setzt in seinen Ritualen und Triebhandlungen seine Triebansprüche gegen die Realität durch, was zum Teil beträchtliche Verrenkungen und sekundäres Leiden zur Folge hat, doch immerhin reibt und stößt er sich an der Realität, er ruft gewissermaßen nach der Begrenzung, nach der Ordnung, nach dem Verbot.

Der Psychotiker kann all das nicht mehr. Er ruft zwar vielleicht nach dem inneren Halt, dem »Namen des Vaters«, wie es Lacan (1966) ausdrückte, aber es fehlt jedes Echo. Wo in seinem Innern ein Einspruch, eine Hemmung sein sollte, ein inneres Nein, eine Grenze, die nicht überschritten werden darf, da ist nichts. Kurtz findet keinen Halt mehr in seiner Herkunft, seiner Familie, der Armee, den amerikanischen Traditionen, den Werten, die ihm einmal wichtig waren. Er katapultiert sich unwiderruflich aus der Kultur hinaus, weil er sie in sich nicht mehr findet. Sein Amerika der Gründerväter ist in ihm zusammengebrochen, er verhöhnt es enttäuscht. Er kann nur noch über seinen Phrasen grübeln. Die Sprache ist für ihn kein orientierender Kompass mehr, keine verbindliche Anbindung an die anderen Menschen, seine Psyche hat ein irreparables Loch bekommen, er ist regrediert zu einem primitiven Despoten unter Wilden, der nach Lust und Laune töten und Kinder zeugen kann.

Darwin hat diese Form der sozialen Organisation als die Urhorde bezeichnet. Sie ist die ursprüngliche animalische Situation vor jeder kulturellen Ordnung und beruht auf der Macht des Vaters über seine Söhne. Freud hat in seiner Schrift *Totem und Tabu* (1913) den Übergang von dieser primitiven Urhorde, in der ein eifersüchtiger, despotischer Vater alle Weibchen besitzen durfte und die Söhne unterdrückte, zur kultivierteren Form der Hierarchie und Macht beschrieben. Die Urhorde hatte ein Ende, als die unterdrückten und ausgetriebenen Söhne sich zusammenrotteten, den Vater erschlugen und ihn – alle Primitiven waren Kannibalen – verzehrten. Nur vereint brachten sie diesen Schritt zustande, vereint waren sie stark genug. Durch den Akt des Mordens und Verzehrens wurde jeder ein Stück Vater und eignete sich dessen Stärke an.

Was passierte jedoch weiter nach dem Vatermord? Da die wilden Brüder den Vater hassten, weil er ihren eigenen Ansprüchen im Weg stand, sie ihn aber auch liebten und bewunderten, waren sie nach dem Mord in einer abermals vertrackten Lage. Sie hatten ihren Hass ausgelebt; jetzt mussten die zärtlichen Gefühle zum Zug kommen, denn sie hatten ihren Vater ja auch geliebt. Sie empfanden Reue und Schuld und verehrten den Toten. Sie übten nachträglich Gehorsam, widerriefen ihre Tat, erklärten sie für unerlaubt und verzichteten auf die freigewordenen Frauen. Sie erklärten Mord und Inzest zu den ersten Verbrechen in primitiven Gesellschaften.

Willard wird also zum Vollstrecker des Vatermords an dem zum despotischen Urvater regredierten Kurtz, zum Vertreter der Wiederherstellung von Macht und Ordnung, Schuld und Sühne. Die Ermordung wird rituell vollzogen: Kurtz hat sich in seine Gemächer zurückgezogen, der Stamm bereitet die Schlachtung des Totemtiers, eines Wasserbüffels, vor.

Ein Totemtier wird stets auf grausame Weise feierlich getötet und roh verzehrt. Die Stammesgenossen verkleiden sich ähnlich wie das Totem, imitieren es in Lauten und Tänzen. Das ganze Treiben ist verboten und nur durch die Teilnahme aller gerechtfertigt. Niemand darf sich davon fernhalten. Nach der rituellen Ermordung folgt die Totenklage, um die Verantwortung für die Tötung abzuwälzen und die Schuld zu beschwichtigen. Nach der Trauer folgt lauteste Festfreude. Das Fest – so schreibt Freud in *Totem und Tabu* – ist ein gestatteter, ja ein gebotener Exzess, ein feierlicher Durchbruch eines Verbots. Nicht weil die Menschen infolge einer Vorschrift froh gestimmt sind, begehen sie die Ausschreitungen, der Exzess liegt vielmehr im Wesen des Fests; die festliche Stimmung wird durch die Freigebung des sonst Verbotenen erzeugt.

Welche verbotenen Wünsche werden freigegeben? Die Clangenossen heiligen sich durch den Verzehr und die Identifizierung mit dem Totemtier. Das Totemtier ist der Ersatz des Vaters. Das Verbot, den Vater zu töten, ihn sich einzuverleiben und sich mit ihm zu identifizieren, wird also aufgehoben. Willard tötet den despotischen Ur-Vater, der nur ein bloßes Bild des Vaters ist und eben gerade keine väterlich-ordnende Funktion hat, um sich selbst wieder mit der menschlichen Ordnung zu identifizieren und die Funktion des Vaters wiederherzustellen. Er verzichtet auf das Angebot des Stamms, selbst zum Despoten zu werden. Er nimmt Lance bei der Hand und fährt mit dem Boot zurück. Er verzichtet auch auf den Luftangriff. Das Ende ist eine offene Entscheidung für das Menschliche.

Willard ist es geglückt, seine Krise zu überwinden, vom Nullpunkt wegzukommen, sich für das Humane zu entscheiden. Er hat die destruktiven Klippen gemeistert. Er hat die Metamorphose geschafft. Seine Zukunft ist offen, wie auch die Zukunft jedes einzelnen Menschen offen ist, wenn er mit seinen inneren Widersprüchen zwischen dem Menschlichen und dem Unmenschlichen, dem Destruktiven und dem Liebevollen ringt; offen wie die Zukunft der Menschheit überhaupt.

Literatur

Alighieri, Dante (2001): Die Göttliche Komödie. Stuttgart (Reclam).
Conrad, Joseph (1991): Herz der Finsternis. Stuttgart (Reclam). 1902.
Coppola, Eleanor (1979): Notes on the Making of Apocalypse Now. New York (Limelight).
Cowie, Peter (2000): The Apocalypse Now Book. London (Faber&Faber).
Freud, Sigmund (1913): Totem und Tabu. GW IX. Frankfurt (S. Fischer).
Lacan, Jacques (1966): Le stade de miroir comme formateur de fonction du Je. In: Lacan, Jacques: Ecrits. Paris (Seuil), S. 93–100.

Zwischen Aufbruch und Stillstand
The Dreamers, Bernardo Bertolucci, GB 2003
Yvonne Frenzel Ganz

Einführung

Mehr als 40 Jahre ist es her, dass der damalige Kulturminister Frankreichs, André Malraux, die Cinémathèque Française in Paris schloss, um die Absetzung ihres Leiters Henri Langlois durchzusetzen. Dies war der Auftakt zu jenen Ereignissen, die als Pariser Mai '68 in die Geschichte eingegangen sind. 35 Jahre später drehte der Italiener Bernardo Bertolucci seinen bislang letzten Film, *The Dreamers*. Er handelt hintergründig von diesen Geschehnissen.

In den USA legte der Verleih, wie dort üblich, Bertoluccis neuen Film freiwillig einer Kontrollstelle zur Beurteilung vor. Die Kontrollstelle gab *The Dreamers* das Rating NC17 – nicht geeignet für Jugendliche unter 17 Jahren –, was den Film in die Nähe der Pornografie rückte. Der Verleih akzeptierte die Bewertung. Nach dem Debakel seines *Ultimo Tango a Parigi* in den USA war Bertolucci froh, dass eine unzensierte Fassung von *The Dreamers* überhaupt auf die Leinwand kam. Faktisch bedeutete das strenge Rating allerdings das Aus für den Film in den USA, denn Zeitungen weigerten sich, Anzeigen zu schalten, und kleinere Kinos nahmen *The Dreamers* gar nicht erst ins Programm auf. Auch in Europa haftete dem Film das pornografische Etikett an, und *The Dreamers* wurde kommerziell zum Flop.

Bertolucci, 1940 als Sohn eines Lyrikers geboren, studierte zunächst Literatur in Rom und wurde bereits mit 21 Jahren Assistent bei Pier

Paolo Pasolini. 22-jährig schrieb er sein erstes Drehbuch; der Film wurde noch im selben Jahr in Venedig gezeigt. 1968 trat Bertolucci der kommunistischen Partei Italiens bei und las, wie alle linken Intellektuellen jener Zeit, unter anderem Herbert Marcuse. Sex, Politik und Kino standen – nicht nur für Bertolucci – in magischer Beziehung zueinander.

Bertolucci hat sich immer zu seiner politischen Position bekannt und ist bis heute Verfechter eines ideologischen Kinos geblieben. Seit Ende der 60er Jahre hatte er aber immer auch noch eine zusätzliche Linse bei den Dreharbeiten dabei. Diese ist, wie er 2004 in einem Interview mit der Wochenzeitung *Die Zeit* sagte, »nicht von Zeiss oder Kodak, sondern von Freud«. Bertolucci bezeichnete sich selbst mit leiser Ironie als »Freud-Opfer«, weil er seit jener Zeit, wie er sagte, »mit Freud Umgang pflegte« (zeit.de). Er hatte insgesamt vier verschiedene Analytiker; gemäß Bertolucci hat die Psychoanalyse seine Filme und seine Sicht auf das Leben stark verändert. Heute glaubt Bernardo Bertolucci nicht mehr, dass ein Film die Welt verändern kann, er verteidigt vielmehr das Recht der Menschen auf Träume.

Mit *The Dreamers* kehrt Bertolucci zur Intimität des Kammerspiels zurück, wie man sie vom *Ultimo Tango* her kannte. Ort der Handlung ist fast ausschließlich eine Pariser Wohnung. Die literarische Vorlage des Films stammt aus der Feder des englischen Journalisten und Autors Gilbert Adair, der, genau wie sein Ich-Erzähler Matthew, 1968 in Paris lebte. Die Novelle *The Holy Innocents* von 1988 war sein Erstlingswerk. Mehrmals für eine Verfilmung angefragt, gab Adair den Text zunächst nicht frei. Klugerweise tat er es erst, als Bertolucci kam, der, wie Adair selbst, in den 60er Jahren auch an vorderster Front im Kinosaal der Pariser Cinémathèque gesessen hatte. Adair wählte auf Bertoluccis Anregung einen neuen Titel, *The Dreamers*, und schrieb das Drehbuch, das von der literarischen Vorlage stark abweicht. In diesem Fall hat die Verfilmung dem Buch nur gut getan. Bertolucci und Adair lernten sich erst über die Dreharbeiten kennen, veränderten »on location« immer wieder Szenen und mussten gemäß Bertolucci »höllisch aufpassen«, um nicht gemeinsam in Erinnerungen an eine Zeit zu schwelgen, welche »die beste unseres Lebens war« (br-online.de).

Kommentar

Der Film provoziert und löst Widerwillen aus. Ich jedenfalls fragte mich, als ich ihn mir zum ersten Mal anschaute: Muss man das alles so genau sehen? Ähnlich ging es wohl den Kritikern und vermutlich auch den meisten Kinobesuchern. Je länger ich aber über den Film nachdachte, desto mehr wich meine anfängliche Abwehr einer Faszination. Zum einen, weil ich selbst ein Kind jener Zeit bin, einer Zeit, die im letzten Jahrhundert gesellschaftlich »Frühling« bedeutete. Zum andern, weil die 68er Jahre für die Aufbruchstimmung der menschlichen Lebenszeit »Jugend« schlechthin stehen können. Bertolucci malt nicht nur ein Bild der Sixties, er erweckt auch musikalisch das Lebensgefühl der Beat-Generation und erzählt zugleich von den Aufgaben und Problemen, welche die Zeit der Adoleszenz für alle Menschen bereit hält.

Die Handlung entwickelt sich auf drei Ebenen, die kunstvoll miteinander verschränkt sind: den Ebenen von Sex, Politik und Kultur, die den Zeitgeist der Sechziger prägten. Die Ereignisse im üppigen Interieur der Pariser Wohnung bilden die Ebene des Sex, die vereinzelten Straßenszenen jene der Politik und die zahlreichen Film- und Musikdokumente, die optisch und akustisch eingeblendet werden, jene der Kultur. Hier werde ich mich vor allem auf die Ebene des Sex, also auf das Treiben in der Wohnung, konzentrieren, denn auf dieser Ebene wird der Hauptstrang der Geschichte erzählt. Die Ebenen von Politik und Kultur dienen eher als Kulissen und Referenzpunkte, damit wir die Geschehnisse im Labyrinth der Wohnung, also auch im Labyrinth der Seele der jugendlichen Protagonisten, besser verstehen.

Matthew

Betrachten wir den Ich-Erzähler Matthew, diesen zunächst etwas farblosen 20-jährigen Amerikaner in Paris, so begegnen wir in ihm dem Prototyp des spätadoleszenten adretten Jungen aus bürgerlich geordneten Verhältnissen. Zwecks Sprachaufenthalt in der großen Stadt findet er seine eigentliche Bildung zunächst in der ersten Reihe des Kinosaals der Cinémathèque, um sich hier nicht nur von den Filmbildern, sondern auch von seinen eigenen

Fantasien überwältigen zu lassen. Das Kino war typisch für den Aufbruch der 60er Jahre, doch der Tagtraum, die Fantasie, ist generell typisch für die Zeit der Jugend. Während das Kind spielt, erschafft es sich eine eigene Welt, der Heranwachsende hingegen hört zu spielen auf und ersetzt das Spiel durch die Fantasie. Das Kind »spielt sich groß«, der Heranwachsende »träumt sich groß« und baut Luftschlösser für seine ehrgeizigen und erotischen Pläne; er träumt sein Leben (Freud 1908).

Der Philosoph Ernst Bloch sieht – in Anlehnung an Goethe – den jugendlichen Tagtraum progressiv, nämlich als Vorboten jener Fähigkeiten, die in uns liegen. Der jugendliche Tagtraum ist für ihn ein »Träumen nach vorwärts« (Bloch 1959). Die pantomimischen Filmscharaden der Protagonisten in *The Dreamers* scheinen anfänglich durch diesen spielerisch-progressiven Charakter gezeichnet. Freud erläutert bereits 1908, dass der Glückliche nie fantasiert, sondern nur der Unbefriedigte. Allerdings verweist Freud auf die Gefahr des regressiven Sogs, der vom Tagtraum ausgehen kann – dann nämlich, wenn die Fantasie immer mehr als Ersatz für das wirkliche Leben genommen wird: »Das Überwuchern und Übermächtigwerden der Phantasien stellt die Bedingungen für den Verfall in Neurose und Psychose her« (Freud 1908, S. 218). Genau diese Gratwanderung des jugendlichen Tagtraums – die Gratwanderung zwischen Progression und Regression – ist es, welche die Zeit der Adoleszenz prägt und in Bertoluccis Film illustriert wird.

Matthew, sexuell noch unerfahren und einsam in der Fremde, ist glücklich, vor der geschlossenen Cinémathèque auf das ganz reale, überaus schillernde Geschwisterpaar Isabelle und Theo zu treffen. Denn während die frühkindliche Sexualität dem Wesen nach autoerotisch ist, verlangen die körperlichen Umgestaltungen der Pubertät neu nach einem – wie es Freud 1905 formulierte – »Objekt«. Bereits beim ersten nächtlichen Spaziergang an der Seine kommentiert Matthew aus dem Off: »Mein Herz klopfte wild, war es, weil die Polizei uns gejagt hatte oder weil ich meine neuen Freunde schon liebte...« Matthew spricht hier schwärmerisch im Plural; er ist verliebt und weiß eigentlich nicht so recht, ob in Isabelle, in Theo, in beide oder letztlich auch in sich selbst. Denn die Objektfindung ist in der Entwicklung ja zunächst stets eine narzisstische (Freud 1914).

Die späteren Geschehnisse in der Wohnung werden so nicht nur zum Ausdruck des machtvoll einsetzenden Triebschubs der Pubertät, sondern erzählen auch von Matthews noch unsicherer psychosexueller Identität. Bei Matthew werden wir Zeuge einer adoleszenten Reifung, sowohl was den »Trieb« als auch was die »Objektwahl« anbelangt. Von beiden Geschwistern anfänglich gleichermaßen angezogen, begegnet er im Spiegel der untrennbaren Einheit des Zwillingspaars in gewissem Sinn den zwei Hälften seiner selbst: In den Zwillingen trifft er auf seine eigenen männlichen und weiblichen Anteile, auf seine – allen Menschen eigene – psychische Bisexualität. Erst im Lauf der Liebesgeschichte mit Isabelle findet er zu seiner heterosexuellen Orientierung.

Die homoerotische Anziehung, im Film nur angedeutet, wird in der literarischen Vorlage zum Film explizit; dort kommt es zur manifest homosexuellen Begegnung zwischen Matthew und Theo. Es ist anzunehmen, dass Bertolucci nicht nur in Hinblick auf die US-Kontrollstelle auf die filmische Umsetzung dieser Szene verzichtet hat; vielmehr hebt er damit die Figur des Ich-Erzählers bewusst vom Zwillingspaar ab. So auch zum Schluss, als Theo den Molotow-Cocktail werfen will: Matthew zieht sich zurück, er beugt sich dem Gesetz und trennt sich von seinen Freunden. Matthew geht letztlich unbeschadet und gefestigt aus dieser stürmischen Reifungskrise hervor. Ganz anders übrigens im Buch: Adair lässt Matthew auf der Straße sterben.

Die Zwillinge

Wenden wir uns den Zwillingen zu. Werden sie neurotisch oder psychotisch? Weder noch. Sie scheinen einen dritten Weg zu beschreiten: Ihre Entwicklung ist eher durch Stillstand gekennzeichnet. Es gibt keine Perspektive von Wachstum. Isabelle und Theo erleben sich, wie wir mehrmals hören, als untrennbare siamesische Einheit. Theo deutet auf seinen Kopf: Dort oben seien sie zusammengewachsen. Die Zwillinge leben im großbürgerlichen Milieu und sind mehrheitlich sich selbst überlassen. Beide können die Zahl Zwei kaum denken, geschweige denn die Zahl Drei. Im narzisstischen Universum von Theo und Isabelle wird der Andere als Teil des eigenen Selbst erlebt; es gibt noch kein Getrenntsein, keine geschlechtliche Differenz.

Anders als in Thomas Manns *Wälsungenblut* wird der Inzest hier aber nicht manifest vollzogen. Wenn Isabelle sagt: »Theo ist immer in mir drin«, ist damit nicht nur die latente Omnipräsenz des Inzests gemeint, sondern auch das Unvermögen, sich als getrennte Individuen zu erleben – ein Unvermögen, das durch das Zwillingsschicksal sicher begünstigt wird. Die Kamera zeigt uns die nackten Zwillinge im Schlaf vereint; wie verlorene Kinder suchen sie aneinander Halt. Auch die sexuellen Spiele von Theo und Isabelle bleiben auf kindlichem Niveau: Es geht um Zeigen, Beschauen, Betasten und Streicheln.

Richten wir den Blick auf Theo. In seiner Welt hat der Dritte im Sinn des Gesetzes und als Garant der Ordnung keinen Platz. Über den Vater sagt Theo zu Matthew: »Die Tatsache, dass Gott nicht existiert, gibt ihm nicht das Recht, sich an seine Stelle zu setzen.« Theo verachtet und entwertet seinen dichtenden Vater und setzt sich seinerseits grandios an dessen Stelle. Die französische Psychoanalytikerin Janine Chasseguet-Smirgel hat dies als Merkmal der Perversion beschrieben und meint dazu, dass mangelhafte Identifikation mit dem Vater später zum Acting-Out führen kann, erfolgreiche Identifikation hingegen zu Verinnerlichung und Sublimierung. Theo agiert. Er verfügt nicht nur über Vaters Weinflaschen und Mutters Kühlschrank, er leugnet auch jede Grenze bis hin zum Wurf des Molotow-Cocktails.

Doch es scheint, dass Theo seinen Mangel spürt und sich nach einer Begegnung mit einer starken männlichen Figur sehnt, einer Figur, mit der er sich identifizieren könnte – nicht nur, um die Ablösung von der Schwester zu ermöglichen. Denn er ist es, der Matthew in die elterliche Wohnung zum Abendessen bittet. Die wunderbare Szene, in der Matthew Isabelles Blechfeuerzeug zum Maß aller Dinge erhebt und dadurch nicht nur den Vater der Zwillinge für sich gewinnt, ist eine reife Abwehrleistung, die mit der Einladung der Zwillinge beantwortet wird, bei ihnen einzuziehen. Matthew scheint befähigt, die fehlende Ordnung herzustellen.

Ganz anders als Protagonist Theo erweist Regisseur Bertolucci übrigens seinen cinéastischen Vätern mit dem Einblenden von Original-Filmszenen immer wieder seine Referenz, allen voran Jean-Luc Godard, dem Vorreiter der Nouvelle Vague, des neuen Kinos, das auch Bertoluccis Filmschaffen stark beeinflusst hat.

Als die Filmscharaden im weiteren Verlauf der Handlung ihren spielerischen Charakter verlieren und die Zwillinge damit beginnen, ihren Traum mehr und mehr zu leben, steht Matthew auf verlorenem Posten. Das ist der Turning-Point; der Film gewinnt an Tempo, und die Talfahrt beginnt. Die Geschichte nimmt endgültig ihren verhängnisvollen Lauf, als Matthew von Theo zum Koitus mit Isabelle gezwungen wird. Als Isabelle beim Entkleiden von Matthew ihr Foto – in seinem Slip, auf seinem Penis – entdeckt, scheinen Intimität und Fantasie endgültig zerstört: Es gibt kein Geheimnis mehr. Theo ist beim Koitus der beiden danach nicht etwa der ausgeschlossene Dritte, sondern hat voyeuristisch daran teil.

Einen kleinen Hinweis auf den möglichen Grund dieser Inszenierung gibt Theo in der berühmten Badewannenszene. Auf Matthews Bemerkung hin, alle Filmregisseure seien Spanner, die durch das Schlüsselloch ins Schlafzimmer ihrer Eltern blickten, sagt Theo: »Ich werde nie Filmemacher, meine Eltern ließen die Tür immer offen.« Wird da ein reales Versagen der Eltern angedeutet? Hat es für Isabelle und Theo vielleicht immer schon zu wenig Frustration, zu wenig Mangelerfahrung gegeben, um die Fantasietätigkeit im Sinne psychischer Entwicklung in Gang zu setzen? Mehrmals im Film stellen die Eltern ihren Kindern einen Bankscheck aus; metaphorisch gesprochen liegt für die Zwillinge der Scheck eigentlich immer bereit. Der Blick durch das Schlüsselloch hingegen impliziert Ausschluss und Verbot, verengt den Blickwinkel und lädt zur phantasmatischen Ergänzung des Fragments ein.

Isabelle präsentiert sich etwas anders als Theo. Sie kennt die Angst vor der elterlichen Entdeckung der sexuellen Spiele mit ihrem Bruder. Sie kennt auch ein Zimmer für sich allein. Trotzdem ist sie, wie Theo es formuliert, »eine sadistische Hexe«, die ihn zur Masturbation zwingt und auch an der Quasi-Vergewaltigung von Matthew ihren Anteil hat. Isabelle ist Theos sadomasochistischer Widerpart. Grausamkeit und Demütigung sind im weiteren Verlauf des Plots bei den Zwillingen an der Tagesordnung.

Das Finale

Die Wohnung verwahrlost mehr und mehr, Theo wühlt im Abfall, Isabelle serviert eine total verkohlte Mahlzeit in edlem Dekor: Die Zwillinge versinken im fäkalen Sumpf. Matthew versucht, mit dem kunstvollen Zelebrieren der Bananendreiteilung noch einen Kontrapunkt zu setzen. Als Isabelle Matthew zwingt, das verkohlte Essen zu probieren, lässt Pasolini endgültig grüßen. Bertolucci zollt hier seinem Lehrer Tribut und distanziert sich zugleich von ihm, denn er belässt es bei der Andeutung: In Pier Paolo Pasolinis Film *Salò* hingegen werden tatsächlich Fäkalien auf dem Silbertablett serviert. Auch in Gilbert Adairs Original beschmieren sich die Protagonisten mit Kot.

Es gelingt Matthew zwar, Isabelle zu einem ersten Date zu verführen. Er setzt sich im Kino mit ihr nach hinten und favorisiert dies – ganz anders als zu Beginn des Films –, indem er sagt: »Vorne sitzen nur die, die kein Date haben«, also jene, möchte man hinzufügen, die ausschließlich in der Welt ihrer Fantasie leben. Aber Isabelle schafft den Ablösungsschritt vom inzestuösen Objekt »Bruder« nicht. Auf die in Matthews Figur repräsentierte Forderung hin, sich trennen zu müssen, regredieren die Zwillinge immer mehr: Ihre adoleszente Reifungskrise führt nicht zum Aufbruch, sondern zum Scheitern.

Als Isabelle am Schluss merkt, dass die Eltern in der Wohnung gewesen sind und ihr Treiben entdeckt haben, dreht sie den Gashahn auf und versucht, sich gemeinsam mit Theo und Matthew das Leben zu nehmen. Die Unfähigkeit zur Trennung zeigt sich auch in diesem Versuch: im Tode für immer vereint. Erst mit dem Stein, der von der Straße durch die Fensterscheibe in die Wohnung fliegt und den Suizidversuch beendet, zerbricht auch die Wand, die die Ménage-à-trois von der wirklichen Welt abschirmte. Es bietet sich nun ein anderer Ausweg an: das Aufbegehren gegen die etablierte Norm, das Verlassen der elterlichen Wohnung, die Teilnahme an den Straßenkämpfen. Der Ruf der Demonstranten »Dans la rue, dans la rue!« zieht die Protagonisten hinaus ins reale Leben und wirkt wie eine verspätete Antwort auf Theos und Isabelles anfänglichen Ruf »One of us, one of us!«: Mit diesen Worten aus Tod Brownings Film *Freaks* hatten die Geschwister Matthew in den Käfig ihrer Außenseiterwelt hineingezogen.

Noch ein kurzer Blick auf Theos und Isabelles Eltern, von denen wir nur wenig erfahren: Der Vater wird uns als ziemlich blasierter, wohl eher mittelmäßiger Poet vorgestellt, der aufgrund seines großbürgerlichen Hintergrunds ein angenehmes Leben führen kann. Ein bisschen verstehen wir Theo. Hatte Theos Vater seinerseits einen schwachen oder abwesenden Vater, dass er so gar nicht in der Lage ist, den Kindern gegenüber das Gesetz zu repräsentieren? Auch seine Frau, die Mutter von Theo und Isabelle, vermag dies nicht zu leisten; auch sie scheint den eigenen Vater nicht verinnerlicht zu haben.

Mit dem Chaos in der Wohnung und dem inneren Chaos ihrer Kinder konfrontiert, lassen die Eltern erneut einen Bankscheck liegen und schleichen sich einmal mehr aus der Verantwortung. Lässt Bertolucci hier anklingen, dass in den 60er Jahren eine ganze Elterngeneration versagt hat, sodass in der Folge auch Bomben fliegen konnten? Hier sei auf Bernhard Vespers autobiografisches Buch *Die Reise* (1977) verwiesen: Auch dort sehen wir einen großbürgerlichen Hintergrund mit einem allerdings überstrengen Vater, der Vesper in den RAF-Untergrund trieb. Ein Zuviel oder Zuwenig an Grenzziehung und/oder Zuwendung hinterlässt bleibende psychische Spuren.

Um nochmals auf meinen anfänglichen Widerwillen zurückzukommen: Ich denke, dass es das exzessive Ausleben von Schau- und Exhibitionslust sowie die Neigung zur Grausamkeit sind, die bei *The Dreamers* Abscheu und Ekel hervorrufen. Diese Triebe sind allen Menschen vertraut, und zwar aus der Kindheit. Dort gehören sie hin, dort lassen wir sie gelten. Mit der Adoleszenz dienen diese Triebe dem neuen Ziel der genitalen Vereinigung und werden im Hinblick darauf integriert. Unsere Protagonisten Theo und Isabelle leisten diesen Schritt jedoch nicht, bleiben vielmehr auf die frühe Kinderlust fixiert. In der Entwicklung ist diesen Trieben üblicherweise das Schicksal der Verdrängung bestimmt oder sie werden sublimiert, richten sich also sowohl auf ein neues, nicht sexuelles Ziel als auch auf ein neues, nicht sexuelles »Objekt«; dann sind sie Triebfeder für intellektuelle und künstlerische Leistungen und versprechen so Genuss. Denn jede Kulturleistung ist letztlich das Ergebnis einer Sublimierung solcher prägenitalen Triebe.

Zuletzt ein Gedanke zum Abspann des Films. Statt wie üblich von unten nach oben, läuft er von oben nach unten über die Leinwand. Der Abspann kommt somit wie ein klassischer Vorspann daher; der Film könnte also – vielleicht mit Variationen – gleich wieder von vorne beginnen. Meiner Meinung nach deutet Bertolucci damit das bis zum Tod Unabschließbare des menschlichen Trieblebens an. Musikalisch unterlegt er den Abspann mit dem berühmten Piaf-Chanson *Non, je ne regrette rien* und mit Jimmy Hendrix' Gitarrenklängen: Da klingt das ewig Junge des Trieblebens an. Der Trieb selbst kennt kein Alter, er erneuert sich ständig. Denn der Trieb ist nur kurz zu befriedigen – auch das gibt uns *The Dreamers* zum Schluss noch mit auf den Weg.

Literatur

Adair, Gilbert (1988): The Holy Innocents. London (W. Heinemann).
Adair, Gilbert (2004): The Dreamers. London (Faber and Faber).
Bloch, Ernst (1959): Das Prinzip Hoffnung. Frankfurt (Suhrkamp).
Chasseguet-Smirgel, Janine (1987): Das Ichideal. Frankfurt (Suhrkamp).
Freud, Sigmund (1905): Drei Abhandlungen zur Sexualtheorie. GW V. Frankfurt (S. Fischer).
Freud, Sigmund (1908): Der Dichter und das Phantasieren. GW VII. Frankfurt (S. Fischer).
Freud, Sigmund (1914): Zur Einführung des Narzissmus. GW X. Frankfurt (S. Fischer).
Mann, Thomas (1976): Wälsungenblut. Frankfurt (S. Fischer).
Vesper, Bernhard (1977): Die Reise. Frankfurt (März bei Zweitausendundeins).
www.br-online.de/kultur-szene/film/starts-interviews (27.5.2007).
www.zeit.de/2004/05/Traum_2fBertolucci (17.1.2008).
www.geocities.com/Paris/7317/PDF/dreamers.txt (23.6.2009).

Das Phantasma der vollkommenen Liebe
Damage, Louis Malle, F/GB 1992

Wiebke Rüegg-Kulenkampff

Einführung

Grundlage für Louis Malles vorletzten Film *Damage* ist der gleichnamige Roman von Josephine Hart von 1991. Malle erhielt von ihr einen unkorrigierten Probedruck und war von der Geschichte einer inzestuösen Leidenschaft, die in tödlicher Katastrophe enden muss, fasziniert. »Als ich ›Damage‹ las, erkannte ich darin Themen, visuelle Momente und Figuren, die mich sofort in ihren Bann zogen« (French 1998, S. 266).

Malle bemühte sich umgehend, die Rechte am Buch zu erwerben, und begann, zusammen mit seinem französischen Freund Jean Claude Carrière das Drehbuch zu schreiben. Dies gestaltete sich schwieriger, als er gedacht hatte; das typisch Englische am gesellschaftlichen Hintergrund, das ihm am Herzen lag, drohte verloren zu gehen. Malle entschied sich daraufhin, mit dem britischen Theaterautor David Hare nochmals von vorne zu beginnen, was sich als höchst lohnend erwies.

Gleichzeitig gelang es Malle, hervorragende Schauspielerinnen und Schauspieler für seinen Film gewinnen – Juliette Binoche, Miranda Richardson und Jeremy Irons. Zufrieden und voller Elan begann er 1992 mit den Dreharbeiten an seinem bis ins letzte Detail durchkomponierten Werk, erlitt aber kurz darauf einen Herzinfarkt, sodass das ganze Projekt gefährdet war. Wider Erwarten fand er die Kraft, den Film fertigzustellen. Vielleicht haben wir dies der Faszination zu verdanken, die insbesondere Anna in ihrer ganzen Rätselhaftigkeit auf Louis Malle ausübte. »Ich hoffe, die Zuschauer werden die Figur der Anna verstehen«, meinte er (French 1998, S. 272f.). Aber genau dieser erklärte Wunsch, Neugier und Verständnis für die Figuren des Films zu wecken, sollte sich nicht erfüllen.

Dem amerikanischen Publikum gelang es nicht, den Protagonisten des Films mit unvoreingenommener Neugier zu begegnen. Es ließ sich durch die freizügigen, kunstvoll choreografierten Liebesszenen verstören. Und die britischen Kritiker taten den Film in herablassendem Ton als Erotikthriller ab, was Malle besonders getroffen hat. *Damage* konnte nur gerade die Hälfte der Produktionskosten einspielen und geriet damit zum finanziellen Fiasko. Künstlerisch und inhaltlich aber ist dieser Film alles andere als ein Reinfall.

Kommentar

Stephen

Der Film beginnt mit einem Kurzportrait von Stephen Fleming als Einblick in sein Leben vor der Begegnung mit Anna. Im betriebsamen Ministerium erscheint Stephen als selbstsicherer, beherrschter, überaus korrekter Staatssekretär, dem man Respekt und Anerkennung entgegenbringt. Mit diplomatischem Geschick ist ihm eben ein politischer Schachzug gelungen, der den Premierminister tief beeindruckt: »Die Rebellen kamen wohl Feuer speiend herein und gingen lammfromm hinaus – wie hast du das geschafft?« Anspielend auf dieses Kompliment versichert Stephen später seiner Frau Ingrid, dass ihm Macht nichts bedeute, die Familie hingegen das Wichtigste für ihn sei. Nur nimmt man ihm dies nicht ab, ist doch der ironische Unterton unüberhörbar. Die gespielte Freude, mit der Ingrid auf Stephens Bemerkung reagiert, vermittelt den Eindruck eines routinierten Paars, das sich emotional längst aus den Augen verloren hat. Eingerichtet in großbürgerlichem Wohlstand und gesellschaftlicher Konvention, scheint ihr beider Leben perfekt zu funktionieren. Aber hinter Stephens glatter Fassade blitzt plötzlich Störendes und Abgewehrtes auf: Neid, Aggressivität, verpönte sexuelle Fantasien.

Als Stephen erfährt, dass sein Sohn Martyn eine neue Freundin hat, lässt er sich zur verächtlichen Bemerkung und primitiven Wortwahl hinreißen: »Ich verstehe nicht, warum die Frauen ihn nicht durchschauen; es ist doch klar, dass er nur mal drauf will.« Und gleich darauf, allein im üppig möblierten Salon, erstarrt sein zufriedenes Lächeln zu einem Blick, in dem Verlorenheit und Angst liegen, ein Grauen beinahe, als täte sich in ihm ein Abgrund von Leere und Einsamkeit auf.

In diesem Moment kommt uns Stephen erstmals nahe: ein Mann, der offenbar plötzlich realisiert, wie wenig ihm all das, was er erreicht hat – Prestige, Besitz, Familie –, tatsächlich bedeutet und der in diesem Moment vielleicht ahnt, dass er am Wesentlichsten im Leben gescheitert ist, an der Liebe.

Zur Liebesfähigkeit gehört zum einen die frühe sichere Bindung, zum anderen die Fähigkeit, durch die Mischung libidinöser, narzisstischer und aggressiver Besetzung konstante Objektbeziehungen aufbauen zu können. Nicht zuletzt gehört aber auch die Fähigkeit zur Identifikation dazu, die den Untergang des Ödipus ermöglicht, Identifikation also mit dem generativen Elternpaar und dem Inzestverbot. So wird es möglich, den Anderen in seiner Individualität wahrzunehmen und ambivalente Gefühle zu ertragen, oder mit anderen Worten: den Anderen, gerade weil er anders ist, zu lieben (Müller-Pozzi 2008, S. 111ff.).

Demgegenüber imponiert bei Stephen zunächst die kühle Distanziertheit seinen Mitmenschen gegenüber, die ihm offenbar hilft, innere und äußere Konflikte zu vermeiden und Gefühle und Triebimpulse unter Kontrolle zu halten. In der Beziehung zu seinem Sohn Martyn kommt dies deutlich zum Ausdruck. Unsicher, verlegen, gewohnt, ihm nicht zu nahe zu kommen, tritt Martyn seinem Vater gegenüber; später, endlich mutig genug, wird er ihm mangelnde Wärme und Begeisterung vorwerfen und den Perfektionsanspruch seines Vaters kritisieren, der jegliches Hinterfragen verboten hat. Dazu passt Stephens eigene Aussage, dass er stets der Überzeugung war, sein ganzes Leben kontrollieren zu können, was einer grandiosen Vorstellung entspricht, Beziehungen jeglicher Form den eigenen narzisstischen Bedürfnissen entsprechend einrichten zu können. »Hast du mich je geliebt?«, fragt Ingrid zum Schluss – und Stephen schweigt. Nein, als Frau, als Andere, als ganze Person hat er Ingrid nicht wahrgenommen und auch nicht geliebt, sondern nur jene Anteile von ihr, die in seine narzisstische Welt passten. Und die Beziehung hat vermutlich deshalb so lange funktioniert, weil auch Ingrid eher narzisstisch als libidinös mit Stephen verbunden war. »Du warst immer in allem gut, das habe ich geliebt« – so klingt Ingrids Liebeserklärung.

Von Stephens Herkunft erfahren wir nichts. Es wirkt, als wäre Stephen in keiner Generationenfolge eingebettet, und dies symbolisiert die nur mangelhaft gelungene Auflösung des Ödipuskomplexes einhergehend mit einer unsicheren Verinnerlichung oder gar Verleugnung der Generationen- und Geschlechterordnung. In der Tat erleben wir Stephen innerhalb der Familie in einer Randposition. Er erträgt die Intimität zwischen Ingrid und ihrem Vater, indem er sich als narzisstisches Selbstobjekt beiden zur Verfügung stellt und seinerseits am Ruhm des Schwiegervaters, dem er seine Karriere verdankt, partizipiert. Auch überlässt er seinem Sohn den Platz an der Seite der Mutter, die Martyn abgöttisch liebt. Stephen vermeidet es, die Funktion des separierenden Dritten – nach Lacan die Funktion des symbolischen Vaters – einzunehmen, der das Gesetz einführt und das Genießen einschränkt. Damit bleibt Stephen, wie sich später zeigt, auf einen Dritten angewiesen, der einschreiten und der inzestuösen Beziehung eine Grenze setzen müsste. Dieser Dritte ist aber nicht da.

Die Begegnung mit Anna Barton bricht Stephens Fassade, die bislang nur kleine und kurzlebige Risse hatte, radikal auf. Natürlich sind ihre Schönheit und ihre sexuelle Attraktivität faszinierend, sicher auch ihr unkonventionelles Handeln. Sie wartet nicht, bis Martyn sie seinen Eltern vorstellt, sondern ergreift selbst die Initiative. Besonders aber scheint es ihr Blick zu sein, der Stephen in Bann zieht und sein Begehren entfacht. Einen Moment lang hat ihrer beider Augenspiel eine auch für Anna unerwartete Intensität. Die ohnehin stockende Konversation bricht vollends ab, beide sind im Blick gefesselt und schweigen. Dies ist in gewisser Weise ein erstes grenzüberschreitendes Moment.

Anlässlich von Annas offiziellem Vorstellungsbesuch bei Martyns Eltern wird diese erste Begegnung als verbindendes Geheimnis inszeniert: In wortlosem Einvernehmen geben Stephen und Anna nicht zu erkennen, dass sie sich bei früherer Gelegenheit schon einmal gesehen haben. Hier nimmt die heimliche Beziehung ihren Anfang. Wortlos und in höchster Erregung verläuft die erste sexuelle Begegnung, ein orgiastischer Taumel zweier Körper. Nur in der Unmittelbarkeit der Triebbefriedigung, jenseits vom Strukturierenden und Symbolisierenden der Sprache, kann es wohl zu dem kommen, was Stephen jetzt erlebt: zu diesem gewaltigen Durchbruch verdrängter sexueller und aggressiver Triebwünsche.

Kurz nach diesem Treffen taucht Martyn überraschend im Ministerium auf, und es ist zunächst nicht klar, was er seinem Vater mitteilen will. Hat er von der Affäre erfahren und will seinen Vater zur Rede stellen? In Stephens Mimik zeichnen sich Schrecken und Angst ab. Oder auch ein banges Hoffen? Beim Zuschauer zumindest taucht kurz der hoffnungsvolle Gedanke auf, Martyn möge die Affäre aufdecken, möge einschreiten, möge die sich anbahnende Katastrophe abwenden. Aber Martyn weiß von nichts; er kommt lediglich mit der freudigen Nachricht seines beruflichen Aufstiegs.

Mit Stephens sichtbarer Erleichterung und seinem von nun an immer skrupelloser geführten Doppelleben mit Anna steht außer Zweifel: Stephen wird nicht auf Anna verzichten. Aufgrund seiner psychischen Struktur – im Lacan'schen Diskurs ist es die Struktur der Perversion – ist er in der Lage, die grundsätzliche Unmöglichkeit dieser inzestuösen Beziehung und die ungeheuerliche Destruktivität seines Verhaltens gegenüber Anna, Martyn und Ingrid zu verleugnen. Schuldgefühle hat er nicht. Die Verleugnung und die damit einhergehende Spaltung im Ich bewahren ihn vor einem abgrundtiefen Konflikt. Hemmungslos gibt er sich dem Strudel dieser vermutlich nie gekannten Leidenschaft hin.

In diesem »verrückten« Zustand, der jeden Menschen, gleich welcher psychischen Struktur, treffen kann (Green 2000, S. 62), ist das Liebesobjekt idealisiert als unersetzlich und vollkommen. Fixierung und Besetzungsverschiebung auf diesen einen Menschen lassen den Bezug zur Realität verarmen; im Blick ist nur noch das leidenschaftlich begehrte Objekt, das mit dem Anspruch auf Ausschließlichkeit in Besitz genommen wird und das seinerseits das Subjekt vereinnahmt und dessen Ich in seinen Funktionen lahmlegt. Kritik, Denken, moralisch-ethische Schranken sind außer Kraft gesetzt. »Das Gewissen findet keine Anwendung auf alles, was zugunsten des Objektes geschieht; in der Liebesverblendung wird man reuelos zum Verbrecher« (Freud 1921c, S. 106). All diese Facetten der Leidenschaft sind im Film meisterhaft inszeniert.

Nach der Katastrophe – Martyn stürzt zu Tode, nachdem er seinen Vater mit Anna beim Sex überrascht hat – verlässt Stephen, der damit alles verloren hat, sein Land. Auf der Flucht vor sich selbst geht er zunächst auf Reisen und führt anschließend ein einsames, ritualisiertes, enthaltsames Dasein im Süden Europas, stundenlang versunken in der Betrachtung einer mannshoch vergrößerten Fotografie aus alten Zeiten: Anna, Martyn und Stephen zu dritt, ein heiles Bild, das es in der Vergangenheit nie gegeben hat. Diese Schlussszene spiegelt noch einmal Stephens Fähigkeit zur Verleugnung von Schuld und katastrophaler Verwüstung wider. Nur so kann er sich diesem Bild aussetzen, nur so kann er sein Überleben ertragen.

Anna

Annas Leben wird von einer traumatischen Vergangenheit überschattet. Anna will sich endlich lösen, ein neues Leben beginnen, glücklich werden mit einem Mann, der sie liebt, und die Erfahrung einer inzestuösen Liebe mit tödlichem Ausgang vergessen können. Und sie ist überzeugt, dass dies gelingt, wenn sie selbst die Fäden in die Hand nimmt. Dem unbewussten Wiederholungszwang freilich ist nicht so leicht zu entrinnen.

Stück um Stück und so plastisch, als wären es szenische Rückblenden, enthüllt Anna die Geschichte ihrer tragischen Geschwisterliebe: »Wir hatten nur uns.« Den Grund für die enge Beziehung zu ihrem Bruder Aston sieht Anna darin, dass den Geschwistern der vielen Übersiedelungen wegen die Möglichkeit gefehlt hatte, sich in der sozialen Welt außerhalb der Familie zu verwurzeln. Damit hat sie sicher recht, aber dieses »Wir-hatten-nur-uns« verweist zugleich und mehr noch auf eine familiäre Struktur, in der die Eltern nicht oder zu wenig konstant als primäre Liebesobjekte zur Verfügung standen. In einer solchen Situation können die Geschwister unbewusst an die Stelle der ödipalen Liebesobjekte treten.

Während aber in der Eltern-Kind-Beziehung der Generationenunterschied und die Inzestschranke einen Rahmen bilden, innerhalb dessen sich die libidinösen, aggressiven und narzisstischen Objektbesetzungen entfalten und strukturieren können, fehlt in der Geschwisterbeziehung dieses strukturbildende Element der Generationengrenze. Triebimpulse jeglicher Art können somit eine bedrohliche Aufladung erfahren; sie zu bewältigen und der Gefahr einer inzestuösen Verstrickung zu entgehen, stellt höchste psychische Anforderungen an das Subjekt (Wellendorf 1995).

Anna und Aston ist die Bewältigung im Sinne einer Loslösung nicht gelungen. Anna hat wohl das Tödliche einer psychischen Stagnation, das jeder inzestuösen Beziehung innewohnt, geahnt, denn sie macht mithilfe eines neuen Liebesobjekts, Peter, den Versuch, sich von Aston zu lösen. Aston aber scheint am Phantasma des vollkommenen Glücks im Einssein mit Anna festgehalten zu haben. Nach einem abendlichen Ausgang mit Peter zieht Anna eine klare Grenze, indem sie Aston gewaltsam aus ihrem Zimmer – Symbol für den psychischen Innenraum – ausschließt. Dieser Akt muss für Aston unbewusst die Bedeutung und die Wucht eines Todesstoßes gehabt haben. Er bringt sich um.

Ein solch traumatischer Verlust, ein solch ungeheures Ausmaß an Schmerz, Wut und Schuldgefühlen, eingefärbt vom Inzestuösen, lässt sich im Sinn eines befreienden Trauer- und Trennungsprozesses kaum ohne Hilfe bewältigen. Auf jeden Fall raubt Astons Tod der adoleszenten Anna die Chance, die inzestuöse Liebe zum Bruder durch die Anerkennung ihrer Unmöglichkeit »untergehen« zu lassen – so wie es mit den frühen ödipalen Beziehungen im besten Fall geschieht.

Anna erzählt, wie sie in ihrem Schock zu Peter ging und sich ihm sexuell hingab: »Fick mich!« – eine unbewusste Aufforderung, mit ihr das zu tun, was den Fantasien ihres toten Bruders entsprach. Im Bewussten mag dieser Akt für Anna die Bedeutung einer Befreiung vom Besitzanspruch des Bruders und der tödlichen Abhängigkeit haben. Im Unbewussten aber verkörpert er den vollzogenen Inzest mit Aston. Ganz konkret hatte sich, wie sie eindrucksvoll schildert, das Blut des toten Bruders, das an ihrem Nachthemd klebt, mit dem Blut ihrer Entjungferung vermischt. Zärtliche Verbundenheit, Sexualität, Gewalt, Zerstörung und Tod verschränken sich in diesem Moment vollends im Phantasma einer vollkommenen – inzestuösen – Liebe. Eingeschrieben bleibt der unbewusste Wunsch, eine grenzüberschreitende, »schmerzlustvolle« Beziehung mit dem triumphalen Gefühl totalen Begehrtseins wiederzufinden. Aber gleichzeitig besteht der unbewusste Wunsch, dass sich genau dies nicht erfüllen möge; denn die inzestuöse Liebe verursacht Angst, löscht sie doch mangels Grenzen und Separation das begehrende Subjekt aus (Fink 2005, S. 232ff.).

In diesem Zusammenhang ist das provokative Bild von Max Ernst bedeutungsvoll, das in Annas Wohnzimmer hängt und vor dem sich eine der exzessivsten Sexszenen mit Stephen abspielt (gut erkennbar nur in der ungekürzten DVD-Fassung des Films). Das Bild, 1926 gemalt, trägt den Titel »Die Jungfrau züchtigt das Jesuskind vor drei Zeugen«. In der Bildmitte ist Maria dargestellt, wie sie, lustvoll ausholend, dem übers Knie gelegten Jesuskind den nackten Po versohlt. Im Hintergrund, von Maria unbemerkt, beobachten drei eng zusammengerückte Gestalten den ungeheuerlichen Tabubruch, werden Zeugen einer sadomasochistischen Liebesszene (Freud 1919e) und greifen damit symbolisch ins Geschehen ein.

Unbewusst hofft Anna auf solche Zeugen, auf einen Dritten, der dem destruktiven Sog des Genießens eine Grenze setzen könnte. Als sie Stephen vom Suizid des Bruders erzählt und davon, wie sie sich Peter sexuell hingegeben hat, ist sie aufgewühlt und voller Schmerz. Stephen sitzt, ähnlich wie die Zeugen in Max Ernsts Bild, im düsteren Hintergrund des Raums und hört betroffen zu. In Annas Worten, in ihrem Blick liegt etwas Flehendes, und für einen kurzen Moment taucht der Gedanke auf, jetzt könnte Stephen erkennen, welche Destruktivität sich in ihrer Beziehung wiederholt. Aber Stephen sieht nur das Wunschbild einer Geliebten, das wenig mit Anna zu tun hat. Auch Anna lässt sich, vom unbewussten Wiederholungszwang getrieben, nach einem winzigen Zögern wieder auf Stephens sexuelles Begehren ein. Ungefähr zur gleichen Zeit sagt sie zum Heiratsantrag von Martyn Ja.

Anna muss die zärtlichen und die sexuellen Anteile der Liebe voneinander getrennt halten und auf zwei Männer verteilen, um verbindliche intime Beziehungen ohne Angst vor Autonomieverlust und ohne Angst vor psychischer Verletzung eingehen zu können. Von Martyn fühlt sie sich zärtlich geliebt und umsorgt, ohne dass ihre Freiheit auf dem Spiel steht, und sie kann sich Stephen, der sie leidenschaftlich begehrt, ohne Angst sexuell ausliefern, weil sie ihn in seiner Abhängigkeit gleichzeitig beherrscht. Im Unbewussten sind Martyn und Stephen für sie eins. Sie verkörpern jeweils Beziehungsanteile von Vater, Bruder und Freund; vor allem aber verkörpern sie die Erfüllung des Phantasmas einer vollkommenen, grenzenlosen Liebe.

Deshalb beschwört Anna Stephen, der sich, um Anna ganz für sich zu haben, von seiner Familie trennen will, er möge alles so lassen, wie es ist. Der gemeinsam geteilte Alltag wäre das Ende der Leidenschaft. Und deshalb droht das vermeintliche Glück für Anna zu zerbrechen, als Stephen, gedrängt von Annas Mutter, beschließt, die Beziehung zu beenden. Anna kreiert mit dem heimlich gemieteten Appartement ein kleines Paradies für sie beide; es ist der hektische Versuch, die Katastrophe abzuwenden, die genau durch eben dieses Arrangement herannaht. Ihr unbewusstes Schuldgefühl, ihr Strafbedürfnis setzt sich in Fehlleistungen durch und bringt alles zum Einsturz.

Anna verlässt den Schauplatz, als ginge sie Martyns Tod nichts mehr an. »Verletzte Menschen wissen, dass sie überleben können« – so hat sich Anna zu Beginn des Films selbst beschrieben. Und so kehrt sie zu Peter zurück – als abermals traumatisierte Überlebende, die trotz Mutterschaft und äußerer Normalität weiterhin ums psychische Überleben zu kämpfen hat.

Literatur

Fink, Bruce (2005): Eine klinische Einführung in die Lacansche Psychoanalyse. Theorie und Technik. Wien (Turia+Kant).
French, Philip (Hg.) (1998): Louis Malle über Louis Malle. Berlin (Alexander).
Freud, Sigmund (1919e): Ein Kind wird geschlagen. GW XII. Frankfurt (S. Fischer), S. 197–226.
Freud, Sigmund (1921c): Massenpsychologie und Ich-Analyse. GW XIII. Frankfurt (S. Fischer), S. 71–161.
Green, André (2000): Geheime Verrücktheit. Gießen (Psychosozial-Verlag).
Müller-Pozzi, Heinz (2008): Eine Triebtheorie für unsere Zeit. Bern (Huber).
Sopena, Carlos (2002): Verhängnis: Eine todbringende Leidenschaft. Psyche – Z psychoanal. 12, 1250–1255.
Wellendorf, Franz (1995): Zur Psychoanalyse der Geschwisterbeziehung. Forum Psa. 11, 295–310.

Wie wahr kann Wahrheit sein?
Rashomon, Akira Kurosawa, J 1950

ROLF HÄCHLER

Einführung

Rashomon wurde 1950 gedreht und am Filmfestival Venedig 1951 als bester ausländischer Film ausgezeichnet. Das Drehbuch zum Film basiert auf zwei Geschichten des japanischen Schriftstellers Akutagawa (1892–1927): *Rashomon* und *In a Grove*. Neben Essays und Lyrik schrieb Akutagawa Kurzgeschichten, Erzählungen und Novellen. Der bedeutendste japanische Literaturpreis ist nach ihm benannt.

Rashomon hieß das größte Zugangstor von Kyoto, das im 10. Jahrhundert Japans Hauptstadt war. Im 12. Jahrhundert verlor Kyoto seine Bedeutung, und das Rashomon-Tor zerfiel. Kurosawa hat das Tor – den zentralen Handlungsort im Film – originalgetreu nachbauen lassen. Der preisgekrönte Film erzählt von einem Gewaltverbrechen im Japan des 11. Jahrhunderts. Dabei wird die Geschichte – ein Samurai wird mit einem Schwert getötet und seine Frau vergewaltigt – aus den Perspektiven der drei Tatbeteiligten und eines Zeugen gezeigt. Deren Versionen widersprechen sich: War es Mord? War es Selbstmord? War es Totschlag? Irrtum, Lüge, Subjektivität sind zentrale Motive des Films. Wie stellen wir reale Ereignisse im Nachhinein dar? Werden Ereignisse, die wir aus der Erinnerung erzählen, nachträglich so, wie wir sie möchten und wie sie uns vielleicht am günstigsten erscheinen?

Rolf Hächler

Kommentar

In seiner Autobiografie (Kurosawa 1991) erzählt Akira Kurosawa, wie er bei den Dreharbeiten zu *Rashomon* von seinen drei Regieassistenten aufgesucht wurde. Diese hätten ihm geklagt, dass sie sein Drehbuch derart verwirrt habe, dass sie ihn um Aufklärung gebeten und er ihnen geantwortet habe:

> »Die Menschen sind unfähig, aufrichtig zu sich selbst zu sein. Sie können nicht über sich sprechen, ohne das Bild zu schönen. Der Film beschreibt Menschen, die nicht leben können, ohne sich selbst zu belügen und sich besser zu machen, als sie sind. Er zeigt, daß dieser sündhafte Wunsch, ein falsches, schmeichelndes Bild von sich zu vermitteln, sogar über das Grab hinaus Bestand hat: Der Mann, der in dem Stück getötet wird, kann auch dann nicht von seinen Lügen lassen, als er durch ein Medium zu den Lebenden spricht. Egoismus ist ein Laster, das die Menschen von Geburt an verfolgt; sie sind nur äußerst schwer davon zu heilen. Dieser Film ist wie ein Rollbild, das im Entrollen das menschliche Ich enthüllt« (Kurosawa 1991, S. 217–218).

Dass den Regieassistenten das Drehbuch derart unverständlich erscheine, liege daran, dass »die Psyche des Menschen unauslotbar« sei (ebd.).

Rashomon erzählt die gleiche Geschichte aus der Sicht von vier verschiedenen Menschen, die die gleiche Tat miterlebt haben, diese aber auf unterschiedliche Weise wahrnehmen und erinnern. Durch diesen Plot bringt der Film einen Diskurs ins Spiel, der in allen Bereichen der menschlichen Existenz bedeutend ist: Was ist Wahrheit? Gibt es überhaupt so etwas wie die reine, objektive Wahrheit eines Geschehens? Wenn wir ein Ereignis erleben oder beobachten, werden wir dann das Erlebte, Gesehene automatisch völlig subjektiv verarbeiten? So stellt sich uns die Frage, was denn Wahrheit am Beispiel von *Rashomon* im Falle der Kunst überhaupt heißen kann. Ist es überhaupt Sache der Kunst, Antworten zu geben, oder kann sie ihrem Stoff, dem Menschen, nur mit immer besseren Fragen angemessen begegnen? In *Rashomon* werden viele Fragen gestellt und kaum Antworten gegeben.

Filmgeschichtlich wagte Kurosawa mit *Rashomon* einen neuen und ungeheuren Schritt. Vor *Rashomon* waren die Zuschauer wie selbstverständlich davon ausgegangen, dass das Gezeigte die Wahrheit abbildet.

Genau diese Gewissheit wurde mit *Rashomon* erstmals ausgehebelt. Der Film zeigt uns Zuschauern eine Geschichte aus Perspektiven, die sich »irgendwie« unterscheiden. Kurosawa bringt damit etwas in sein Filmuniversum ein, das nur dem Menschen möglich ist: Die Lüge und den Irrtum. Er bricht mit der Gewissheit des Unfehlbaren und Wahren; er lässt seine Protagonisten bewusst lügen und unbewusst irren.

Objektiv gesichert und wahr ist bei *Rashomon* wenig: Takehiro, der Samurai, wird mit einem Schwert getötet, Masako, seine Frau, vergewaltigt. In der Nähe des Tatorts findet der zufällig vorbeikommende Holzfäller Masakos den Hut des Samurai und einen Beutel. Das Paar war mit einem Pferd unterwegs und traf auf den berüchtigten Straßenräuber Tajomaru.

Kurosawa lässt die Handlung in einem verfallenen Tempel beginnen. Ein sintflutartiger Regen zwingt drei zufällig zusammentreffende Personen zum Warten und Innehalten. Der Wolkenbruch hindert den Priester, den Holzfäller und den Bürger daran, die Flucht vor der Erinnerung an das Gewaltverbrechen zu ergreifen. Das Setting der Naturgewalt verführt die drei Protagonisten zum Sprechen, übt einen Zwang zur Wahrheitsfindung auf sie aus und löst sich sogleich in der Unmöglichkeit auf, das Geschehene zu objektivieren. War es Mord? Selbstmord? Tod im Zweikampf? Verzweiflungstat? Wer waren die treibenden Kräfte, die zum Tod des Samurai führten? War es die Ehre des Samurai? War es allein die Triebhaftigkeit, die kriminelle Energie von Tajomaru? War es die geschändete Masako, die sich an ihrem Mann und Tajomaru rächte und die beiden in einen von Angst und Feigheit geprägten Zweikampf trieb? War es die erniedrigte Masako selbst, die ihren Mann tötete?

Um sich selbst in ein besseres Licht zu rücken, verdrehen die Protagonisten die Geschehnisse und machen es uns unmöglich, das Rätsel zu lösen. Dem Publikum wird nicht die Gnade eines Gerichtsurteils gewährt, auch nicht jene der Gewissheit, auf der Seite des Guten zu stehen. Kurosawa selbst verweigert uns eine befriedigende Antwort und eine Auflösung des Verbrechens. Der Film mutet dem Zuschauer zu, sich sein eigenes Bild über das Geschehen machen zu müssen. Während der Anhörung vor Gericht nimmt die Kamera, bezeichnend für die Geschichte selbst, den Platz des Richters, des Zuschauers, des Analytikers ein. Ihm obliegt es, eine – seine – Deutung der Ereignisse zu finden.

Beim Betrachten des Film kann es dem Zuschauer ähnlich ergehen wie den Protagonisten im Film: Das Dickicht wird immer undurchdringlicher. Licht und Schatten wechseln sich in unseren Überlegungen in schneller Folge ab. Mangelnde Vielschichtigkeit kann man diesem Film wahrlich nicht vorwerfen.

Welche Aspekte drängen sich uns bei der Betrachtung besonders auf? Ist es das Verhältnis der Geschlechter? Ist es das Bild der Frau als »Engel« gegen außen und als »Teufel und Hure« gegen innen, wie eine Kritikerin (Mellen 2000, S. 180ff.) schrieb? Sind es Schuld und Scham? Oder ist es Kurosawas genialer Einsatz von Licht und Schatten? Vielleicht doch die Bedeutung des Blicks? Der kurze Blick, den Tajomaru von der verschleierten Masako erhaschen kann und ihr deshalb verfällt? Die Verweigerung und Zurückweisung des Blicks, als Masako zu ihrem Mann sagt: »Schau mich nicht so an!«? Sollen wir den Film wie einen Traum behandeln mit all seinen Überdeterminiertheiten? Ist es statthaft, den gesellschaftlichen Hintergrund von Japan im 11. Jahrhundert und damit den Übergang von der Aristokratie zur Feudalherrschaft unbeachtet zu lassen? Ganz zu schweigen von der Tatsache, dass der Film 1950 gedreht wurde, also lediglich fünf Jahre nach der Kapitulation Japans im Pazifikkrieg und den beiden Atombombenabwürfen auf Hiroshima und Nagasaki?

Freuds Erinnerungstheorie

Aus der Fülle von möglichen Gesichtspunkten sollen deshalb die Aspekte der Erinnerung, der Wahrnehmung und deren Wahrheitsgehalt respektive das Problem der objektiven Wahrheit im Folgenden etwas genauer beleuchtet werden. Was ist wahr? Was ist eine historische Wahrheit? Was ist eine innere Wahrheit? Sind alle unsere Erinnerungen verfälscht durch die Zeit, durch persönliche Motive, durch die Umarbeitung im Psychischen?

1896 schrieb Sigmund Freud an Wilhelm Fließ: »Ich arbeite mit der Annahme, dass unser psychischer Mechanismus durch Aufeinanderschichtung entstanden ist, indem von Zeit zu Zeit das vorhandene Material von Erinnerungsspuren eine Umordnung nach neuen Beziehungen, eine Umschrift erfährt« (Freud 1985c, S. 217). Diesen Gedanken greift er in seiner Arbeit über Deckerinnerungen wieder auf:

> »Vielleicht ist überhaupt zweifelhaft, ob wir bewusste Erinnerungen aus der Kindheit haben, oder nicht vielmehr bloß an die Kindheit. Unsere Kindheitserinnerungen zeigen uns die ersten Lebensjahre, nicht wie sie waren, sondern wie sie späteren Erweckungszeiten erschienen sind. [...] Sie sind damals gebildet worden, und eine Reihe von Motiven, denen die Absicht historischer Treue fernliegt, hat diese Bildung sowie die Auswahl der Erinnerungen mit beeinflusst« (Freud 1899a, S. 553–554).

Freud prägte für diese psychische Bearbeitung den Begriff der Nachträglichkeit, oder wie es das Französische so plastisch nennt: »l'après-coup«.

Rashomon kann als filmische Darstellung von Erinnern und Nachträglichkeit gesehen und gelesen werden: Was erinnern wir, und wie erinnern wir Geschehenes? Ist die objektive Wahrheit unserer Geschichte für das Verständnis unseres Selbst überhaupt wichtig, oder ist die eigene Geschichte ausschließlich nachträgliche Konstruktion?

Bei Freud können – vereinfacht – zwei Lesarten der Nachträglichkeit (Kettner 1999, S. 311ff.) unterschieden werden. Die erste Lesart ist eine kausalistische, wonach Freud Nachträglichkeit als Nach-Wirkung und Aus-Wirkung rein naturwissenschaftlicher Art versteht. Die zweite Lesart ist eine hermeneutische: Hier spricht Freud von einer aktualisierenden Neuinterpretation der persönlichen Vergangenheit. Das Erinnern, das Sich-Erinnern ist eine Aktivität des Psychischen. Diese psychische Aktivität konstruiert, sucht und schafft Bedeutungen. Das Psychische arbeitet dabei nicht einfach real erlebte Dinge um. Was nachträglich umgearbeitet wird – oder werden kann –, ist dasjenige, was in dem Augenblick, in dem es erlebt wurde, nicht vollständig in einen Bedeutungszusammenhang integriert werden konnte.

Paradigmatisch für eine solche Bearbeitung sind traumatisierende Ereignisse. Freud seinerseits wollte Nachträglichkeit nie allein auf Traumatisierungsprozesse beschränkt wissen. Die Brisanz in Freuds gedächtnistheoretischen Auffassungen liegt darin, dass diesen

> »zufolge die Nachträglichkeit der Erinnerung in der irritierenden Zirkularität der subjektiven Geschichte besteht: Dass im Erinnern die Vergangenheit

vom Verständnis der Gegenwart und Zukunft aus entworfen (statt ›behalten‹ und einfach in Erinnerung vorgefunden) wird. Dass die Vergangenheit, die eine Person als ihre eigene erlebt zu haben glaubt und darum von anderen Personen auch so zugeschrieben haben will, möglicherweise nachträglich erst zu dem wird, was sie in Zukunft immer schon gewesen sein wird […], dass zwischen Sich-erinnern und Sich-zu-erinnern-Glauben ein überaus bedeutsamer Unterschied liegt« (ebd., S. 337).

Freuds Erinnerungs- und Gedächtnistheorie befreit sich von einem reduktionistischen Verständnis von Erinnern. Hier ist Erinnerung und Gedächtnis mehr als das Verhältnis der Gegenwart eines Individuums zu den jeweils übriggebliebenen oder aufbewahrten Spuren seiner Vergangenheit. Deshalb sind die heute in der akademischen Psychologie so häufig verwendeten Computermetaphern des Speicherns und des Abrufens irreführend.

Wir können auf unserem PC eine Datei jederzeit wieder öffnen und finden diese (hoffentlich) unverändert und unbeschädigt vor. Die Analogie zur Speicherung von Daten im Gehirn stimmt dabei nur bedingt. In der hier vertretenen Auffassung wird Vergangenheit als von einem individuellen Selbst erlebte, durch Vergangenheit, Gegenwart und Zukunft immer wieder neu gestaltete Geschichtlichkeit verstanden. Die im menschlichen Gehirn abgerufenen »Dateien« sind somit einer Wandlung oder, wie Freud es formulierte, einer Umschichtung ausgesetzt: Unsere Dateien sind weder unverändert noch unbeschädigt.

Jean Piaget, dem Entdecker wichtiger Erkenntnisse zur Entwicklung der kindlichen Logik, schreibt man die folgende Anekdote zu, die den Unterschied von gefundener Erinnerung und erfundener Erinnerung schön illustriert. Piaget schilderte, dass er sich lebhaft und äußerst detailliert daran erinnerte, wie man ihn als kleinen Jean einst auf den Champs Elysées zu entführen trachtete. Er habe dann sein damaliges Kindermädchen um weitere Details zu diesem versuchten Verbrechen gebeten. Das Kindermädchen habe dem mittlerweile erwachsenen Piaget geantwortet, einen Entführungsversuch hätte es gar nie gegeben; sie hätte die Geschichte erfunden, und er sei ganz versessen darauf gewesen, sie wieder und wieder zu hören. Piaget selbst sagt nun, dass es für ihn verblüffend war, bei sich zu erleben, wie die »objektive Historie« an der psychischen Qualität seiner Entführungserinnerung nichts zu ändern vermochte (Kettner 1999, S. 322, zitiert nach Loftus und Ketcham 1991).

Der Film

Kehren wir zu *Rashomon* zurück. Historische Tatsachen sind: Masako, die Frau des Samurai Takehiro, wurde vergewaltigt, Takehiro seinerseits getötet. Der Film beschreibt den gemeinsamen Erfahrungsweg der jeweils erzählenden Personen, also der drei Tatbeteiligten und des Holzfällers als Beobachter. Diese vier Personen teilen damit ein Stück ihrer jeweils eigenen Lebenswelt; es ist der Spielraum dafür, wie sich die vier Personen jetzt und in Zukunft selbst definieren. Die historische Tatsache des Gewaltverbrechens ist mitbestimmend für die Selbstdefinition jeder einzelnen Person, doch – und dies scheint mir das Entscheidende zu sein – für die Selbstdefinition ist die historische Tatsache zu wenig und für sich alleine unterbestimmt.

Schauen wir uns vor diesem Hintergrund die einzelnen Figuren von *Rashomon* und deren filmische Definition genauer an. Beim Paar Takehiro und Masako könnten wir Schwierigkeiten in ihrer Beziehung vermuten. Dem widerspricht aber die Darstellung des Paars durch den Priester, dem das Paar vor der Tat begegnet ist. Er beschreibt bei der Anhörung vor Gericht Takehiro und Masako als verliebtes und glückliches Paar. Der Straßenräuber Tajomaru hat wohl den schwersten Stand bei uns Zuschauern: Allzu unsympathisch wirkt er zunächst. Doch gelingt es Kurosawa, dieses (Vor-)Urteil beim Zuschauer aufzubrechen. Tajomarus Darstellung der Tat ist – lässt man die eigene Aversion beiseite – durchaus einleuchtend und möglich. Vollends verwirrend wird unsere Suche nach Objektivität und Wahrheit, wenn der getötete Samurai, mit dem wir doch das Wahre und Edle schlechthin assoziieren, durch ein Medium auftritt.

Die Widersprüche und die Undurchdringlichkeit der Tat stellt der Regisseur mittels des Waldes dar; immer tiefer und undurchdringlicher wird dieser, je weiter die Protagonisten darin vorstoßen. Es ist die filmische Umsetzung der Undurchdringlichkeit des Tathergangs und der Motive der daran Beteiligten. Offenbar wird, dass alle vier Figuren ein jeweils nur subjektiv bestimmbares Interesse haben, das Geschehene zu erzählen.

Der Priester ist ein Idealist, der sich gegen die Behauptung der Männerrunde, es gebe »nur noch Böses« unter den Menschen, auflehnt. Er hält sein Ideal des »nur guten« Menschen aufrecht und wird – wie es sich für ein Ideal zwingend gehört – enttäuscht. Der Bürger, missmutig und penetrant neugierig, konfrontiert die Anderen mit der Wahrheitssuche: »Erzähl schon! Wie war das genau?« Dies hindert ihn – in der Findelkindszene – nicht daran, ausschließlich an seine eigenen Interessen zu denken. Er kennt keine Skrupel, dem Findelkind die Kleider auszuziehen. Der Holzfäller, entsetzt über das Tun des Bürgers, ist voller Schuldgefühle und hadert mit sich selbst. Auch er hat im Augenblick des Todes des Samurai nur an seinen eigenen Vorteil gedacht. Auf Insistieren des Bürgers gesteht er, dass er Masakos mit Edelsteinen geschmückten Dolch gestohlen hat. Takehiro schildert sich als ehrenhaften, mutigen Mann, der bereit ist, sich selbst zu töten, um seine Ehre zu retten. Dem steht die Version des Holzfällers entgegen, der den Samurai als ängstlichen Feigling erscheinen lässt und uns Zuschauern die Illusion des idealen Samurai zerstört. Auch Tajomaru und Masako schildern sich in ihren Versionen zum eigenen Vorteil.

Weder Takehiro noch Tajomaru oder Masako erscheinen in den vier Versionen der Geschichte als jeweils vier völlig unterschiedliche Charaktere. Ihre Persönlichkeit und ihr Verhalten unterscheiden sich in wichtigen Punkten, aber nicht in allen. Wirklichkeit und Wahrheit konfrontiert Kurosawa – über die konkrete Handlung hinaus – mit Plausibilität und der Unmöglichkeit, Geschehenes zu objektivieren – eine Objektivierung jedenfalls, die nicht über eine öde, magere Faktizität hinauszugehen vermag.

Kurosawa hat die Handlung ins 11. Jahrhundert verlegt, bewirkt damit jedoch keine Entfremdung vom Gezeigten. Die für einen westlichen Zuschauer zunächst fremd anmutende Darstellung weicht im Verlauf des Films immer mehr der Konzentration auf das psychische Geschehen. *Rashomon* ist kein Historienfilm; Kurosawa lässt uns keinen Raum für eine historisierende und damit psychische Distanzierung. Es gelingt ihm, seine Figuren als zeitlose Charaktere darzustellen. Dieser Zeitlosigkeit können wir uns nicht entziehen. Er zwingt uns nicht nur zum Hinschauen, sondern auch und vor allem zur Selbstreflexion, zum Nachdenken. Welche Ereignisse gibt es im eigenen Leben, die ich aus der

Erinnerung heraus vielleicht so erzähle, wie ich oder mein Unbewusstes dies wollen, so, wie es mir am günstigsten erscheint?

Dabei geht es nicht so sehr um Wahrheit oder Lüge, sondern mehr um eine Selbstinterpretation des Ichs. Subjektivität bildet sich vor allem aus der erinnerten Bedeutung, die wir Erlebtem in unserer Biografie zumessen. Das Kriterium für die Stichhaltigkeit dieser Bedeutungen ist dabei nicht Wahrheit, sondern Plausibilität. *Rashomon* ist sowohl ein Diskurs über Wahrheit oder Lüge als auch die Auseinandersetzung mit der Selbstinterpretation des Ich. Aus der erinnerten Bedeutung, die wir Erlebtem zuteilen, bilden wir Subjektivität, deren wichtigstes Kriterium die subjektive Plausibilität ist und die keiner »objektiven« Wahrheit verpflichtet sein kann (Ulrich Behrens/filmstarts.de).

Literatur

Freud, Sigmund (1899a): Über Deckerinnerungen. GW I. Frankfurt (S. Fischer), S. 553–554.

Freud, Sigmund (1985c): Briefe an Wilhelm Fließ. 1887–1904. Hg. von Jeffrey Moussaieff. Dt. Fassung von Michael Schröder. Frankfurt (S. Fischer), S. 217.

Kettner, Matthias (1999): Das Konzept der Nachträglichkeit in Freuds Erinnerungstheorie. Psyche – Z psychoanal 4, 309–432.

Kurosawa, Akira (1991): So etwas wie eine Autobiographie. Zürich (Diogenes), S. 217 218.

Loftus, E. & Ketcham, K. (1991): Witness for the Defense. New York (St. Martin's).

Mellen, Joan (2000): The Woman in Rashomon. In: Richie, Donald (Ed.): Rashomon. New Brunswick and London (Rutgers University Press), S.179ff.

www.filmstarts.de/kritiken/39408-Rashomon.html (17.05.2009)

Das unerklärlich Böse
Alien, Ridley Scott, GB/USA 1979

INGRID FEIGL

Einführung

Schon wieder so ein Männerfilm? Ein Männerfilm ist *Alien* jedenfalls vom Macher her. Sein Regisseur, Ridley Scott, wurde 1937 in Südengland geboren. Die Familie zog dann nach Nordengland in eine industrielle Landschaft, die ihn stark prägte und auch zu den Bildern seiner Filme inspirierte. Er wuchs in einer Armeefamilie auf, sein Vater war offensichtlich in einer Männerwelt, vermutlich sonst aber wenig daheim.

Von 1954 bis 1958 machte Ridley Scott eine Ausbildung in Design, Grafik und Malerei und studierte 1960 bis 1963 am Royal College of Art in London Grafikdesign, was er mit Auszeichnung abschloss. Danach ging er mit einem Stipendium in die USA; zurück in London machte er bei der BBC eine Lehre als Szenenbildner. 1968 gründete er mit seinem Bruder Tony, ebenfalls Filmregisseur, eine Produktionsfirma für Werbefilme. Sie wurde zu einem der erfolgreichsten Werbefilmhäuser in Europa und gewann Preise in Venedig und Cannes.

Im Spielfilmbusiness ist Ridley Scott ein Spätankömmling. Mit 40 Jahren drehte er seinen ersten Film *The Duellist*; ein Werbefilmpreis hatte ihm den Start ermöglicht. *Alien* (1979) war sein zweiter Spielfilm. Ridley Scott pflegt einen sehr visuellen, ästhetischen und malerischen Filmstil; er versteht Kunst als Handwerk, was man seinen Filmen anmerkt und zuweilen auch vorwirft. Die Kritik, seine Filme glichen Hochglanzprospekten und Stil sei ihm wichtiger als Inhalt und Charakter, wurde spätestens mit dem Film *Thelma & Louise* (1991) entkräftet: Scott erhielt dafür seine erste Oscar-Nominierung für die beste Regie.

Ridley Scott liebt üppige Millionenproduktionen. Mit Werbefilmen fing er nur deshalb an, weil er vorerst keine Chance hatte, große Filme zu drehen. Erst später schuf er Epen wie *1492 – Conquest of Paradise*, *Kingdom of Heaven* und *The Gladiator*, das 2001 fünf Oscars erhielt. Eine besondere Auszeichnung bekam Scott 2003, als er von der englischen Königin aufgrund seiner filmischen Verdienste zum Ritter geschlagen wurde.

Alien wird in der Regel dem Science-Fiction-Genre zugeordnet, was nur bedingt richtig ist. Der Film spielt zwar in einer SciFi-Umgebung, die Dramaturgie der Geschichte entspricht aber eher einem Horrorthriller; Scott liebt und macht düsteres, finsteres und beklemmendes Kino. Das Drehbuch stammt von Dan O'Bannon, einem amerikanischen Drehbuchautor; er hat es nach einem Roman des US-amerikanischen SciFi-Autors Alfred Elton van Vogt verfasst.

Das Alien, der Hauptdarsteller, ist eigentlich ein Schweizer: Sein Schöpfervater ist der 1940 in Chur geborene Künstler Hansruedi Giger. Ridley Scott bewunderte Gigers Albtraumbilder und wollte unbedingt, dass Giger das Alien kreierte. Giger konnte kaum Englisch und verstand das Drehbuch nicht – funktioniert hat es letztlich dennoch. Giger bekam für die visuellen Effekte in *Alien* einen Oscar und wurde damit auch international bekannt.

Kommentar

Das Böse

In *Alien* sind zwei Themen zentral, die uns alle angehen: das Böse und die Frauen. Vorerst zum Bösen. Die Natur des Bösen ist ein uraltes Thema der Menschheit, angefangen bei der Schöpfungsgeschichte und in der Mythologie, in Märchen und Sagen, in der Philosophie und auch in der Psychoanalyse. Freud schreibt in seiner Schrift *Triebe und Triebschicksale* (1915), dass die wirklichen Urformen des Hasses nicht dem

Sexualleben entstammen, sondern dem Kampf des Ichs um Selbsterhaltung und Behauptung; das Objekt, das Nicht-Ich außerhalb des Subjekts, also der Andere, wird im Hass entdeckt. Das Ich hasst und verfolgt mit Zerstörungsabsicht alle Objekte, die ihm Unlustempfindungen bereiten; dem Ich sind die Schädigung und die Vernichtung des Objekts gleichgültig, es geht ihm nur um das eigene Überleben. Dringt etwas Fremdes in ein narzisstisch-selbstgenügsames System ein und gefährdet dieser Eindringling seine Ordnung, kommt dies letztlich einer tödlichen Bedrohung gleich. Der über 80-jährige französische Psychoanalytiker André Green hat eine Schrift mit dem simplen, aber mitnichten einfachen Titel »Pourquoi le mal?« (1988), auf Deutsch »Warum Böses?« (2000), verfasst. Die Frage nach dem Bösen stellt sich immer wieder und findet kaum eine erschöpfende Antwort.

Eine gängige Erklärung ist, dass wir mit der Verfolgung und Vernichtung des Anderen unser eigenes Inneres schützen. Wir verleugnen Böses und projizieren es nach außen, damit das Subjekt nicht von innen her attackiert wird; wir versuchen so, unseren narzisstischen Zusammenhalt zu sichern. Es resultiert gewissermaßen aus dem – soweit durchaus nachvollziehbaren – Wunsch, nicht zu sterben; das zeigt schon die Stärke und Effizienz seiner Vernichtungsgewalt. Diese Erklärung lässt einen aber angesichts der täglichen Menge von Scheußlichkeiten und Gewaltnachrichten trotz all der vielen soziologischen, psychologischen oder politischen Rationalisierungsversuche hilflos zurück.

Das Böse ändert seine Form, sein Medium und seine Inhalte, aber es existiert unerbittlich fort. Da drängt sich die Frage nach dem Grund des Bösen – »pourquoi le mal« – immer wieder und verschärft auf. Ist das Böse ohne Grund, ist es im wahrsten Sinn des Wortes Un-Sinn, nur Kraft, destruktive Energie und Zerstörung? Versucht man, das Böse nicht nur als ein Produkt von Selbsterhaltung, Abwehr und Tarnung zu denken, kommt man rasch in einen Erklärungsnotstand. Das Böse, oder sagen wir besser: ein bösartiger Mensch ist nicht unbedingt jemand, der Böses tut – alle tun mehr oder weniger Böses –, aber vielleicht ist er jemand, der Böses liebt? Jemand, der Lust daran hat, das Böse aufzuspüren, zu lokalisieren und zu vernichten, damit nach Besiegung und Vernichtung des Bösen das unfehlbar Gute die Herrschaft übernehmen könnte? So werden die destruktiven Akte zu Reinigungsaktionen; wird das Böse ohne Gewissensbisse geliebt und nutzbar gemacht, gerät es zu einer unheilvollen Waffe.

Das Böse als Fantasiereiz – zum Beispiel im Film – hat großes affektives Potenzial, das die Vorstellungskraft kreativer Geister anregt. Es ist eine hervorragende Erregungsquelle, wie *Alien* ja gerade demonstriert. Aber das Böse ist auch totale Vernichtung oder Unterwerfung, mit gleichgültiger und erbarmungsloser Methodik kann es zerstören. Das Böse treibt sein Unwesen in der Außenwelt und ist oftmals ohne Grund. Es ist für den Menschen wohl ziemlich schwierig, das Fehlen einer überzeugenden Kausalität hinzunehmen.

Die Mutter

Die Mutter ist das erste Objekt im Leben eines jeden Menschen. In der ersten Phase seines Lebens verfügt der Säugling über keine Fernwahrnehmung, er ist aufs Engste und sehr körperhaft mit der Mutter verbunden und befindet sich in einer symbiotischen Beziehung zu ihr. Je nachdem, ob diese Mutter seine Bedürfnisse befriedigt oder ihn frustriert, sprechen Psychoanalytiker von der guten oder bösen Mutter, beides in einer Person vereint – und mit Mutter ist nicht zwingend die biologische Mutter gemeint. Der Säugling ist ihr total ausgeliefert, und das Gewahrwerden, dass dieses versorgende Objekt Mutter nicht Teil von ihm ist, erzeugt Ohnmacht, Wut und Hass, denn über ein unabhängiges Objekt kann das Ich nicht verfügen. Alles kreist um die Pole Subjekt und Objekt, Ich und Außenwelt, Lust und Unlust sowie aktiv und passiv. Objekte sind außen und haben eigene Interessen; das Kleinkind muss einen Weg und Mechanismen finden, um mit seiner Hilflosigkeit fertig zu werden, und es versucht, sich diese entsagende Mutter mit seinem ganzen sadistischen (Körper-)Repertoire – Schreien, Beißen, Kratzen und Stuhlen – anzueignen und unter Kontrolle zu bringen.

Diese Angriffe schmälern aber die bedrohliche Hilflosigkeit keineswegs, weil sie Vergeltung nach sich ziehen und damit Aggression, Wut und Gewalt nur noch gesteigert werden. Das Konzept der bösen und der guten Mutter, einerseits liebevoll, zugewandt und nährend, andererseits abwesend und mit eigenem Willen – dieses Konzept schreibt ihr gezwungenermaßen eine höchst ambivalente Rolle zu. Aus eigenen Erfahrungen und Schilderungen von Mutter-Kind-Beziehungen wissen wir um diese verstrickten, komplexen und oft schwierigen Vorgänge, die das klischeehafte »Mutter-ist-an-allem-schuld« bei Weitem übersteigen.

Im Kino erlebt der Zuschauer durch das spezielle Setting – dunkler Raum, weitgehende Bewegungslosigkeit im weichen Sessel, verengtes Blickfeld – eine Art psychische Regression, einen nahezu hypnoseartigen Zustand, und die Figuren auf der Leinwand sind groß und nah wie einst die Eltern in der Kindheit. Der Horror im Film entsteht durch die unverblümte Darstellung kindlicher Fantasien, und in *Alien* sind das mitnichten angenehme.

Der Film

Zu Beginn des Films folgt der Zuschauer dem Blick der Kamera langsam durch die Gänge des Raumschiffs; es ist wie ein Eindringen in einen Organismus, die musikalische Untermalung erinnert dabei an Herztöne. Der Bordcomputer namens »Mother« (in der deutschen Untertitelung »Mama«) empfängt ein Funksignal und erweckt diesen Organismus zum Leben und die Mannschaft aus dem Kälteschlaf.

Die Besatzungsmitglieder liegen wie Embryonen in ihren Kojen, das Mutterschiff Nostromo trägt seine Kinder weit weg von Mutter Erde. Außerhalb des Raumschiffs, im Weltall, ist Nacht und Dunkelheit, raum- und zeitlos. Die Aufwachszene weckt Assoziationen an einen Kreissaal: die Mannschaft wie Kinder in Windeln, ein geschlechtsloses Miteinander, nirgendwo ein Vater, dafür die allgegenwärtige Mother. Diese Mother übernimmt die zentrale Versorgung, sie besitzt Macht und entscheidet letztlich über Leben und Tod der Besatzungsmitglieder. Sie steuert und leitet allmächtig die Geschicke von Nostromo, und dies nicht unbedingt zum Guten; irgendwann im Film, bei der Suche nach der Katze, sagt Brett: »Dieser Ort [Mutterhöhle] ist mir unheimlich!«

Kane zündet als Erstes eine Zigarette an. Überhaupt scheint in dieser zusammengewürfelten Gesellschaft orales Vergnügen das einzig Mögliche zu sein; man streitet beim Essen ums Geld, lacht beim Auferstehungsmahl von Kane, und Parkers sexuelle Anspielung: »Ich würde auch lieber was anderes tun, aber das lässt sich im Moment nicht einrichten«, wird negiert und sofort verdrängt. Geredet wird überhaupt wenig und nur einsilbig, abgesehen von ein paar halbherzigen Scherzen zwischen den zwei Technikern. Es scheint keine liebevolle Verbundenheit zu geben, eher mehr Anti- als Sympathien; eine Atmosphäre von Müdigkeit und Desinteresse herrscht auf diesem Flug. Keiner macht den Eindruck, in höherer Weltraummission unterwegs zu sein. Hier geht es nicht um das Erkunden unendlicher Weiten im All, man macht vielmehr einfach einen Job und möchte dafür seinen Sold. Im Auftrag irgendeines Unternehmens soll die Nostromo ihre Fracht, eine Ladung Erz, zur Erde transportieren. Dieses Mutterschiff mit seinen Kindern und dem abwesenden Vater hat etwas von einer desolaten Familie, in der man nicht unbedingt daheim sein möchte. Bald schon nimmt das Schicksal um die sieben Schwachstrom-Astronauten, die anfangs keine individuellen Charaktere und erst recht keine Weltraumhelden sind, seinen verhängnisvollen Lauf nach Zehn-kleine-Negerlein-Manier.

Mit einer Ausnahme: Ripley, die man durchaus als erste ernstzunehmende Frau im Weltall bezeichnen kann; im Drehbuch war die Hauptrolle vorerst einer männlichen Figur zugedacht, die Idee, sie mit einer Frau zu besetzen, kam vom Filmproduzenten. Im Gegensatz zu Lambert, der hysterisch-ängstlichen Frauenfigur, wird Ripley nicht wie in sonstigen Science-Fiction-Filmen als kreischendes Anhängsel oder schmückendes Beiwerk im engen Hochglanzanzug mit asymmetrischen Reißverschlüssen dargestellt. Ripley ist sehr menschlich – unbequem, zweiflerisch, misstrauisch und durchaus emotional –, doch sie vergisst dabei das Denken nicht und bewahrt einen klaren Verstand. Sie ist keine künstliche Überfigur, durchläuft auch keine wundersame Reifung zur Heldin, gewinnt aber durch den Tod ihrer Kollegen immer mehr an Dominanz und Bedeutung.

Die drei abkommandierten Mitglieder auf dem fremden Planeten mit seinen phallischen Versteinerungen und dem Eierfeld in der feuchtwarmen Höhle treten in eine Art Mutterhöhle ein. Giger macht diesen Ort quasi zur Bauchhöhle einer mythischen Urmutter, und diese intra-uterine Landschaft sollen die drei nun erkunden. Kanes Neugier und Gier, als er nach den Eiern greift, werden ihm zum tödlichen Verhängnis. Als er die Membran zerstört, wird seine Schutzschicht, sein Helmvisier, von einem krakenähnliche Wesen – im Film »Facehugger« genannt – durchbohrt, und sein Tod, der dann allerdings noch bis zur 51. Minute auf sich warten lässt, ist bereits besiegelt.

Hier findet der erste Kontakt mit dem Alien statt; es penetriert und schwängert Kane oral, erbarmungslos umfängt es ihn, ist lebensnotwendig zum Atmen, und eine Entfernung wäre tödlich – eine wahrlich unheilvolle Mischung aus Lebensspenderin und Würgeengel. Bei der Obduktion des Geschöpfs wird seine weibliche Konstruktion deutlich: ein fleischig-feucht-genitales Gebilde, in seiner Beschaffenheit äußerst robust; sein Blut ist hochkonzentrierte Säure. Und wie wir im Lauf des Films sehen, verweist es mit seinem ungezügelten Drang, sich fortzupflanzen, direkt auf das Weibliche.

Kurz vor der Geburtsszene des Aliens zeigt Kane die Symptome einer Schwangerschaft: Er hat Heißhunger und verspürt danach Übelkeit. Es wird gegessen und gelacht – ein hilfloser Versuch der Abwehr gegen das nahende Unheimliche und Böse. Das Alien bricht aus Kanes Brust hervor, er gebiert einen tödlichen Babyphallus mit Zähnen, der innerhalb weniger Stunden zu einer riesigen Bestie anwächst. Im Drehbuch hatte Ridley Scott diese Szene bewusst nicht explizit ausformuliert, um den Überraschungs- und Schockeffekt für die Schauspieler bei den Dreharbeiten zu verstärken.

Mit dem Alien gelangt eine außerirdische Kreatur an Bord, deren Gefährlichkeit nicht abzuschätzen ist, und in der Folge wird es die Besatzung mit einem schier unbesiegbaren Wesen zu tun haben – letztlich einem unerwarteten Feind aus den eigenen Reihen. Das Auftauchen des Aliens schweißt die Besatzung notgedrungen zusammen, die Besatzungsmitglieder müssen sich organisieren, sich absprechen und aufeinander aufpassen.

Das Alien wird in kurzer Zeit überlebensgroß, scheint unzerstörbar und hat vor nichts Angst; ein unkontrollierbarer Organismus, von einem Mann – Kane – geboren, der fremdartig, gesichts- und konturlos bleibt, dabei aber großartig aussieht und durch seine Unfassbarkeit den Horror gekonnt verstärkt. Das Alien ist von Beginn an feindlich, kommuniziert nicht, mit ihm gibt es nichts zu verhandeln, es ist ein brutaler Vernichter, und seine Menschenopfer – es verpuppt sie lebend, eine Szene allerdings, die nur im Directors Cut vorkommt – dienen ihm als Nahrung für die nächste Generation. Es ist sozusagen das perfekte Reproduktionsgeschöpf, geschaffen, um zu überleben.

Der als Roboter entlarvte Wissenschaftler Ash bewundert das Alien für seine Reinheit und belächelt mitleidig die Anstrengungen der Crew. Das Alien sei ein perfekter Organismus, meint Ash. Nur seine Feindseligkeit übertrifft seine perfekte Struktur, kein Gewissen beeinflusst es, keine Schuld, keine Vorstellungen ethischer Art. Diese Hölle wird durch den Verrat der Mutter komplett: Mother will dem Alien alle ihre Kinder opfern. Ash, seinerseits auch nur Werkzeug, versucht, Ripley mit einem Pornomagazin – die zweite sexuelle Anspielung im Film – zu ersticken. Hin- und hergerissen zwischen Verzweiflung und Aggressivität muss sie mit ihm kämpfen. Ripley blutet – die zweite blutige Szene im Film –, und Ash sondert eine spermaartige Substanz ab; der Androide ist quasi das andere Monsterkind von Mother. Alle Besatzungsmitglieder sind letztlich nur Gebrauchsobjekte und als Nahrung für das Alien vorgesehen. Seine Fortpflanzung hat höchste Priorität.

Ripley nimmt, von Anfang an misstrauisch gegenüber Ash, nicht nur den Kampf mit ihm auf, sie ist auch wild entschlossen, sich von der Bestie nicht unterkriegen zu lassen. Ihre erste Reaktion darauf, dass drei Astronauten nach dem Unfall in der Eiergruft wieder ins Raumschiff zurückkehren wollen, ist ausgrenzender Art: Sie will sich und ihren Bereich schützen und besteht auf Quarantäne. Ihr Kampf ist aber letztlich ein Kampf gegen Mother, und irgendwann sagt sie triumphierend: »Ich habe jetzt Zugang zu Mutter.« Allerdings wird sie gewahr, dass die versorgende allmächtige Mutter eine tödliche ist, gegen die es sich zu wehren und von der es sich zu trennen gilt. Ripley wird zur Kämpferin gegen zwei monströse Wesen, gegen das Alien und gegen die Mutter, deren Weiblichkeit auf verschiedene Art dämonisiert wird: das Alien als Monster, Mother als Computer.

Alle anderen Crewmitglieder sind gegenüber dem Grauen hilflos und unfähig zu kämpfen oder zu fliehen. Lambert, die als einzige vom Alien nicht frontal attackiert, sondern von einem seiner Fangarme von hinten anzüglich umschlungen wird, stammelt nur noch: »Ich kann nicht.« Ripley erscheint zunächst mehr als androgyne, einem männlichen Aktionshelden ähnliche Figur. Ihre Weiblichkeit ist noch keine erotische; sie muss sich zuerst von der Mutter trennen, bevor sie ihre eigene Identität findet. Sie macht das im Film mithilfe der Rettungskapsel Narcissus – ein treffender Name –, indem sie sich vom Mutterschiff abkoppelt und es zerstört. Es ist eine Individuation, die nur durch den Tod der Mutter erfolgen kann. Kurz vor der Abkoppelung rennt Ripley durch das Raumschiff und schleudert Mother noch eine wüste Beschimpfung (»bitch«) entgegen. Ripley hat sich inzwischen selbst zur unbarmherzigen Killermaschine entwickelt.

Nun ist Ripley reif für den Showdown. Nach der Vernichtung des Mutterschiffs allein mit Bordkatze Jones in der Rettungskapsel Narcissus, beginnt sie sich auszuziehen, und man sieht sie zum ersten Mal als erotische Frau, weiblich und auch verletzlich, nur mit Slip und Hemd bekleidet. Doch unversehens taucht das vermeintlich besiegte Monster auf und will ihr nochmals an die Wäsche – Emanzipationswünsche ziehen bekanntlich Strafe nach sich. In Panik und dennoch kühlen Kopfes schlüpft Ripley in den geschlechtsneutralen Raumanzug und singt dabei das Liebeslied *You are my lucky star*. Das Alien bewegt sich langsam und phallusartig auf Ripley zu, und nachdem es sich dem Zuschauer dreimal entgegen geschleudert hat, versenkt Ripley das Alien gnadenlos im Weltraum – mit den Worten: »Jetzt hab ich dich, you son of a bitch!«

Das Alien als böses, psychopathisches Wesen wird von der jungfräulichen Ripley, die der tödlichen Mutter entkommen ist, besiegt. In dieser Szene wird zum ersten und einzigen Mal im Film ein gewissermaßen menschliches Bild des Aliens gezeichnet: Wie es mit gequälten Lauten in den Weltraum gesogen wird, könnte fast ein Hauch von Mitleid oder gar Bedauern aufkommen ob dem Ende dieses grässlich-großartigen Wesens. Nach dieser dramatischen und wohl auch traumatischen Szene schläft Ripley schneewittchengleich ein.

Der Filmtitel *Alien* ist zum Inbegriff und prototypischen Ausdruck für alles Außerirdische geworden. Das Alien hat keinen Fantasie- oder Eigennamen, es heißt einfach Alien. Es ist das einzige fremde und fremdartige Wesen im Film, es ist und bleibt uns von Anfang bis Ende fremd und unheimlich. Aus dem anfänglich krakenähnlichen Gebilde vom unbelebten Planeten wird ein organisches, lebendiges Wesen, ein sich rasant vergrößerndes Monster, das nie vollständig sichtbar wird, sondern während des ganzen Films bruchstückhaft bleibt, und das wie eine Tötungsmaschine verfolgt und zerstört. Mit dem Alien zelebriert

Ridley Scott meisterhaft tiefste menschliche Ängste, die perfide Angst vor dem Unbekannten. Das Alien kommt aus dem Nichts und entschwindet im dunklen Weltraum. Man kann nicht mit ihm zusammen leben, und es scheint äußerst schwierig, das Böse zu besiegen.

Literatur

Freud, Sigmund (1915): Triebe und Triebschicksale. GW X. Frankfurt (S. Fischer).
Green, André (1988): Pourquoi le mal? In: Le Mal. J.-B. Pontalis (edit.). Paris (Gallimard).
Green, André (2000): Warum Böses? In: Geheime Verrücktheit. Gießen (Psychosozial-Verlag).
Hinshelwood, Robert D. (1993): Wörterbuch der Kleinianischen Psychoanalyse. Stuttgart (Verlag Internationale Psychoanalyse).
Krützen, Michaela (2007): E.T. und Alien: Zwei Außerirdische auf der Leinwand. In: Väter, Engel, Kannibalen. Figuren des Hollywoodkinos. Frankfurt (S. Fischer).
Gerstenfeld, Christine (2006): Infantile Sexualität in Alien von Ridley Scott. In: Wohlrab, Lutz (Hg.): Filme auf der Couch – Psychoanalytische Interpretationen. Gießen (Psychosozial-Verlag).
http://de.wikipedia.org/wiki/Alfred_Elton_van_Vogt (14.09. 2008).
http://de.wikipedia.org/wiki/Ridley_Scott (14.09.2008).
http://de.wikipedia.org/wiki/Dan_O'Bannon (14.09.2008).
http://de.wikipedia.org/wiki/Hansruedi_Giger (14.09.2008).
http://de.wikipedia.org/wiki/Alien_%E2%80%93_Das_unheimliche_Wesen_aus_einer_fremden_Welt (14.09.2008).
www.filmzentrale.com/filmliste.htm#A (14.09.2008).
www.culture.hu-berlin.de/sp/WS_99_00/Hansmann/alien.html (14.09.2008).
www.phantastik-couch.de/alan-dean-foster-alien-das-unheimliche-wesen-aus-einer-fremden-welt.html (14.09.2008).

Im Sog der Selbstzerstörung
37°2 le matin, Jean-Jacques Beineix, F 1986
Alexander Moser

Einführung

37°2 le matin ist die furiose Verfilmung des gleichnamigen Romandebüts von Philippe Djian durch den französischen Kultregisseur Jean-Jacques Beineix. Bereits Beineix' erster Kinofilm *Diva* (1980) hatte international Erfolge gefeiert, war mit vier Césars ausgezeichnet worden und hatte sich zum Kultfilm der 80er Jahre entwickelt. Auch *37°2 le matin* erhielt mehrere Preise und Nominierungen, unter anderem eine Oskar-Nominierung für den besten fremdsprachigen Film und neun César-Nominierungen. Philippe Djian seinerseits gelang mit dem Roman *Betty Blue* der Durchbruch als Schriftsteller; sein Buch wurde weltberühmt.

Béatrice Dalle und Jean-Hugues Anglade in den Hauptrollen ergänzen sich glänzend und machen *37°2 le matin* zu einer der eindrucksvollsten Liebesgeschichten des französischen Kinos. Die rasante und erotische »Folie à deux« fesselt zu jeder Sekunde. Von einem paradiesischen Zustand gleich zu Beginn des Films, bei dem nur die leicht erhöhte Umgebungstemperatur – 37°2 Celsius – als Warnung eingebaut ist, führt eine regressive Entwicklung unmerklich, aber sich unaufhaltsam steigernd zum völligen Zerfall des Selbst und reißt den hilflos faszinierten Zuschauer mit in die Tiefe. Unerträglicher seelischer Schmerz verwandelt sich in den Glanz eines künstlerischen Meisterwerks.

Alexander Moser

Kommentar

Damit auch wir – wie Zorg am Ende der Handlung – nach Betrachten des Films wieder zwei und zwei zusammenzählen können, sei vorerst in Erinnerung gerufen, wie man einen Tequila Rapido mixt: Man schütte weißen Tequila und Bitter Lemon zu gleichen Teilen in ein robustes Glas, bis es zur Hälfte gefüllt ist, umwickle dieses mit einem Küchentuch, decke seinen Rand mit einem Bierdeckel ab und schlage dann das Glas so fest auf den Tisch, dass die Kohlensäure aufschäumt – und nun genehmigen wir uns einen virtuellen Schluck und versuchen, den Film mit unserem Alltagsverstand zu analysieren.

Beineix' Meisterwerk bewirkt nämlich, dass in uns allen eine Fähigkeit zum Tragen kommt, die in der populistischen Welt von heute keinen Wert mehr hat – die Einfühlungsfähigkeit. Einfühlung wird heute nur noch abwehrend assoziiert zu Weichsinnigkeit, Wohlfühltum und Schwachsinn. Doch wie sagt der Liedermacher Konstantin Wecker so treffend: »Wenn man in der Politik die Einfühlung vergisst, dann hilft die ganze Politik gar nichts.«

In *37°2 le matin* verschwinden wir als Zuschauer Millimeter um Millimeter in der Totalidentifizierung mit den beiden Protagonisten, sodass wir am Ende genauso hilf- und hoffnungslos dasitzen wie Zorg. In der dreistündigen Version des Films ist dieses Phänomen noch ausgeprägter als in der herkömmlichen Kinoversion. Als Psychiater und Psychoanalytiker muss ich deshalb hier kritisch anmerken, dass zu einer Einfühlungsfähigkeit, die das Prädikat »echt« verdient, sowohl die Fähigkeit zur Identifikation mit einem anderen Menschen als auch unverzichtbar jene gehört, sich aus dieser Identifikation wieder herauszulösen, um eben gerade nicht hilflos mit diesem Mitmenschen in dessen psychischem Elend zu ertrinken.

Einer meiner ältesten Berufskollegen, mit dem ich vor 45 Jahren in die Psychiatrie eingestiegen bin, wurde kürzlich zu mehreren Jahren Zuchthaus verurteilt, weil er meinte, chronisch psychisch kranken Menschen zum Suizid verhelfen zu müssen. Ihm ging es, aller professionellen Ausbildung zum Trotz, ähnlich wie Zorg: Er hat den Weg zurück aus der Identifikation, welche die echte Einfühlung charakterisiert, nicht geschafft.

Eine andere Frage, die der Film aufwirft: Können sich Menschen mit ungünstigen seelischen Voraussetzungen überhaupt positiv entwickeln, und welche Hilfe brauchen sie dabei?

Als Psychiater hatte ich vor vielen Jahren im Auftrag des Schweizerischen Nationalfonds die Gelegenheit, während eines ganzen Jahres Patienten zu untersuchen, die über 65 Jahre alt und früher einmal in eine psychiatrische Klinik eingewiesen worden waren (Moser 1971). Bevor ich die ehemaligen Patienten unangemeldet an ihrem Wohnort aufsuchte, hielt ich mein Auto jeweils am Dorfeingang an, um die manchmal schon Jahrzehnte alten Krankengeschichten zu studieren und auf mich wirken zu lassen. Mit dem »alten« Patientenbild im Kopf begegnete ich dann diesen Menschen und war immer wieder erstaunt, zu sehen, wie groß ihre Distanz war zu jener Person, die sie einmal gewesen waren.

Von der ehemaligen Hospitalisation erzählten sie oft wie von einem Onkel oder einer Tante in Amerika, von der sie zwar einmal gehört, zu der sie aber kaum mehr Kontakt hatten. Überraschend war deshalb, dass die ehemaligen Patienten, ihre Angehörigen, ihre Ärzte und Pflegeteams fast ausnahmslos die damals schwierige Situation während der Hospitalisation prognostisch in die Zukunft projiziert und fast regelmäßig eine viel zu schlechte Prognose gestellt hatten. Das hat mich endgültig gelehrt, nie, aber auch gar nie aus einem aktuell noch so verzweifelten Zustand eine endgültig schlechte Prognose abzuleiten, die sich nur allzu leicht als eine sich selbst erfüllende Prophezeiung installieren könnte.

Zurück zum Film: Die Beziehung zwischen Betty und Zorg entspricht einem recht gut bekannten und häufig anzutreffenden Muster, das bei Betty auffälliger erscheint als bei Zorg. Betty und Zorg sind Personen, deren Selbstbild aus zwei Schichten besteht: einer nach außen gerichteten Oberfläche und einem inneren Kern. Die tiefe Unsicherheit des Kerns, die innerpsychische unbewusste Vorstellung eines reparaturbedürftigen fundamentalen Defekts, wird von einer fortlaufend ungeheuer angestrengten, maximal polierten und perfekten Oberfläche versteckt – ein psychologischer Vorgang, den der Film mit einer auf die Spitze getriebenen Ästhetik visualisiert, mit leuchtenden, als »neo-baroque« bezeichneten Farben auch, die im Kontrast zum Inhalt umso intensiver wirken, je mehr sich dieser einem zunehmend schwarzen Albtraum nähert. Dieser visuelle Exzess der Gestaltung wurde gelegentlich zwar kritisiert, entspricht aber exakt der Visualisierung der fundamentalen psychologischen Problematik von zur Schau gestellter, porzellandünn-perfekter Oberfläche und hintergründiger, problematischer Tiefe. Das unbewusste Selbstbild der Protagonisten entspricht einer nie genügend vergoldeten und glitzernden Oberfläche, durch die das dahinter liegende Vakuum verräterisch durchzuscheinen droht (Chasseguet-Smirgel 1986).

Der Beginn des Films ist das maximalisierte Klischee paradiesischen Glücks unter dem Poster der Monalisa. Der anfängliche Überfall auf die Zuschauer – mit einer Liebesszene, die in Filmen üblicherweise erst nach einem sorgfältigen Aufbau in einer viel späteren Phase erscheint – ist ein Hinweis darauf, dass die Temperatur an der Grenze zur Normalität liegt, eben bei 37°2 Celsius am Morgen; so kommen die unerhörte Anstrengung und die nervöse Überspanntheit zum Ausdruck, mit der, verführerisch erfolgreich, maximale Normalität und selbstverständliche Problemlosigkeit demonstriert werden.

Beineix gelingt es, einen uns alle faszinierenden Wunschzustand darzustellen: Im Rausch der schönen Bilder, der grandiosen Landschaftsaufnahmen und der leisen entrückten Musik von Gabriel Yared, verführt durch Bettys unbezähmbar wilde und lebenshungrige Schönheit, erleben wir wunderbare Momente voller Leichtigkeit und Kraft, die gleichzeitig von unauslöschbar hintergründiger Traurigkeit – dem blauen Blues – durchzogen sind, wohl aus der Ahnung heraus, dass dies alles viel zu schön ist, um die Wahrheit und das Leben darzustellen. In einem der schönsten Momente – die Kamera schwenkt im warmen Licht des Abends über Strand und Meer – wird Betty von Zorg wie eine Prinzessin beschenkt, nicht nur mit einem kleinen Haus, sondern auch mit einem Geburtstagskuchen für ihren 20. Geburtstag.

Der Traum vom vollen Leben und der Wunsch nach Liebe müssen schließlich in Melancholie und Verlust umschlagen. Das grandiose Bemalen der billigen Strandhäuser mit rosa und pastellblauer Farbe symbolisiert die nie endende Anstrengung, durch das Aufpolieren der Oberfläche die fundamentalen, in der unbewussten Tiefe liegenden Probleme zu verdecken. Der in den Tag hinein lebende Zorg mit seiner subalternen Anstellung fühlt sich durch die lebenssprühenden, blendenden, phallischen Qualitäten Bettys ergänzt, komplettiert und gestärkt, und Betty ist überglücklich, nicht einem bedrohlichen Macho in die Hände geraten zu sein, der sie verletzen könnte, sondern einem netten, verschmitzten, lakonischen Lebenskünstler mit versteckten Qualitäten, mit der heimlichen Potenz eines Schriftstellers nämlich, dem sie zum Durchbruch verhelfen will – stets in Panik, dass ihr dies nicht gelingen könnte.

Zorgs passive Identifizierung mit Bettys fulminanten Aktionen und Plänen nimmt mehr und mehr Züge einer »Folie à deux« an. Der unstillbare Wunsch nach totaler Übereinstimmung eliminiert konsequent alle störenden Konfrontationen mit der Wirklichkeit. Widerstandslos und hilflos versucht Zorg, durch wiederholten Wechsel der Aktionsorte die äußere Realität den Wünschen Bettys und ihren sich sekundenschnell ändernden Stimmungen anzupassen, und er bleibt ihr auch durch allerlei Anfechtungen treu. Immer wieder versteht er es, die Konfrontation von Bettys zunehmend unkontrollierter Affektivität mit der täglichen Realität zu schlichten. Betty, ständig und ohne Rücksicht auf der Suche nach dem vollkommenen Glück, hält sozusagen die Hand auf den Hahn der Zorg'schen Potenz und kann diese an- und abdrehen, wie sie will. Dies verschafft ihr ein wachsendes Gefühl von stets wieder in Frage gestellter Selbstsicherheit, die sie mit opernreifer Launenhaftigkeit, Verletzlichkeit und Leidenschaft im Alltag inszeniert – in einer verblüffenden Kombination von trotziger Rechthaberei, adoleszenter Kindsköpfigkeit, entwaffnender Natürlichkeit und erotisierender Vulgarität.

Zorgs bisheriger Erfolg als Schriftsteller entspricht in etwa dem Topf Chili, der zu Beginn des Films einsam vor sich hin köchelt, bevor Betty meteoritenhaft in Zorgs Leben einschlägt. Mit besessener und grimmiger Entschlossenheit will Betty dem verkappten Schriftsteller zu großem Ruhm verhelfen und kämpft für dieses Ziel wie eine Löwin. Ihr schrankenloser Ehrgeiz, das Manuskript von Zorg bei einem Verleger unterzubringen, schlägt in entsprechend unbegrenzte narzisstische Kränkung und in rasende Wut um, wenn dies immer wieder misslingt – ein Hinweis auf die hintergründige Aggressionsproblematik eines schlafenden Vulkans.

Die ultimative Ergänzung, Abrundung und damit Reparatur ihres unbewussten und beschädigten Selbstbilds erhofft sich Betty nicht allein von Zorg als berühmtem Schriftsteller, sondern insbesondere von einer Schwangerschaft, von einem Kind mit Zorg. Es scheint, als ob ihr letztlich nur ein eigenes Kind die endgültige Heilung ihrer inneren Unvollkommenheit bringen könnte. Als sich diese größte und allerletzte

Hoffnung zerschlägt, beginnt der regressive, unaufhaltsame Niedergang – als hätte ihr das Schicksal für alle Zukunft jede innere Reparatur ihres vermeintlichen Defekts versagt, als müsste sie nun den Rest ihres Lebens als unerfülltes, defizitäres Wesen verbringen. Aus dieser Situation entspringt ein depressiver und regressiver Sog in immer realitätsfernere Regionen des Erlebens, Fantasierens und Verhaltens, dem nicht nur Betty, sondern auch Zorg und mit ihm auch wir als Zuschauer hilflos ausgeliefert sind, genau wie in einer fortschreitenden und nicht mehr aufzuhaltenden Tragödie.

Zu erleben, wie sich ein nahestehender Mensch unaufhaltsam entfernt und in Richtung einer entfremdeten, psychotischen Welt bewegt, sich in eine abgetrennte Welt zurückzieht und so der eigenen Einfühlungsfähigkeit und Rationalität entrückt ist, gehört sicher zum Schrecklichsten, dem wir ausgesetzt sein können. Kein Wunder also, dass jede Generation von Neuem Widerstände gegen den engen Kontakt mit Menschen in der psychotischen Welt entwickelt und für eine defensive Distanzierung die jeweils bereitliegenden soziokulturellen Mittel benützt – nicht zuletzt auch in der aktuellen Psychiatrie mit ihrer unangemessenen Medizinalisierung und einseitig naturwissenschaftlichen Durchdringung der Psychiatrie auf Kosten einer ganzheitlichen Betrachtungsweise, die geisteswissenschaftliche Aspekte viel stärker einbeziehen würde und vor esoterischen und spiritualistischen Pseudoergänzungen gefeit wäre. So entsteht aus der Geschichte der Psychiatrie immer wieder eine Geschichte der in jeder Generation erneuerten Irrtümer – auch Zorg hat deshalb wohl kein Vertrauen in dieses System.

Die Zunahme unvorhersehbarer und plötzlich umschlagender Gefühls- und Stimmungsschwankungen, die Ausbrüche von Aggressivität und ihr Umschlagen in Selbstdestruktion, steigern Zorgs Hilflosigkeit – und jene des Zuschauers – ins kaum mehr Erträgliche. »Es gibt immer einen Schwachsinnigen, der mit einem Glas Wasser antanzt, um einem Verletzten mit Verbrennungen dritten Grades zu helfen. Ich war so einer«, sagt Zorg.

Dass sich Betty in einem rasenden Akt der Selbstzerstörung gar ein Auge ausreißt, ist im ersten Moment außerhalb jeder Einfühlungsmöglichkeit und buchstäblich irrsinnig. Es kann aber als ein sich letztlich verzweifeltes und trotziges Aufbäumen, als ein Akt der Selbstkastration verstanden werden, nachdem Betty die Komplettierung ihres defekten Selbstbilds weder mit Zorgs schriftstellerischem Erfolg noch mit einem Kind von ihm gelungen ist.

Auch Zorg selbst sieht sich nun der ergänzenden Hälfte seiner idealisierten Zweierbeziehung beraubt und hält den – auch für ihn kastrierten – Zustand nicht mehr aus, ganz zu schweigen von der unerträglichen Totalidentifizierung mit der ihm unheilbar krank und defekt erscheinenden Betty. Nicht von Ungefähr in Frauenkleider verkleidet – hatte er doch in der Beziehung mit Betty eher die passiv anlehnende, verstehende, duldende und nicht so sehr aktiv phallische Rolle – schleicht sich Zorg ins Spital und zieht ein Ende mit Schrecken einem befürchteten Schrecken ohne Ende vor.

Und so bleibt er am Schluss allein im Abendlicht mit demselben Topf heißen Chilis zurück, mit dem er sich beschäftigt hatte, als Betty wie ein Komet in sein Leben kam, um daraus wieder zu verschwinden – eine Parabel, die im Blues des Lebens für alle unsere menschlichen Beziehungen gilt.

Literatur

Chasseguet-Smirgel, Janine (1986): Kreativität und Perversion. Frankfurt am Main (Nexus).

Moser, Alexander (1971): Die langfristige Entwicklung Oligophrener. Monographien aus dem Gesamtgebiete der Psychiatrie, Band 5. Berlin/Heidelberg/New York (Springer).

Vertrauter Fremder
Harry, un ami qui vous veut du bien,
Dominik Moll, F 2000

Yvonne Frenzel Ganz

Einführung

Der Film *Harry, un ami qui vous veut du bien* stammt von dem wenig bekannten Regisseur und Drehbuchautor Dominik Moll. Moll kam 1962 als Sohn einer Französin und eines Deutschen zur Welt und verbrachte seine Kindheit und Jugend im deutschen Baden-Baden. Seine Lehrjahre führten Moll zunächst nach New York, dann nach Paris. An der bedeutendsten Filmhochschule Frankreichs, »le fémis«, erhielt Dominik Moll den letzten Schliff. Inzwischen lebt und arbeitet er seit über 20 Jahren in Frankreich. Nach zahlreichen Kurzfilmen drehte er 1994 seinen ersten längeren Film *Intimité*, um dann bereits mit seinem zweiten Spielfilm *Harry, un ami qui vous veut du bien* in Cannes zum neu entdeckten Talent des Jahres 2000 zu avancieren. Für die Goldene Palme nominiert, wurde dieser Film in Frankreich ein Publikumserfolg. Auch in Deutschland fand der Film Anklang, in der Schweiz wiederum stieß er kaum auf Interesse. Auch Molls dritter und bislang letzter Film *Lemming* aus dem Jahr 2005 erreichte in der Schweiz nur ein kleines Studiopublikum.

Dominik Moll war im letzten Jahrzehnt als Drehbuchautor aktiv, für seine Drehbücher wurde er fast jedes Jahr irgendwo ausgezeichnet. Große Pausen jedoch liegen zwischen seinen eigenen Filmen. Moll sagt von sich selbst: »Ich bin kein Auftragsregisseur, sondern verschreibe mich einem Film mit Haut und Haaren.« Dass im Drehbuch für *Harry* nichts zufällig ist, vieles unheimlich und geheimnisvoll bleibt und alles eine tiefere Bedeutung hat, haben auch die Hauptdarsteller einst in einem Interview bestätigt. Mit Sergi Lopez als Harry, Laurent Lucas als Michel, Mathilde Seigner als Claire und Sophie Guillemin als Prune hat Dominik Moll das Quartett für sein Kammerspiel brillant besetzt. Dank Molls Kameraführung, dem Schnitt, den Nahaufnahmen und dem krassen Gegensatz von Tag- und Nachtsequenzen gerät der Zuschauer zunehmend in den Strudel der Ereignisse. Die Filmmusik von David Sinclair Whitaker verweist nicht von ungefähr auf die spannungsvolle Musik der Filme von Altmeister Hitchcock.

The trouble with Harry heißt Alfred Hitchcocks schwarze Komödie aus den 50er Jahren, in der eine nicht zu beerdigende Leiche namens Harry ein ganzes Dorf in schuldhafte Unordnung versetzt. Dominik Moll hat mit seinem Film in Anspielung auf Hitchcock seinem erklärten Lieblingsregisseur die Referenz erwiesen. Moll verkehrt den Plot allerdings in einen subtilen Thriller: Sein Harry ist quicklebendig und sorgt für beängstigende Ordnung in einer jungen Familie. Doch der Witz bleibt auch hier nicht auf der Strecke.

Kommentar

Die Anfangssequenz, mit der Dominik Moll an das Thema heranführt, prägt sich dem Zuschauer für immer ein. Selbst wer noch nie wie Michel und Claire mit kleinen Kindern auf der Rückbank in die Sommerferien fuhr, dem ist die Szene dennoch vertraut. Denn wer von uns erinnert sich nicht an die eigenen Quengeleien auf endlos langweiligen Fahrten im überhitzten Auto! Moll lässt den Zuschauer gleich zu Beginn schon erahnen, dass sein Film vom alltäglichen und vor allem ganz allgemeinen Elend handelt, von etwas, das eigentlich jedem passieren kann. Springen wir zum Schluss des Films: Hier sehen wir die Familie im klimatisierten Offroader heimwärts reisen. Frau und Kinder schlafen friedlich, Vater sitzt nun entspannt am Steuer. Was ist dazwischen passiert?

Harry, un ami qui vous veut du bien entzieht sich einer glatten, widerspruchsfreien Interpretation. So wird Molls Film auch nach mehrmaligem Betrachten keineswegs langweilig, denn es lassen sich stets neue Facetten entdecken. Meine persönliche Lesart des Films konzentriert sich auf die Gestalt von Michel und auf jene seines Widerparts Harry.

Michel

Wir lernen in Michel einen Mittdreißiger kennen, der – nur von Frauen umgeben – selbst eher weiche, weibliche Züge hat. Er wirkt gehemmt und ziemlich frustriert. Seine Existenz als Französischlehrer für Japaner und als Vater dreier kleiner Mädchen entspricht kaum seinem ursprünglichen Lebensentwurf. Das vor einigen Jahren gekaufte Ferienhaus scheint weniger Ort der Erholung als vielmehr die eher düstere Dauerbaustelle von Michels Ich zu sein und seine unsichere männliche Identität zu repräsentieren. Michel will alles alleine machen, er will den Eltern nichts verdanken müssen, und doch mischen sich diese ständig ein. Das heimlich renovierte, pinkfarbene Badezimmer, mit dem Michels Eltern das junge Paar überraschen, ist ein Fremdkörper im alten Bauernhaus – sprich in Michels Seelenhaushalt – und symbolisiert Michels ungelöste Problematik mit Vater und Mutter.

Michel ist in ständiger Rechtfertigung den Eltern gegenüber und wird im Kontakt mit ihnen wieder zum kleinen folgsamen Sohn; die Konflikte wurzeln wohl in der frühen Kinderzeit. In Michels Augen kann der Vater alle Frauen für sich beanspruchen, nicht nur die Mutter, sondern auch Claire und Prune: Michels Vater umarmt und küsst beide auf besitzergreifende Weise, was nicht nur Mutters Eifersucht erregt. Die Kleinmädchenfarbe Pink im Badezimmer lässt sich auch als Hinweis auf Michels Abwehr verstehen: Statt mit dem Vater zu konkurrieren und sich auf dessen Augenhöhe als Erwachsener zu behaupten, unterwirft sich Michel dem Vater passiv, begibt sich regressiv in eine feminine Position. So bewältigt Michel seine im Unbewussten weiterhin wirksame infantile Strafangst; brav öffnet er den Mund und lässt sich von seinem Zahnarzt-Vater die Zähne polieren, während dieser über Claire plaudert, die Mutter entwertet und damit eine kurze kumpelhafte Intimität mit dem Sohn herstellt, in welcher der Generationenunterschied geleugnet wird.

Wie wir von Harry erfahren, war Michel in der Adoleszenz weniger gehemmt und auch erfolgreich bei den Mädchen; er konnte anscheinend alle haben. In seinen pubertären Schreibversuchen träumte sich Michel vielleicht gar als Dichter von klassischer Qualität. Es entsteht allerdings der Eindruck, dass nicht allein die Realität Michel dazu zwang, seine hochfliegenden Träume aufzugeben, sondern dass dies auch neurotische Gründe hat. Nach dem unbewusst so sehr gewünschten Tod der Eltern werden Schuldgefühle und mit ihnen die alten Strafängste wieder wach. Michel klagt über Zahnschmerzen und wird nachts von einem Albtraum heimgesucht: Kehrt der verfolgende, strafende Vater in der Gestalt des fliegenden Affen ins väterliche Behandlungszimmer zurück? Der Traum ist dennoch als ein Schritt vorwärts, als Versuch einer Integration, zu verstehen, aus dem Michel an diesem Punkt allerdings noch angstvoll erwacht. Seine kurz danach stattfindenden ersten Schreibversuche finden auf dem Klositz des Badezimmers statt und scheitern. Michel leidet an chronischer »Verstopfung«: Er kann über sein kreatives Potenzial nicht verfügen, denn seine Energie ist weiterhin im Abwehrkampf gebunden.

Harry

Wer nun ist Harry? Oberflächlich betrachtet scheint Michel in ihm einem Psychopathen zu begegnen, der aufgrund einer krankhaften Fixierung auf Michels Person diesen verfolgt und sich scheinbar ungebeten, aber kräftig in dessen Leben einmischt. Aber warum nur? Beim zweiten Blick erkennt man unschwer die Variation eines berühmten Themas der Weltliteratur. Dem Phänomen des Doppelgängers, in der Zeit der Romantik häufig bearbeitet, begegnen wir unter anderem in E. T. A. Hoffmanns *Der Sandmann* und in Robert Stevensons mehrmals verfilmter Novelle *Dr. Jekyll and Mr. Hyde*. Dass auch mit Harry der Doppelgänger, das Alter Ego, gemeint ist, lässt sich aus der ersten Begegnung von Michel und Harry unschwer ableiten.

Erinnern wir uns: Michel entflieht dem Weiberhaushalt und Wickelstress auf der Damentoilette der Autobahnraststätte, indem er die Herrentoilette aufsucht. Dort – an der Begegnungsstätte von Männern schlechthin, wie man zu sagen versucht ist – trifft er vor dem Waschtisch auf Harry. Wir sehen zunächst nur die Hinterköpfe der zwei Männer, die von ähnlicher Statur und beide schwarzhaarig sind. Aus diesem Blickwinkel könnten sie fast Zwillinge sein. Dann erst trifft sich ihr Blick im Spiegel. Während des nun folgenden kurzen Wortwechsels zeigt die Kamera im Spiegel jeweils konsequent nur einen der beiden Protagonisten, der andere ist gerade nicht mehr sichtbar. Damit führt Moll die Thematik des Spiegelns und der Projektion ein und lenkt die Aufmerksamkeit auf den Spiegelcharakter der sich anbahnenden Beziehung und auf die finale Identität der Figuren. Im kurzen Wortwechsel zwischen Harry und Michel gibt es auch eine erste Irritation. Nicht nur für Michel, auch für das Publikum ist es verstörend, dass Harry so vieles weiß, woran sich Michel ganz offensichtlich nicht erinnert – als wären für Michel gewisse Aspekte seiner Persönlichkeit gar nicht präsent.

Alles Weitere lässt sich aus dieser Perspektive verstehen: Immer wieder sehen wir die beiden Männer, nebeneinander von hinten, mit grauem T-Shirt oder Hemd. Wenn Michel am Ende Harry auf der engen Treppe beim Herunterschaffen von Prunes Leiche hilft und sie sich körperlich so nahe sind wie nie zuvor, dann ist endgültig klar, dass Harry einen abgespaltenen Teil von Michel repräsentiert, der im Laufe des Films immer unheimlicher und mächtiger wird und von Michel endgültig Besitz zu nehmen droht. Dies wird auch durch die stetige Zunahme der düsteren Nachtsequenzen unterstrichen.

Sigmund Freud schreibt 1919, das Unheimliche sei jene Art des Schreckhaften, die sich darauf zurückführen lasse, dass es eigentlich etwas dem Seelenleben von Urzeiten her Vertrautes sei, das Infantile nämlich, das im Prozess der Verdrängung entfremdet werde. Im Schreckbild des Doppelgängers kehrt das verdrängte Infantile dann scheinbar von außen zurück. Freud formuliert:

> »Nicht nur dieser der Ich-Kritik anstößige Inhalt kann dem Doppelgänger einverleibt werden, sondern ebenso alle unterbliebenen Möglichkeiten der Geschickgestaltung, an denen die Phantasie noch festhalten will, und alle Ich-Strebungen, die sich infolge äußerer Ungunst nicht durchsetzen konnten« (Freud 1919, S. 248).

Wenn wir das Doppelgängermotiv als Interpretationslinie nehmen, so können wir sagen, dass in Harry all jene Wünsche, all jene Triebimpulse von Michel untergebracht sind, welche die kritische Instanz von Michels

Ich, sein Über-Ich, in ihm selbst ablehnt. Oder anders formuliert: Michel projiziert diese von ihm verpönten Aspekte seiner eigenen Person auf Harry, ein Abwehrvorgang, der allen Menschen vertraut ist. Die Todeswünsche gegen die eigenen Eltern, gegen den störenden Bruder, gegen die kleinen Quälgeister, seine Töchter, und auch gegen die nervende Ehefrau – all das übernimmt Harry für Michel. Der freundlich strahlende Harry ist bemüht, seinen Freund Michel von all den lästigen Problemen zu befreien, und geht dafür über Leichen. Und dass die innere Trennung von den Eltern überfällig ist, finden neben Harry und Michels Frau Claire auch wir als Zuschauer.

Harry scheint tatsächlich ein kindlich sonniges Gemüt zu haben, er ist uns nicht unsympathisch. Als kleiner Gernegroß ist er dem magischen Denken der Kinderzeit immer noch verhaftet. »Für jedes Problem gibt es eine Lösung«, sagt er, und für ihn ist Gedacht schon Getan. Harry quälen im Gegensatz zu seinem Intimfreund Michel keine Gewissenskonflikte. Er lebt in einer paradiesischen Welt, wo es die Unterscheidung zwischen Recht und Unrecht noch gar nicht gibt. Harry ist Zentrum seines ganz privaten Universums. Ein für ihn bedeutsamer Mensch wie Prune ist eher ein Spielzeug, ähnlich wie sein Auto, das er genießt, aber auch wegwerfen kann, wenn er es nicht mehr will. Und wenn Harry zu Prune sagt: »Ich bete dich an«, so ist der ich-bezogene, also narzisstische Charakter der Beziehung zu ihr nicht zu übersehen.

Harry kennt noch keine Schuldgefühle, er kennt nur das Gefühl der Beschämung und eine mörderische Wut, wenn er in seinem Selbstwertgefühl gekränkt wird. Diese Wut kündigt sich an, als er erlebt, wie die Eltern Michel behandeln. Als sich dann Michels Bruder über Michels Dichtkunst lustig macht, ist es auch um den Bruder geschehen. Dasselbe wiederholt sich nochmals bei Michels Kritik an Prune; da ist Harrys Dekompensation nicht mehr aufzuhalten, er rastet auf seiner einsamen Autofahrt endgültig aus. Aber statt selbst in den Tod zu rasen, was auch eine Lösung gewesen wäre, ist nun Prune an der Reihe.

Betrachten wir diesen Harry noch etwas genauer: Er war, wie er von sich selbst sagt, »fils à papa« und wurde, kaum erwachsen, zum Millionenerben: Wer wäre das nicht gerne? Auf den ersten Blick scheint Harry ein erfolgreicher Mann zu sein. Später sehen wir, dass – im Gegensatz zu Michel, der ständig am Arbeiten ist – Harry immer

Ratschläge auf Lager hat, ansonsten aber untätig herumsteht, seine Hände in passiver Pfötchenstellung nach hinten gekehrt. Diese Hände packen nur zu, wenn es ums Töten oder um Sex pur geht. Harry ist nicht kreativ, er arbeitet nicht, er kann nicht schreiben und hat auch keine Kinder gezeugt. Wenn Harry nachts an den Kühlschrank geht, um nach dem Koitus ein Ei zu schlürfen, werden zwar Michels erschlaffte Sehnsüchte wach, aber so richtig mag man Harry seine Potenz trotzdem nicht abnehmen.

Die französische Psychoanalytikerin Janine Chasseguet-Smirgel hat 1969 anhand des Andersen-Märchens *Die Nachtigall des Kaisers von China* sehr überzeugend dargestellt, dass von Menschen wie Harry eine enorme Faszination ausgeht, da sie mit ihrem Lebensentwurf Erfolg zu haben scheinen. Menschen wie Harry nähren die Illusion, dass sich mit der Idealisierung des Falschen und Unechten der langwierige, schmerzliche Prozess der Identifizierung und Reifung beim Erwachsenwerden umgehen ließe. Harry hat seinen Vater entwertet und deshalb nicht ihn, sondern sich selbst als Ich-Ideal genommen. Er teilt Michel mit, er habe nach dem Tod seines Vaters eine ganze Woche lang »gevögelt«. Harrys Megalomanie ist hier bereits angedeutet. Doch Harry ahnt seinen eigentlichen Mangel, die fehlende Besetzung und Introjektion des väterlichen Penis, ermutigt er doch sein Alter Ego Michel wiederholt, den Prozess des Schreibens wieder aufzunehmen und seine Schreibhemmung zu überwinden.

Prune

Welche Bedeutung hat Prune im Plot? Schon ihr Name – zu Deutsch »Pflaume« – hat einen sexuellen Bedeutungshof, verweist er doch auf das weibliche Genital. Dazu passt bestens, dass Prune ihren Harry »Dick« nennt, was bekanntlich ein vulgär-englisches Wort für Penis ist. Spätestens in jener Szene, in welcher Michel die Eier im Kühlschrank betrachtet, wir zunächst in extremer Nahaufnahme die porige Struktur der Eierschale sehen und unmittelbar danach auf die Struktur von Prunes Haut blicken, stellt der Filmschnitt die assoziative Verknüpfung endgültig her: Prune steht für Michels Begehren und seine nicht gelebte Sexualität.

Warum aber muss sie sterben, nachdem Michel mit einem Kuss sein verleugnetes Begehren anerkennt? Das wäre doch eigentlich nicht nötig. Muss Michel sich von ihr befreien, um die bürgerliche Realität seiner Familie zu bewahren, die durch zügellose Triebhaftigkeit à la Harry massiv gefährdet ist? So simpel und moralisch dürfte Molls Botschaft nicht sein. Vielleicht muss Prune sterben, damit Michel ein Stück weit auf sexuelle Befriedigung verzichten und dafür seine Kreativität finden kann. Seine Verstopfung und seine Hemmung lösen sich, während Harry Prune erledigt. Die etwas bittere Botschaft Molls heißt dann ganz im Sinne Freuds: Ohne ein Stück Desexualisierung der Energie, ohne Verzicht, gibt es keine Kulturleistung (Freud 1923, S. 268ff.).

Der Schacht

Werfen wir noch einen Blick in den endlos tiefen Schacht im Garten, der sich fast nicht auffüllen lässt. Symbolisiert er vielleicht die endlose Tiefe von Michels Unbewusstem? Nachdem Michel den toten Harry in den Schacht, in sein Unbewusstes, versenkt hat, sind dort nun beide, Prune und Harry, vereint und bewahrt. Sie stehen nun als Repräsentanzen für Michels sexuelle und aggressive Triebregungen, die jetzt – dem Leben zugewandt – miteinander verschränkt sind. Die verschiedenen Triebimpulse werden nun nicht mehr vertikal abgespalten, sondern ein Stück weit horizontal verdrängt, vor allem aber auch kultiviert: Michel hat in der Nacht seine Eier-Geschichte geschrieben. Als Michel am späten Vormittag aufwacht, lächelt er maliziös. Er muss nicht mehr verleugnen, was war, sondern kann sich angstfrei erinnern. Michel wirkt authentischer und auch männlicher, denn nun kennt er seine Leichen im Keller. Als er zum Schluss im neuen Auto auf seine schlafenden Mädchen und seine Frau blickt, hat es den Anschein, als könne er nun neben den liebevollen auch die feindseligen Fantasien zulassen – im Geheimen zwar, doch ihm vertraut. Nicht mehr im Abwehrkampf gegen die sogenannten gefährlichen Wünsche gebunden, hat Michel nun sein Kapital, seine Energie für ganz reale Projekte und handfeste Dinge zur Verfügung. Zu ihnen gehört neben dem Schreiben auch der für die Familie so überaus nützliche, weil klimatisierte Offroader.

Schlussbemerkung

All das Schreckliche und Unheimliche, das in Dominik Molls *Harry* passiert, ist meines Erachtens als ein Geschehen aufzufassen, das sich allein in Michels Innerem, in seinem Unbewussten, abspielt. Demnach gibt es keine realen Toten, sie sind vielmehr symbolisch zu verstehen. Michel steckt in einer Identitätskrise, und der Filmplot bildet die Konflikte zwischen den einzelnen Ich-Anteilen unseres Protagonisten ab. Er zeigt Michel in einem fast verrückten, sicher aber entrückten Zustand, aus dem er zum Schluss zurechtgerückt auftaucht: Michels innere Welt ist dann wieder in Ordnung, und dies erst noch auf neuem Niveau. So wird Harry, der Doppelgänger, für Michel zum »Übergangssubjekt« (de M'Uzan 2005, S. 22), das ihm die Integration archaischer Anteile ermöglicht.

Gesamt betrachtet lässt sich *Harry, un ami qui vous veut du bien* auch als geglückte Traumarbeit verstehen. Denn anders als im Albtraum erwacht der Träumer nicht, die Integration gelingt. Michel und wir als Filmpublikum erwachen am Ende des Films ausgeruht bei Vogelgezwitscher und Sonnenschein. Was will man mehr?

Literatur

Chasseguet-Smirgel, Janine (1969): Die Nachtigall des Kaisers von China. Psychoanalytischer Versuch über das »Falsche«. In: Chasseguet-Smirgel, Janine (1988): Kunst und schöpferische Persönlichkeit, München/Wien (Internationaler Psychoanalytischer Verlag).
de M'Uzan, Michel (2005): Aux confins de l'identité, Paris (Gallimard).
Freud, Sigmund (1919): Das Unheimliche. GW XI. Frankfurt (S. Fischer).
Freud, Sigmund (1923): Das Ich und das Es, GW XII. Frankfurt (S. Fischer).
www.filmspiegel.de/filme/harrymeintesgutmitdir (5.5.2007).
www.indiewire.com/people/int_Moll_Dominik_010418.html (6.5.2007).
www.br-online.de/kultur-szene/film/stars-interviews (6.5.2007).

Der Andere bin ich
Fight Club, David Fincher, USA/D 1999

MARKUS FÄH

Einführung

David Finchers Film *Fight Club* beruht auf der gleichnamigen Erzählung des amerikanischen Schriftstellers Chuck Palahniuk. Der Film ist das vierte Werk des amerikanischen Regisseurs, der seit seinem Einstieg ins Filmgeschäft mit *Alien 3* weitere sechs Kinofilme gedreht hat: *Seven, The Game, Fight Club, Panic Room, Zodiac* und *The Curious Case of Benjamin Button*.

Finchers Laufbahn begann als Trickfilmzeichner, dann gründete er eine Produktionsfirma und drehte Werbespots und Videoclips für Größen der Popmusik, unter anderem für Madonna, Patti Smith und die Rolling Stones. Er war für die Spezialeffekte in den Filmen *Indiana Jones und der Tempel des Todes* und *Die Rückkehr der Jedi-Ritter* verantwortlich.

Als Schauspieler spielte Fincher unter anderem die Rolle des Christopher Bing in *Being John Malkovich*. Die meisten seiner Filme sind Psychothriller mit ausgeklügelten Drehbüchern; wir begegnen in seinen Filmen ein paar Stammschauspielern, unter anderem Brad Pitt, Jared Leto und Zach Grenier, die alle auch in *Fight Club* mitwirken. Ein Merkmal seiner Filme sind die raffinierten visuellen und akustischen Effekte: Fincher reflektiert in seinen Filmen das Medium Film selbst.

Kommentar

Von der ersten Sekunde des Films an sind wir in Jacks Kopf: Im Vorspann rast die Kamera zum peitschenden synthetischen Sound der Dust Brothers von einer Nervenzelle im Schmerzzentrum von Jacks Gehirn durch die Nervenbahnen zu seiner Kopfhaut, zu seiner Nase und zum Mund, in dem ein Pistolenlauf steckt, und Jack spricht als Kommentator aus dem Off: »Die Leute fragten mich immer, ob ich Tyler Durden kenne.«

Der Vorspann ist ein Sprung ans Ende des Films. Jack hat sich in den Mund geschossen und sich damit seines Doppelgängers Tyler entledigt, dem der Pistolenrauch aus dem Mund entweicht, während er zusammenbricht. Marla kümmert sich um Jacks Wunde, nachdem sie ihn kurz zuvor noch beschimpft hat, und die beiden betrachten staunend und mit dem Rücken zum Publikum, wie die von »Projekt Chaos« gesprengten Wolkenkratzer in sich zusammenfallen.

Zurück zum Anfang. Jack, ein bleicher und etwas spröder Rückrufkoordinator bei einem Autohersteller, macht einen zynischen Job: Er berechnet aufgrund der Anzahl der Todesfälle und der Kosten eines juristischen Vergleichs, ob sich ein Rückruf defekter Wagen für das Unternehmen lohnt. Jack ist ein Rädchen im unerbittlichen Räderwerk des globalen Kapitals, in den unsichtbaren Fängen des Realen, ein typischer Mensch der demokratischen kapitalistischen Postmoderne wie die meisten von uns Stadtmenschen in der westlichen Welt. Seine Selbstentfaltungsmöglichkeiten bestehen darin, sich mit Wohnungseinrichtung, Kleiderlabels und Karrierestationen ein möglichst individuelles Design zu geben. Der Versuch jedoch, die Individualität auf diesem Wege zu stylen, mündet in die Einöde von Gleichen unter Gleichen, die am selben Lebensentwurf basteln: »Mein Leben ist eine Kopie einer Kopie einer Kopie.«

Jack leidet an Schlaflosigkeit. Der Arzt schickt ihn mit seiner Klage zu wirklich Leidenden: in eine Selbsthilfegruppe von Hodenkrebskranken. Er findet Trost an den großen Brüsten von Bob, einem ehemaligen Bodybuilder. Danach kann Jack schlafen und träumen wie ein Baby. Er findet in der Gruppe eine Ersatzmutter und über die Identifikation mit den Kranken eine illusionäre Ersatzindividualität, die ihm – paradoxerweise in Todesnähe – ein Gefühl von Wirklichkeit und Lebendigkeit vermittelt.

Dieser erste Lösungsansatz zerschellt, als er auf Marla trifft, eine zweite Simulantin, die ihm sein eigenes Simulantentum zurückspiegelt und damit auch raubt, weil es von nun an nicht mehr einzigartig ist. Seine mangelnde männliche Identität tritt zutage; in der Höhle, seinem inneren Kraftzentrum, trifft er zunächst einen kindlich asexuellen Pinguin, dann eine Frau, Marla. Jacks Frustration schlägt mit voller Wucht auf ihn zurück, und er verfällt wieder in die Schlaflosigkeit, in die Unfähigkeit, seine seelische Realität zu träumen und zu symbolisieren. Lethargisch macht er seinen Job, und gerade als er, grau gewandet, im Flugzeug in Todessehnsüchten schwelgt, passiert es. Er denkt – Stimme aus dem Off: »Wenn du zu einer anderen Zeit an einem anderen Ort erwachst, kannst du als eine andere Person erwachen?«

Und neben ihm sitzt plötzlich Tyler, in einem roten Anzug mit Stehkragen und mit Sonnenbrille, die Haare stachelartig nach oben gekämmt. Er strahlt Selbstbewusstsein und große Zufriedenheit aus. Tyler ist alles, was Jack gerne wäre. Jack entwickelt in diesem Moment eine Doppelgängerpsychose, ohne es zu merken, und weil wir als Zuschauer mit Jack als unserem Spiegelbild identifiziert sind, merken wir es, zumindest wenn wir den Film zum ersten Mal sehen, auch erst mit Verzögerung – obwohl der ganze Film voller Anspielungen ist, bis Jack seine Psychose selbst erkennt und überwindet.

Am Flughafen zum Beispiel braust Tyler mit einem roten Sportwagen davon, noch während Jack mit dem Sicherheitsbeamten über das Brummen in seinem Koffer spricht. Jack, beziehungsweise sein von ihm halluzinierter Doppelgänger, zerstört seine Wohnung. Genau wie Jack hinken auch wir als Zuschauer mit unserer Erkenntnis dem Doppelgänger Tyler hinterher und stehen geschockt und ahnungslos vor den Trümmern. Hier findet Jack den Zettel mit Marlas Telefonnummer. Er ruft sie an, doch während sie sagt: »Ich höre dich atmen«, legt er auf. Man sieht bereits hier Jacks Zerrissenheit zwischen seinen Wünschen nach einer Liebesbeziehung und seinem destruktiven Teil, der sich von Marla abwendet.

Jack ruft Tyler an, sie treffen sich in einer Bar. Tyler sagt laut und aggressiv, was Jack nicht aussprechen kann – seine innere Leere und Unfreiheit: »Alles, was du hast, hat irgendwann dich.« Jack identifiziert sich mit Tyler und spiegelt sich in ihm wie das Subjekt im Spiegelstadium mit seinem imaginären Selbstbild (Lacan 1966).

Wenn wir als Babys zum ersten Mal in einen Spiegel schauen, sind wir verzückt, weil wir im Spiegelbild die Illusion einer ganzheitlichen Identität erleben. Dieses Gefühl beruht aber auf einer Illusion. Wir sind noch nicht soweit, dass wir ein integriertes Körpererleben haben, unser Ganzheitsgefühl beruht vielmehr auf der Identifikation mit dem Anderen im Spiegel. Es entsteht in uns also eine Spaltung in das Ideal-Ich, das wir aus der Identifikation mit dem Spiegelbild beziehen, und in unser Real-Ich, das hinsichtlich Ganzheit und Perfektion dem Ideal-Ich hinterher hinkt. Wir haben uns mit unserem Spiegelbild, dem »Fremden« dort im Spiegel, als einem Ideal unserer selbst identifiziert. Wir sind uns von diesem Moment an fundamental entfremdet und in ständigem Kampf mit uns selbst; wir wollen das Gefühl von Ganzheit und Perfektion, das wir bei der Betrachtung des Spiegelbilds und während unseres jubilatorischen Identifikationsmoments erlebt haben, nicht mehr loslassen und rennen ihm ein Leben lang nach. Wir vergleichen uns von nun an ständig mit Idealbildern, neigen zum Beispiel dazu, das Ideal-Ich in andere zu projizieren und in ihnen das zu sehen, was wir selbst gerne wären. Wir leben von nun an in den Kategorien »gleich«, »ähnlich« oder »verschieden«, wir lieben das Gleiche und hassen das Unterschiedliche. Die Wahrnehmung des Unterschieds zum Ideal löst gleichzeitig Bewunderung und tödliche Rivalität aus.

Lacan meint, dass die Entfremdung zwischen dem Spiegelbild und den ungeordneten Körpererfahrungen die Grundlage für alle späteren inneren und zwischenmenschlichen Konflikte ist. Für ihn ist das Spiegelstadium oder Spiegelstadion – das französische Wort »stade« bedeutet beides – die entscheidende Phase oder Arena der menschlichen Entwicklung. Das Spiegelbild ist der Träger von Idealvorstellungen des Selbst als einer ganzen, fähigen, attraktiven Person, denen wir permanent nacheifern und die wir nie erreichen. (Für die Lacanianischen Überlegungen zum Film haben mich übrigens die Arbeiten von Nina Ort [2004] und Laura Talkenberg [2007] wesentlich inspiriert.)

Wie die Spiegelbeziehung schwankt auch die Beziehung von Jack und Tyler zwischen Faszination und Aggression. Nachdem die beiden die Bar verlassen, tritt die Rivalität offen zutage: Tyler bietet dem obdachlosen Jack an, zu ihm zu kommen – unter einer Bedingung: »Schlag mich, so hart du nur kannst!« In der Erfahrung des Geschlagenwerdens und des

Schmerzes erlebt Jack eine passive Befriedigung und kommt in die Nähe dessen, was ihm fehlt, auch wenn es nicht das ist, was er eigentlich will. Aber es ist immerhin eine passive Erfahrung. Im Schmerz, der an die Schmerzgrenze geht, spürt er sich und seine Körpergrenzen besser, er erlebt ihn als Befreiung und wird sich seines ursprünglich körperlichen Ichs bewusst. Jack wird süchtig danach, sich mit Tyler als der Spiegelung seines Ichs körperlich zu messen. Wenn er schlägt, geschlagen wird oder zuschaut, wie andere geschlagen werden, steht er in lebendigem Kontakt mit seinem Unbewussten.

Im Kampf selbst gibt es keine Regeln. Nur das Tötungsverbot wird aufrechterhalten. Es geht nicht um die aktive Position, den Anderen im Kampf zu besiegen und zu töten. Das darf nicht sein, denn damit würde die imaginäre Beziehung beendet. Die Anwesenheit von Kampfrichtern würde dem Kampf etwas vom Imaginären des unmittelbar Dualen nehmen. Im dual und nicht triangulär strukturierten Fight Club verliert der Verlierer nicht wirklich, er kann den Kampf selbst beenden und damit in der Fantasie endlos perpetuieren. Der Geschlagene triumphiert. Der Fight Club ist ungehemmte sadomasochistische Triebregression, imaginäre Regression, kollektive Psychose. Und da zwischen den Kämpfen nicht gesprochen werden darf, existiert die Zeit dazwischen nicht; es herrscht zeitloses imaginäres Regime.

Analog zur Spaltung des Subjekts im Spiegelstadium übernehmen auch Jack und Tyler verschiedene Funktionen. Jack akzeptiert Tylers Rolle als Anführer des Fight Club ebenso, wie das Subjekt die Rolle des Herrschers seinem Ideal-Ich zugesteht. Tyler ist jedoch nicht nur der unumstrittene Anführer, er stellt für Jack auch einen Ersatzvater dar, um dessen Anerkennung Jack buhlt. So erfüllt Jack wie alle anderen Club-Mitglieder die Hausaufgaben, die Tyler stellt, ohne dessen Autorität zu hinterfragen, und beteiligt sich an den befohlenen vandalistischen Aktionen.

Der Fight Club ist zum Scheitern verurteilt, da Tylers Regeln, die er zu Beginn jedes Treffens verkündet, jegliche Kommunikation verbieten: »The first rule of fight club is – you don't talk about fight club! The second rule of fight club is – you don't talk about fight club!« Zwar genießt Jack die Aggression und Bewunderung für sein Ideal-Ich und Spiegelbild in der Doppelgängerpsychose, doch die sprachlose, rein imaginäre Ordnung bietet ihm keine Lösung für sein Problem der Subjektwerdung:

Seine Wünsche nach einer symbolischen Beziehung zu sich selbst und nach einer Beziehung zu Marla bleiben auf der Strecke.

Die homosexuell gewalttätige Orgie des Fight Club stimuliert immer wieder die Sehnsucht nach der Lebendigkeit, nach der Ganzheit. Jubel und Entsetzen halten sich jedoch die Waage, die Situation vor dem Spiegel wird endlos wiederholt, es ist keine Entwicklung in echte Authentizität möglich. Der sadomasochistische Kick muss gesteigert werden, das »Projekt Chaos« entsteht: Alle Mitglieder müssen einheitliche schwarze Kleidung, Springerstiefel und kurze Haare tragen, und Tylers Haus wird zu einem faschistischen Traninigscamp umfunktioniert, in dem keine Individualität mehr erlaubt ist. Auf symbolischer Ebene wird jedem Teilnehmer der Name und damit das Humane aberkannt. Tyler schärft ihnen ein: »Ihr seid nichts Besonderes«, keine Menschen, sondern »Weltraumaffen« (»space monkeys«).

Wie im Fight Club übernimmt Tyler die Rolle des unantastbaren Anführers und koordiniert die nihilistischen Aktionen seiner Terrorarmee. Die innere Zerrissenheit wird durch die stabilisierende kollektive Identifikation mit dem »Führer« Tyler und seiner Ideologie überspielt; es werden keine Fragen mehr gestellt, Jack und die Space Monkeys glauben an Tyler und das eigentlich dunkle »große Ziel«. Alles Identitätsbedrohende muss ausgeblendet, die Faszination beständig neu geschürt werden, damit die Einzelnen sich ihrem imaginären Einssein mit dem scheinbaren Ideal-Bild verschreiben können. Während im Fight Club noch menschliche Subjekte regressiv agieren, sind sie im Projekt Chaos verschwunden, die Einzelnen sind namenlose Kampftiere. Das Projekt Chaos führt in eine totale Identifikation mit einem despotischen idealisierten Vater-Bild, in die Unterwerfung unter Tylers Ansprüche. Die Gewalttätigkeit und Entindividualisierung werden für Jack jedoch zunehmend unerträglich, sie übersteigen seine Schmerzgrenze und bieten weder eine Lösung für seine passiven kindlichen Sehnsüchte noch für seinen Entwicklungswunsch, ein unverwechselbarer und liebesfähiger Mensch zu sein.

Hier kommt Marla ins Spiel: Sie ist der Störenfried und Entwicklungskatalysator in der Doppelgängerbeziehung. Sie interessiert sich für Jack, zieht alle Register, lockt ihn mit einem appellativen Suizidversuch zu sich und macht ihm einen Heiratsantrag. Jack und sein Doppelgänger wehren in unterschiedlichen Facetten einer narzisstischen Abwehr dieses Beziehungsangebot ab: Jack weicht ihren Gesprächsversuchen aus, während sein Doppelgänger Tyler sie auf ein Sexobjekt reduziert. Jack kann Marla nicht als Frau wahrnehmen, so wie er sich selbst nicht als Mann erlebt. Als Marla Jack bittet, ihre Brust auf Anzeichen eines Tumors zu untersuchen, und ihn fragt: »Du fühlst nichts?«, antwortet Jack, die Hand auf ihrer Brust, doppeldeutig: »Nein, gar nichts.«

Jack ist gespalten in sein genitales Begehren und in seine Angst vor der phallischen, destabilisierenden Mutter. Marla aktiviert seine mangelhafte trianguläre ödipale Situation. Da er Marla und Tyler nie gemeinsam anwesend erlebt, fühlt er sich in die Kindheit zurück geworfen: »Ich bin wieder sechs Jahre alt und übermittle Botschaften zwischen meinen Eltern.« Er stand zwischen den Eltern, nicht der Vater zwischen ihm und der Mutter. Marla wird zur bedrohlichen, verschlingenden Mutter, vor der Jack ins homosexuelle Männerritual flüchten muss.

Bevor sich Jack der Tatsache bewusst wird, dass Tyler eine von ihm geschaffene Projektion und Halluzination ist, lehnt er sich gegen dessen Führung auf. Ein Schlüsselmoment dafür, dass Jack Tylers entindividualisierender Philosophie nicht länger folgen will, findet sich in der Szene, in der die Mitglieder nach einem vandalistischen Auftrag einen Toten, Bob aus der Selbsthilfegruppe, mit nach Hause bringen und im Garten vergraben wollen. Auf Jacks Einwand hin, Bob sei kein Beweisstück, sondern »ein Mensch, mein Freund«, erwidert ihm eines der Mitglieder: »Aber Sir, wir, wir haben beim Projekt Chaos keine Namen.« An diesem Punkt bricht Jack mit Tylers Werten und bekennt sich zu seinen eigenen: »Das ist ein Mensch, und er hat einen Namen. Er heißt Robert Paulson, okay!«

Jack stellt eigene Regeln auf und gibt dem Toten in einem symbolischen Akt seine Individualität wieder. Jacks Worte werden jedoch unverzüglich von allen Space Monkeys monoton wiederholt; damit erlebt sich Jack neu als idealisierten Anführer in der Rolle von Tyler. Dieser verschwindet, und Jack wird von der Umgebung nun plötzlich als Tyler wahrgenommen. Jack erkennt dies fassungslos, erzählt Marla davon und bestreitet, dass er Tyler sei. Und Marla, die Jack unter dem Namen Tyler liebt, ist fassungslos und wendet sich ab. Die psychotische Krise spitzt sich zu, Jack beginnt, seine Psychose zu ahnen. Er beginnt, am Realitätscharakter seiner Doppelgängerhalluzination zu zweifeln.

Nun durchläuft Jack einen Prozess der Erkenntnis, an dessen Ende er sich bewusst wird, Tyler als sein Ideal-Ich selbst geschaffen, halluziniert und geglaubt zu haben. Aufgrund seines ersten Verdachts und der Tatsache, dass er Tyler nicht finden kann, durchsucht Jack das Haus und findet Flugtickets von Tyler. Er fliegt die Städte ab und zieht auf der Suche nach Tyler durch die dortigen Bars, er bekommt keine Antworten und fragt sich schließlich: »Ist Tyler mein Albtraum oder bin ich seiner?« Seine Reise durch die Städte kommt Jack wie ein »Zustand permanenter Déjàvus« vor, er hat das Gefühl, »immer genau einen Schritt hinter Tyler« zu sein. Dann aber hört er in einer Bar auf seine Frage: »Was denken Sie, wer ich bin?«, die Antwort: »Sie sind Mr. Durden.« Jack ist schockiert und will absolute Sicherheit über seine Beziehung zu Tyler. Diese Sicherheit kann er nur über Marla als drittes, nicht gespiegeltes Element, das zwischen ihm und Tyler steht, erlangen und ruft sie an. Sie bestätigt, dass sie mit ihm geschlafen hat und nennt ihn schließlich Tyler Durden.

In diesem Moment ist Jack sicher, dass Tyler eine von ihm geschaffene Halluzination ist. Dieser sitzt ihm in der Ecke des Zimmers gegenüber und spricht die Einsicht, zu der Jack gekommen ist, laut aus: »Du hast einen Weg gesucht, dein Leben zu verändern, und allein hast du es nicht geschafft. Alles, was du immer sein wolltest, das bin ich.« Die Tatsache, dass Jacks Ideal-Ich und nicht Jack selbst dies ausspricht, verdeutlicht, wie sehr Jack trotz der Einsicht in den halluzinatorischen Charakter seines Doppelgängers immer noch zerrissen ist. Die innere Zerrissenheit erreicht ihr Maximum, als Tyler Jack auffordert, Marla zu töten, und Jack sich weigert. Er erkennt seine Gespaltenheit und realisiert, dass er als Tyler es war, der die Space Monkeys angestiftet hatte, Marla zu verprügeln. Marla ratifiziert diese Erkenntnis und sagt ihm ins Gesicht, dass er auch Tyler ist.

Noch schreckt Jack vor der völligen Aufgabe der Spaltung und vor der Integration von Liebe und Hass zurück. Er setzt Marla in einen Bus, um sie vor seiner Destruktivität zu schützen, und rennt los, um sich verhaften zu lassen. Der Film macht es uns nicht leicht, da uns Fincher oft in Jacks Kopf sitzen und das Geschehen mit dessen gespaltenen Augen sehen lässt: Geduldig hört sich der Polizeileutnant Jacks verworrenes Geständnis an und verlässt den Raum, wohl um mit einem Psychiater zu telefonieren. Dann halluziniert Jack die Überwältigung und den Kastrationsversuch durch die anderen Polizisten. Er rennt durch die Stadt, um die von ihm als Tyler in Gang gesetzte Sprengung der Hochhäuser zu verhindern. Er trifft auf Tyler, der hinter einer Glaswand steht, sieht die Trennwand nicht – eine letzte dünne Spaltungsgrenze besteht noch. Jack zerschießt das Glas, findet in der Tiefgarage den Lieferwagen mit dem Sprengstoff und entschärft trotz Tylers Einwänden den Zünder im letzten Moment. Tyler schließt den mit Sprengstoff geladenen Wagen ab und wirft den Schlüssel weg, worauf Jack auf Tyler schießt. Doch dieser bleibt unverletzt, und noch einmal kommt es – diesmal nicht im Zeichen der Identifikation und Idealisierung, sondern aus blankem Hass – zum Fight Club zwischen Jack und Tyler. Tyler ironisiert diese Schlussszene mit der Bemerkung »flashback humor«. Dann hört man Marlas Stimme von der Straße her.

Jack löst seine Doppelgängerpsychose auf, indem er sich selbst als Subjekt erkennt und Tyler als sein halluziniertes Ideal-Ich tötet, also dessen Realitätscharakter vernichtet. Die Waffe spielt die Rolle des nicht gespiegelten dritten Objekts. Zunächst ist Jack das Objekt, auf das Tyler die Waffe richtet, er ist ihm ausgeliefert. In dieser Situation der Dualität zwischen Jack und Tyler stellt die Waffe das dritte, nicht gespiegelte Element dar. Dass sie nur einmal vorhanden ist, realisiert auch Jack und sagt zu Tyler: »Nein, du bist nicht real, die Waffe ist gar nicht in deiner Hand, die Waffe ist in meiner Hand.« Dann blickt Jack an sich hinunter, und der Fokus der Kamera folgt seinem Blick, bis die Waffe in seiner rechten Hand deutlich zu sehen ist.

Jack hat also erkannt, dass nur die Waffe real existiert und ihn »angeblickt« hat. Somit ist er zum Subjekt geworden, das die Waffe in der Hand hält. In der nächsten Einstellung sieht man nun Tyler, der dahin blickt, wo aus Sicht des Zuschauers Jack die Waffe halten müsste. Der Fokus der Kamera folgt Tylers Blick jedoch nicht, die Waffe wird nicht sichtbar. Daraufhin blickt Tyler, der Jack gegenüber sitzt, auf seine linke Hand, die offensichtlich leer ist, und verstärkt durch ein kurzes Zucken der Hand den Eindruck der Abwesenheit der Waffe. Lacans Theorie zufolge ist Tyler kein Subjekt, da er nicht von dem realen Objekt, der Waffe, angeblickt wird, sondern nur von seiner eigenen leeren Hand.

Anschließend hält Jack die Waffe an seinen Kopf. Um Tyler loszuwerden, muss er diesen ein letztes Mal wahrnehmen, und so sagt er, kurz bevor er sich selbst in die Wange schießt: »Meine Augen sind offen«, und blickt Tyler an. Jack schießt sich in den Mund, wissend, dass er sich damit zwar verletzt, aber nicht umbringt, sondern nur seinen Doppelgänger, die Objekthaftigkeit seines Idealbilds, tötet. Er akzeptiert damit sein eigenes Leiden, seine eigene Kastration, sein Verletztsein; er sucht nicht mehr die perfekte Idealität in der imaginären Beziehung und ist offen für die Beziehung zum Anderen und damit auch zum anderen Geschlecht, zu Marla, die ihn zärtlich umsorgt.

Hand in Hand, als Paar, betrachten sie die Hochhäuser, die um sie herum einstürzen. Und wir sehen, kurz eingeblendet, aber deutlich, einen in den Film hineingeschnittenen Penis als Imagination der phallischen Metapher, des Mangels, der Sprache, welche die Menschen verbindet. Jack hat das Spiegelstadium vollendet und trianguliert, in dem er in die symbolische Ordnung aufsteigt. Der Andere im Spiegel, das ist sein Spiegelbild, seine Imagination, die er als Fantasieprodukt anerkennt und damit in die symbolische Ordnung aufsteigt. Er ist jetzt fähig, seine Mangelhaftigkeit zu erkennen und zwischen Perfektionsfantasien und -wünschen einerseits und den inneren und äußeren Realitäten anderseits zu unterscheiden. Er ist ein gewöhnlicher Mann mit Stärken und Schwächen, kann eine Frau lieben und die Liebe einer Frau annehmen.

Selbstverständlich laufen die Dinge – eine weitere Ironisierung des Mediums – im realen Leben nie so plakativ und imaginär ab wie im Film, der nur eine kurze dramatische Entwicklung zeigt: einen, wie Jack am Schluss zu Marla sagt, »sehr seltsamen Moment im Leben«.

Literatur

Fink, Bruce (2005): Eine klinische Einführung in die Lacansche Psychoanalyse. Wien (Turia+Kant).

Fink, Bruce (2006): Das Lacansche Subjekt zwischen Sprache und Jouissance. Wien (Turia+Kant).

Lacan, Jacques (1966): Le stade du miroir comme formateur de la fonction du Je. In: Lacan, Jacques: Ecrits. Paris (Seuil), S. 93–100.

Ort, Nina (2004): Where is my mind? Where is my mind? Where is my mind? Zur Popularität des Films »Fight Club« in der Postmoderne. In: Scheffer, Bernd & Jahraus, Oliver: Wie im Film – Zur Analyse populärer Medienereignisse. Bielefeld (Aisthesis), S. 101–116.

Palahniuk, Chuck (1996): Fight Club. New York (Norton).
Talkenberg, Laura (2007): »Fight Club« als Illustration des Spiegelstadiums. Medienobservationen. www.medienobservationen.lmu.de/artikel/kino/talkenberg_fightclub.html (16.9.2008).
Uhls, Jim (1998): Fight Club. Fotokopiertes Drehbuch.
http://de.wikipedia.org/wiki/David_Fincher (22.11.2008).

Das Unbewusste kennt keine Zeit
The Hours, Stephen Daldry, USA 2003
ANDREA KAGER

Einführung

The Hours galt anfänglich als unverfilmbar. Das Drehbuch von David Hare beruht auf der Vorlage des gleichnamigen Romans von Michael Cunningham aus dem Jahr 1998, der sich wiederum auf Virginia Woolfs Roman *Mrs. Dalloway* von 1925 bezieht. Virginia Woolf, eine große Verehrerin von James Joyce, bedient sich in *Mrs. Dalloway* der von Joyce entwickelten Technik des »Stream of Consciousness«, vergleichbar mit der freien Assoziation in der Psychoanalyse. Erzählt und verdichtet wird die Bedeutung eines einzigen Tags im Leben einer Person, »and in this day, a whole Life« (Flemming 2004, S. 1).

Stephen Daldry, einem bekannten Theaterregisseur und Direktor des Royal Court Theatre in London, gelang es 2003, die Romanvorlage filmisch umzusetzen. *The Hours* beginnt in den 20er Jahren mit einem Tag im Leben von Virginia Woolf beim Schreiben von *Mrs. Dalloway*. Dann sehen wir Laura Brown, eine Hausfrau im Los Angeles der 50er Jahre, die sich mit *Mrs. Dalloway* aus ihrem unglücklichen Leben wegliest. Schließlich folgt ein Tag im Leben der erfolgreichen Verlagslektorin Clarissa Vaughan 2001 in New York. Sie lebt, zeitlich verschoben, einen Ausschnitt des Romans und gibt wie Mrs. Dalloway, die Hauptfigur von Woolfs Roman, eine Party für ihren todkranken ehemaligen Geliebten.

Genau wie Mrs. Dalloway werden auch Laura und Clarissa die Doppelbödigkeit und das Lügenhafte ihres Lebens bewusst. Als Grundstruktur dient der eine Tag im Leben der drei Frauen – den Prolog ausgenommen. *The Hours* erscheint wie ein reich bestücktes Spiegelkabinett, in dem jeder Charakter den anderen bricht und spiegelt, und das zeigt, was geschieht, wenn die Spiegelung verzerrt ist oder misslingt (Charles 2004).

Kommentar

In *The Hours* wird viel verloren. Die Liebe, sofern sie überhaupt möglich ist, und das eigene Ich scheinen ständig gefährdet, und damit auch das Leben. *The Hours* zeigt uns die verschiedenen Schweregrade und Variationen menschlichen Leids. Obwohl der Film von einer düsteren Stimmung beherrscht wird, betont Daldry, dass alle drei Frauen nach dem Licht am Ende des Tunnels suchen, der sich allerdings als sehr dunkel herausstellt (Dahl 2004). Ich habe für meine Interpretation des Films die Frage des Scheiterns und die Frage nach den Ursachen des Leids in den Vordergrund gestellt und versucht herauszufinden, welcher Art das Licht am Ende des Tunnels ist. Ich beginne mit Virginia Woolf.

Virginia, die Schreibende

Virginia ist der schwierigste Charakter, weil sie eine fiktive Rekonstruktion einer realen Person ist, über die wir sehr vieles wissen (Sheehan 2004, S. 416). Ich werde mich deshalb ausschließlich auf die fiktive Virginia beziehen. Im Prolog sehen wir Virginia am letzten Tag ihres Lebens. Ihr tragischer Tod, der den Auftakt und das Ende von *The Hours* bildet, folgt Jahrzehnte nach dem Verfassen und Erscheinen von *Mrs. Dalloway*. Der Krieg wütet, der Tod ist allgegenwärtig. Die Auseinandersetzung mit den Traumata ihrer Vergangenheit bringen die psychisch schwer erschütterte Virginia an ihre Grenzen. Sie hat Angst, dass ihre Psychose zurückkehrt, und weiß, dass es diesmal kein Zurück mehr gibt. Stimmen plagen sie, der »Teufel« Kopfschmerz ist zurück; sie beschließt zu sterben und nimmt sich in der vierten Märzwoche 1941 im Fluss Ouse das Leben. Die Steine, die sie sich in die Taschen steckt, verdeutlichen, dass sie sich keinen Fehler erlauben will. Virginia will sicher gehen, dass sie stirbt. Sie glaubt nicht, dass sie dem Wahnsinn noch einmal entkommt. Das Schreiben als Versuch einer Selbstreparation genügt nicht mehr. Der Abschiedsbrief an ihren Mann Leonhard sagt uns, dass sie alles Glück in ihrem Leben ihm verdankte und dass zwei Menschen nicht hätten glücklicher sein können, als sie es waren (Cunningham 2001, S. 11ff.).

Ihr Tod durch Ertrinken vermittelt uns jedoch noch anderes. Er zeigt die Ambiguität zwischen Schuld und Protest, die dem suizidalen Akt inne ist und sowohl auf Selbst- als auch auf Fremdaggression hinweist; unter ihr hat Virginia ihr Leben lang gelitten. Wir blenden zurück und sehen die ätherische Nicole Kidmann als Virginia Woolf, talentierte und herausragende Schriftstellerin ihrer Zeit, schön, lebenshungrig, egozentrisch. Wir sehen sie als Schatten ihrer selbst, kontrolliert und behütet. Ein Leben im Stundentakt. Verlangsamte und gleichsam überhastete Bewegungen, nachlässige Kleidung und Frisur, Appetitlosigkeit, Angst vor den Dienstboten, Angst vor dem Leben, das sie führt, unter ständiger Bedrohung von der Rückkehr der Stimmen und dem überall lauernden Kopfschmerz. Sie lebt mit ihrem Mann Leonhard in einem ruhigen Vorort von London, in Richmond, abgeschirmt von allen Aufregungen und Zerstreuungen des Großstadtlebens, nach denen sie sich sehnt und die, gemäß den Heilvorstellungen der damaligen Zeit, Gift für ihre Gesundheit sind. Ihr Mann kontrolliert ihren Alltag. Er beschützt und erstickt sie gleichzeitig. Virginias latenter, kaum kontrollierbarer Ärger über ihren Mann und über die Dienstboten, die in ihren Augen nicht nur Wohltäter, sondern auch Wächter und Wärter sind, ist immer präsent.

Der Besuch ihrer Schwester Vanessa, die all das hat, wonach sich Virginia so sehr sehnt – London, die Freiheit, Gesellschaft, anregende Diskussionen und Kinder – verdeutlicht Virginias Dilemma. Denn London steht auch für den dunklen, tückisch funkelnden Irrsinn (Cunningham 2001, S. 161ff.). Virginia fühlt sich als Gefangene. Ihre unverhohlene Rebellion gegen dieses Diktat zeigt sich am eindrücklichsten in der Bahnhofsszene: Virginia möchte zurück nach London. Richmond steht für die erstickende Atmosphäre der Vorstädte; sich für Richmond entscheiden heißt sterben. Leonhard hat mit seiner Besorgnis vollkommen recht und gleichzeitig auch furchtbar unrecht. Er kennt Virginia und kennt sie doch überhaupt nicht. Sie lebt gerade nicht – wie ihre Schwester beschönigend meint – zwei Leben, sie führt vielmehr ein einziges Leben, das sich auf zwei Ebenen bewegt, die eine ist die ihrer Krankheit, die andere die des Paraphrasierens und Übertragens des Erlebten auf das Distanzierte: auf die Figuren ihrer Bücher. In Virginias Wissen um die Trostlosigkeit ihrer Situation und in ihrer Begabung, diese zu verfremden und explizit auszudrücken, zeigen sich die Gefühlswelten und die Verlorenheit der anderen Hauptcharaktere. Virginia ist auch Laura und Richard und Clarissa.

Laura, die Lesende

Wir lernen Laura Brown als junge schwangere Mutter im Los Angeles der 50er Jahre kennen. Sie ist verheiratet mit Dan, einem Kriegshelden, und Mutter des fünfjährigen Richie. Dan hat Geburtstag. Das Interieur, der Garten, die Autos – alles scheint neu, wohl geordnet, kein Kratzer im Lack. Unbehagen beschleicht uns. Etwas stimmt nicht. Lauras Augen sind leer und traurig, ihr Gesicht ist maskenhaft. Traumwandlerisch abwesend und depressiv bewegt sie sich in der vertrauten Umgebung. Laura, so wird uns nach und nach klar, führt ein Leben »als ob« (Sheehan 2004, S. 417). Das Familienleben erscheint uns als Bühne, und Laura, die Hauptprotagonistin, spielt eine Rolle, die den Wunschprojektionen ihres Ehemanns entspricht. »Sie haben es verdient, die Männer – uns und all das hier«, sagt Laura im Film. Was sind ihre Wünsche? Solange ihr Ehemann da ist, scheint es für sie leichter zu sein, ihre Rolle als Mutter und Ehefrau aufrechtzuerhalten. Allein verliert sie die Richtung und weiß nicht mehr genau, wie eine Mutter zu handeln hat. Ihr mühsam unterdrückter Ärger und ihre Not werden deutlicher, der kleine Richie ist einziger Zeuge. Es gelingt Laura nicht, ihren Sohn gelöst anzulächeln. Die Anspannung, mit der sie versucht, ihre Rolle als Ehefrau und Mutter zu erfüllen und ihre inneren Abgründe zu verbergen, tut psychisch und physisch fast weh.

Laura versucht, ihre innere Leere und Verzweiflung vor Dan zu verbergen. Sie fühlt sich schuldig dafür, dass sie nicht lieben kann und nicht glücklich ist mit all dem, was er ihr gibt, und sie versteht nicht, warum er – wie auch ihr Sohn Richie – immer mehr vom immer Gleichen will: von Lauras Liebe. Aber genau diese Liebe kann Laura nicht oder nicht genügend geben. Die Bedürfnisse ihres Mannes und ihres Sohnes, ihre Abhängigkeit und ihre Liebe bereiten ihr Unbehagen. Immer wieder kommt es zu Umkehrungen. Dan kauft ihr an seinem Geburtstag Blumen, der kleine Richie – ein Kind, das niemals lacht – versucht, sie am Leben zu erhalten, indem er ihr zu verstehen gibt, wie sehr er sie liebt. Dan und ganz besonders auch Richie scheinen unbewusst zu spüren, dass Laura sie verlassen wird, sie in gewisser Weise innerlich bereits verlassen hat und vermutlich nie wirklich da war.

Dies zeigt sich eindrücklich in der Tortenbackszene. Der Zustand der »Liebe« zu ihrem Ehemann wird symbolisiert durch eine Torte, deren Backen nicht gelingen will. Als Lauras kleiner Sohn sie fragt, warum sie Daddy denn eine Torte zum Geburtstag backen würden, antwortet Laura nur, dass sie das täten, damit er wisse, dass sie ihn lieben. »Otherwise he wouldn't know we love him?«, fragt Richie. Lauras schlichtes »Yes« sagt mehr als tausend Worte über sie und ihre Ehe. Als die Torte misslingt, wird Laura suizidal. Richie, dem geradezu unheimlich bewusst zu sein scheint, was in seiner Mutter vorgeht, schaut sie immer wieder eindringlich an und versucht auf diese Weise, die unsichere Bindung zu ihr aufrechtzuerhalten.

Doch Laura kann Richies Ängste nicht auffangen. Wie ein Schiff ohne Steuermann schlingert sie dahin, begleitet von der ständigen ängstlichen Aufmerksamkeit ihres Sohnes, der sie zu lesen scheint wie ein offenes Buch. Nach dem Besuch von Kitty entscheidet sich Laura auszubrechen. Ihrem Leben enthoben liegt sie im Bett eines Hotelzimmers, das in seiner anonymen Aufgeräumtheit und Leere ihrer Wohnung entspricht und ein Spiegel ihres Inneren zu sein scheint. Identifiziert mit Virginia Woolf, denkt sie über einen Suizid nach und ertrinkt, die Tabletten neben sich, in ihrer Vorstellung vom Tod. Es könnte so tröstlich sein, aber Laura schreckt hoch. Sie entscheidet sich anders. Sie bringt es nicht über sich, streichelt gedankenverloren ihren schwangeren Bauch. Sie, die Frau, die den Tod liebt, entschließt sich stattdessen, »ihre Familie zu töten«. Sie wird sie nach der Geburt ihres zweiten Kindes verlassen.

Clarissa und Richard

Clarissa erscheint als die stabilste der drei weiblichen Charaktere. Sie ist eine erfolgreiche Lektorin, lebt in einer in die Jahre gekommenen Beziehung mit Sally, einer TV-Produzentin, und hat eine vaterlose Tochter, Julia. Wir erfahren, dass sie mit 18 Jahren für einen Sommer eine Liebesbeziehung mit Richard hatte, der ihr den Namen Mrs. Dalloway gab und sie für seinen Freund Louis verließ. Diese Liebesbeziehung erscheint ihr im Nachhinein als Inbegriff des Glücks.

Wie Mrs. Dalloway zu Beginn des gleichnamigen Romans treffen wir Clarissa, als sie sich entschließt, die Blumen für die am Abend geplante Party selbst zu besorgen. Richard erhält einen namhaften Literaturpreis für sein Lebenswerk, in dem nicht nur Clarissa, sondern auch sein Freund Louis und vor allem seine Mutter als fiktionale Charaktere verewigt sind. Clarissas Leben ist eng mit jenem von Richard verbunden. Schwer an Aids erkrankt, wird Richard von Clarissa gepflegt und ist in seiner Alltagsroutine vollkommen von ihr abhängig. Aber auch Clarissa zeigt starke Züge der Abhängigkeit: Richard belebt sie, rüttelt sie auf und ist ihr strengster Kritiker. Er weiß um die Leere im Leben seiner Freundin: »Oh, Mrs. Dalloway, always giving parties to cover the silence!« Er weiß auch um ihre schwierige und ambivalente Beziehung zu ihm und zu ihrer Lebenspartnerin Sally.

Richard erkennt, dass für Clarissa nicht ihr eigenes Leben im Vordergrund steht, sondern dass sie in der Fürsorge für ihn und andere versucht, ihren Lebensinhalt zu finden und die vermeintliche Banalität ihres Daseins zu überdecken. »People stay alive for each other«, meint Clarissa mit Verzweiflung in der Stimme. Clarissa ist unglücklich und fühlt sich von Richards Todeswünschen, dem damit drohenden Verlust und ihren eigenen narzisstischen Bestrebungen emotional überfordert. Sie will leben und eine perfekte Gastgeberin sein, und sie verleugnet damit ihre Abhängigkeit, ihren Ärger und ihre Trauer. Aber das Abgewehrte bricht durch und zeigt sich in dem kurzen emotionalen Kollaps, den sie erleidet, als Richards Exfreund überraschend bei ihr auftaucht. Am Ende des Treffens erzählt dieser, dass er sich frei fühle, seit er das lange und aussichtslose Projekt, von Richard geliebt zu werden, aufgegeben habe. Auch Clarissa wird sich wider Erwarten nach Richards Tod frei fühlen.

Richards Unfähigkeit zu lieben resultiert aus seiner Geschichte. Spätestens in der Szene, in der er, schwer gezeichnet von seiner Krankheit, das Hochzeitsfoto seiner Mutter betrachtet, wird uns bewusst, dass Richard der kleine Richie, Laura Browns verlassener Sohn, ist. Dieser Verlust prägt Richards weitere Entwicklung. Genau wie Virginia versucht er, sein Trauma literarisch zu verarbeiten. Die Mutter ist seine Obsession, er betet sie an und verachtet sie gleichzeitig. Sein Werk endet abrupt mit ihrem Tod und repräsentiert damit sowohl seine Todeswünsche ihr gegenüber als auch sein unbewusstes Wissen als Kind um ihre Suizidalität (Sheehan 2004, S. 420). Richard ist damit durch die verschiedenen Ebenen des Geschehens hindurch das verbindende Element. Er ist Lauras Sohn, doch in ihm lebt auch Virginia Woolf, und außerdem entsprechen er und Clarissa zwei Figuren in ihrem Roman.

Auch ist es Richard, der Poet, der sich nach dem Blick auf das Foto seiner Mutter umbringt, nicht ohne vorher Clarissa mit den Worten Virginias zu versichern, »dass es keine zwei Menschen gegeben hat, die glücklicher hätten sein können« (Cunningham 2001). Richards Suizid ist der konsequente Endpunkt eines Lebens, das von Selbstdestruktivität durchdrungen war. Richard hatte keine stabilen inneren schützenden Objekte. Lauras tonlose Stimme, ihre Kälte und fehlende Spontanität, die Art, wie sie den kleinen Richie zu überzeugen suchte, dass seine Sorgen ihr gegenüber unbegründet seien, die Doppeldeutigkeit ihrer Botschaft und die damit verbundene Negation der Wahrnehmung ihres Sohnes zusammen mit dem finalen Verlust ihrer Person, seinem ersten Liebesobjekt, haben ganze Arbeit geleistet. Richard konnte nicht jene Art von Trauer entwickeln, die es ihm ermöglicht hätte, den Verlust seiner Mutter mit der Zeit zu verarbeiten. In seinen späteren Beziehungen wiederholt er sein frühes Trauma, indem er mit allen bricht, die seine Bedürfnisse hätten erfüllen können. In diesem Sinn kann der Suizid als die einzige befriedigende Rache gegen das verinnerlichte Mutterbild verstanden werden und spiegelt damit Richards Hass auf seine Mutter.

Der Schluss

Laura erscheint überraschend zum Begräbnis ihres Sohns, dessen Leben und Schreiben sie aus sicherer Distanz verfolgt hat. Sie hat als einzige ihre Familie überlebt, ist versteinerte Zeugin des Grauens, das sie durch ihr Weggehen ausgelöst hat. Sie ist sich absolut sicher, dass sie die richtige Wahl getroffen hat. Es war eine Wahl auf Leben und Tod.

Wir können davon ausgehen, dass Lauras Bedürfnisse nach Geborgenheit und Liebe in ihrer Kindheit wohl ebenfalls nicht erfüllt wurden, die wesentlichen Faktoren elterlichen Behütetseins gefehlt hatten und Lauras Fähigkeit zu lieben sich nicht entwickeln konnte. Dass in jenen wesentlichen Stunden, Tagen und Jahren der frühen Kindheit, die es braucht, um eine Persönlichkeit zu entwickeln, die in der Lage ist, andere zu lieben – dass in jenen Stunden, Tagen und Jahren niemand da war (Sheehan 2004, S. 420). Der Spiegel ist brüchig und mit ihm das weitere Leben und die Liebe in all ihren Facetten.

Literatur

Charles, Marilyn (2004): The Hours: between safety and servitude. The American Journal of Psychoanalysis, Vol. 64. No. 3, 305–319.
Cunningham, Michael (2001): Die Stunden. München (Luchterhand).
Dahl, Gloria (2004): Qualitative Film-Analyse: Kulturelle Prozesse im Spiegel des Films. www.qualitative-research.net/fqs-texte/2-04/2-04dahl-d.htm (22.06.2008).
Flemming, Schock (2004): »And in this day, a whole life«. www.cinematt.ch/Filme/Hours/Filmspiegel/Kritik (22.06.2008).
Sheehan, Maureen (2004): The Hours: the »as-if« personality and problems of loving. Journal of Analytical Psychology, 49, 413–420.
Woolf, Virginia (1997): Mrs. Dalloway. Frankfurt (S. Fischer).

Das achte Weltwunder
King Kong, Merian C. Cooper/Ernest B. Schoedsack, USA 1933

MIRNA WÜRGLER

Einführung

Die Regisseure Merian C. Cooper und Ernest Schoedsack waren beide Kampfpiloten im Ersten Weltkrieg und lernten sich in Wien kennen, wo eine produktive Freundschaft begann. Zusammen drehten sie vorerst drei halbdokumentarische Abenteuerfilme. *Chang* (1927) ist das zum größten Teil dokumentarische Porträt einer im thailändischen Dschungel lebenden Familie. Cooper und Schoedsack arbeiteten zwei Jahre lang mit den Dorfbewohnern zusammen und setzten sich für die Filmaufnahmen erheblichen Gefahren aus. In einer inszenierten Szene überrennt eine Elefantenherde ein Dorf. Unschwer kann man einzelne Sequenzen des späteren *King Kong* bereits in diesem Werk erkennen.

1932 wagte sich Schoedsack alleine vor und drehte, in denselben Dschungelkulissen, in denen ein Jahr später *King Kong* entstehen sollte, *Graf Zaroff – Genie des Bösen*. Der Film *King Kong* lässt sich in das damals entstehende Genre des Horrorfilms einreihen; seine berühmtesten Vorgänger waren *Dracula* (1930) und *Frankenstein* (1931), die beide in den USA entstanden. Für das Drehbuch von *King Kong* wandte sich Cooper an den damals in Hollywood lebenden englischen Krimiautor Edgar Wallace. Leider verstarb Wallace, bevor die gemeinsam ausgeheckte Geschichte zu Papier gebracht worden war. Die Dialoge zu *King Kong* schrieb schließlich Schoedsacks Frau Ruth Rose.

King Kong ist ein Meilenstein in der Entwicklung der Filmtechnik.

Kong wirkte für damalige Verhältnisse dank der neu entwickelten Stop-Motion-Technik, die sich bei Trickfilmen nach wie vor großer Beliebtheit erfreut, äußerst lebensecht. Dabei werden die Spielfiguren mit jeweils leicht veränderten Positionen in Einzelbildern aufgenommen, bis aus den zusammengefügten Filmfotografien der Eindruck einer Bewegung entsteht. Neu war auch der Einsatz der Filmmusik: Erstmals wurden Dialoge musikalisch untermalt. King-Kong-Komponist Max Steiner schrieb später auch die Musik zu anderen berühmten Filmen wie *Vom Winde verweht* (1939) und *Casablanca* (1942). *King Kong* war so erfolgreich, dass er die US-amerikanische Filmproduktionsfirma RKO Radio Pictures vor dem drohenden Bankrott rettete.

King Kong wurde nach 1933 mehrmals neu verfilmt, das erste Mal von Ernest Schoedsack selbst (*Panik um King Kong*, 1949). Die beiden bekanntesten Remakes drehten John Guillermin 1976 mit Jessica Lange und Peter Jackson 2005 mit Naomi Watts in der Rolle von Ann Darrow.

Kommentar

Wem gebührt der Pokal?

Schauplatz New York: Bevor die Journalisten das achte Weltwunder zu Gesicht bekommen, befragen sie Ann, wie sie sich denn aus den Klauen des Monsters habe befreien können. »Jack hat mich allein gerettet, alle anderen sind umgekommen«, erklärt sie den staunenden Pressevertretern. Jack aber reicht den Pokal dem Abenteuerfilmer Carl Denham weiter: Er, Denham, habe Kong mit einer Bombe lahm gelegt, während alle anderen wie Angsthasen weggerannt seien. Als die Presse Denham als Helden feiern will, verweist dieser jedoch wieder auf Ann: Sie sei die wahre Heldin, hätte Kong doch ohne sie niemals gefangen werden können. »Die Schöne und das Biest«, folgert ein Reporter, und Denham bestätigt: »Genau dies ist die Geschichte!« Dass genau dies die Story sei, will der Abenteuerfilmer Carl Denham uns mehr als einmal weismachen. Wer ist denn nun der wahre Held oder die wahre Heldin, und welche Geschichte wird hier erzählt?

Ich werde der Reihe nach drei ineinander verschachtelte Erzählungen vorstellen. Die erste Erzählung ist die innere Geschichte von Ann und Kong. Die zweite Erzählung, welche die erste einrahmt, ist die Geschichte von Denham und Kong. Die dritte Erzählung bildet den äußeren Rahmen und ist die Geschichte der Schöpfer King Kongs, Merian C. Cooper und Ernest Schoedsack, und ihrer Beziehung zum Film.

Zuvor möchte ich aber auf eine Bewegung im Film hinweisen, die je nach Sichtweise entgegengesetzt beschrieben werden kann.

Passage durchs Riff

Aus der inneren Logik des Films gesehen, verwandelt sich Kong von einer fantastischen Legende in schreckliche Realität. Vorerst verrät der Abenteurer Denham nicht einmal dem Schiffskapitän sein Reiseziel. Erst an einer von ihm bestimmten geografischen Position rückt er mit der Geschichte heraus. Der Kapitän und der Steuermann belächeln ihn erst und meinen, er habe sich von einem norwegischen Seemann einen Bären aufbinden lassen. Doch als sie auf der Insel Zeugen des Rituals der Eingeborenen werden, halten sie die Existenz Kongs für bestätigt. Ann in der Gewalt Kongs und ihre Befreiung geraten zum Horrorerlebnis statt wie geplant zum inszenierten Filmabenteuer. Der Schrecken wiederholt und steigert sich: In einem kühnen Schnitt – die lange Überfahrt von einigen Monaten wird ausgelassen – wird Kong nach New York gebracht. Dort sprengt er seine Ketten und bricht in das städtische Alltagsleben ein.

Versuchen wir, trotz der großen Suggestivkraft der Bilder einen Schritt zurück zu treten und die entgegengesetzte Bewegung wahrzunehmen. Aus einer zwar von Beginn an geheimnisvollen Unternehmung, die sich auf dem Schiff in einem einigermaßen normalen Rahmen abspielt, gelangen wir in eine immer magischere und märchenhaftere fiktive Welt. Auf der Insel tummeln sich seltsame gefährliche Urwesen, und mit dem Auftreten Kongs in New York wird seine Herkunft aus dem Reich der Fantasie noch deutlicher.

Die Passage durchs Riff zur Insel hin bildet den Übergang – im ersten Fall in die reale Geschichte, im zweiten in eine Art Traumwelt oder Traumzeit. Ich verstehe diese Passage als Annäherung an eine psychische

Realität, gezeichnet durch die Unschärfe der Grenzen im Nebel, durch die Gleichzeitigkeit von Ungleichzeitigem – Urzeitwesen, Stammesgesellschaft und urbane Abenteurer –, durch die Stärke der Emotionen, hervorgerufen von der erstmals einsetzenden Musik und dem Schlagen der Trommeln, und durch das Auftauchen von Religiösem in der Zeremonie.

Ann und ihr Monster

Im bislang jüngsten Remake von *King Kong* aus dem Jahr 2005 wird das Verhältnis zwischen Ann und Kong als Liebesgeschichte verstanden und bis über die Schmerzgrenze hinaus ausgereizt. Meine Interpretation ist eine andere: Kong ist kein verliebter Riesengorilla, sondern ein echtes Monster. Doch was ist ein echtes Monster? Ein Monster ist eine Ausgeburt der Fantasie, ein Wesen zusammengesetzt aus – psychologisch gesprochen – projizierten unintegrierten Objekt- und Selbstanteilen und angetrieben von ebenso unintegrierten Triebansprüchen, Ängsten und infantilen unbewussten Wünschen. Deshalb sind Monster Zwitterwesen. Der Kapitän meint, Kong sei dem Aberglauben der Eingeborenen entsprungen, ein König oder Geist, und Denham ergänzt, Kong sei weder Tier noch Mensch. Uns wird Kong als Geschöpf einer Urwelt vorgeführt, umgeben von längst ausgestorben geglaubten Dinosauriern. Wie alle Monster ist auch Kong dem gewaltsamen Untergang geweiht.

Für meine Interpretation betrachte ich den Film als eine Erzählung über Ann Darrow, in der die gesamte Handlung auf sie bezogen ist. Kong ist ihr Monster. Wie bei einer Trauminterpretation können verschiedene Figuren, Personen oder Personengruppen dabei auch als ihre Selbstanteile verstanden werden. Meine erste Idee war, dass hier eine Depression im Sinne einer verhinderten und unbewusst verweigerten Entwicklung beschrieben wird. Ann wird, als sie den Apfel der Erkenntnis verbotenerweise pflücken will, zum dritten Mal daran gehindert. Offenbar schafft sie es nicht und sagt zu ihrer Verteidigung: »Ich wollte, aber ich habe es nicht getan.« Deshalb wird sie zurück ins Paradies beordert, das sich aber wegen all der unverarbeiteten Erfahrungen in eine Hölle verwandeln wird. Es bleibt Ann nichts anderes übrig, als sich ihrem Monster zu stellen und das Angebot Carl Denhams anzunehmen, der sich als Retter in jener Not ausgibt, in die sie die Wirtschaftsdepression getrieben hat.

Auf der Überfahrt zur Insel gibt es eine ruhige Zeit, in der einerseits bei Probeaufnahmen die Begegnung mit dem Monster vorweggenommen wird und anderseits die Beziehung zu Jack Driscoll, dem ersten Steuermann und gleichzeitig auch ersten verlässlichen Objekt, entstehen kann; in Sturm und Not wird Jack das Steuer nicht mehr aus der Hand geben und Ann helfen, ihr Schiff in ruhigere Gewässer zu steuern. Für Ann beginnt das schreckliche Abenteuer, nachdem Jack ihr seine Liebe gestanden hat. Sie wird, da sie den Apfel der sexuellen Erkenntnis noch nicht gegessen hat, folgerichtig von den Eingeborenen entführt. Die Eingeborenen betrachte ich als Vertreter von Anns unverstandenen Introjekten, als Spuren oder Vorläufer noch nicht integrierbarer Objektbeziehungen, die Ann in die Welt ihrer urzeitlichen Ungeheuer entführen. Ann wird nun ihrem Monster ausgesetzt und geopfert.

Wir müssen uns dieses Monster etwa so vorstellen: Es setzt sich zusammen aus den grausamen mitleidlosen Aspekten in der Beziehung zu der als abwesend oder uneinfühlsam erlebten Mutter und aus den ebenso unverstandenen, erschreckenden Momenten in der Beziehung zum Vater. Ebenso enthält es Aspekte der vereinigten Eltern. Ann wird drei Mal Zeuge ihrer grausamen Kämpfe in der Urszene. Sie kann nur noch schreien, ist hilflos und ausgeliefert. Ihr Monsterobjekt ist überwältigend, in seiner Hand ist sie wie ein Spielzeug oder ein Phallus. Die Schreie könnten auch als das »inzestuöse Genießen«, das Verbleiben im schrecklichen Paradies, verstanden werden, wobei dieses Genießen als eine verweigerte Entwicklung und ein Gefangensein zu verstehen ist: Der Phallus des Anderen sein zu wollen heißt, sich dem Genießen des Anderen unterzuordnen (Fink 2005). Ann sagt zu Jack, sie sei es Carl Denham schuldig, das zu machen, was er von ihr wünscht, da er sie scheinbar aus ihrer Notlage befreit hat. Und – machen wir uns nichts vor – Carl wünscht sich die Schöne in den Fängen des Biests. Nur Jack, dem Steuermann, der Ann liebt, sich um sie sorgt, sie nie aufgibt und sie nicht für seine Gelüste opfert, ist es zu verdanken, dass Ann lebend von Kong getrennt wird und schließlich die Kraft findet, sich seiner zu entledigen und ihn töten zu lassen.

Welche Erfahrungen Ann in ihrer Vergangenheit gemacht hat und warum sie dieses Abenteuer durchlebt, wissen wir nicht. Wir erfahren nur, dass sie keine Verwandten hat – in unserer Lesart also keine hilfreichen inneren Objekte –, die sie in ihrer Not unterstützen könnten. Anns Geschichte genau zu kennen, ist auch nicht so wichtig, denn ihr Drama stellt eine Art psychische Standardsituation dar, was zur anhaltenden Faszination von *King Kong* beitragen mag.

Denham als Trickster

Der verwegene Filmemacher Carl Denham bricht auf, um einen Abenteuerfilm zu drehen, und diesmal soll – so verlange es das Publikum – eine schöne Frau in der Hauptrolle zu sehen sein. Denham glaubt von Beginn an an König Kong. Er portiert die Geschichte von der Schönen und dem Biest, nimmt die Begegnung in den Probeaufnahmen vorweg und setzt alles daran, dass sie sich auch inszeniert. Er ist ein Draufgänger, fürchtet sich vor nichts und spannt andere für seine Interessen ein. Ja, er schreckt nicht davor zurück, seine Gefährten und Ann Darrow in Gefahr zu bringen; er geht, wenn es für seine Ziele denn sein muss, auch über Leichen. Zugleich bleibt er seltsam unberührt von dem ganzen Drama, fühlt sich bis zuletzt als Held und wird auch als solcher bewundert. Er erscheint als derjenige, der das Biest gefangen hat, und nicht als derjenige, der es freigelassen und damit unzählige Menschenleben auf dem Gewissen hat. Offenbar kennt Denham weder Gewissen noch Furcht. Seine einzige Obsession sind die Schöne und das Biest. Wie ist das zu verstehen? Betrachten wir das Geschehen in Bezug auf Denhams Geschichte und Kong nicht als Anns, sondern als sein Geschöpf.

Um Denham auf die Spur zu kommen, vergleiche ich ihn mit der mythischen Gestalt des sogenannten »Trickster«. Ethnologen bezeichnen damit eine in zahlreichen Mythen vorkommende schillernde Figur, eine Art Schelm, die sich mit trickreichen – daher der Name – Geschichten durchs Leben schlägt. Der Psychologe und Biologe Norbert Bischof bezieht in seinem Buch *Das Kraftfeld der Mythen* (1998) die Sagengestalt des Tricksters auf eine psychische Entwicklungsaufgabe, die sich wie folgt zusammenfassen lässt: Die geistige Entwicklung im Schulalter lässt das Kind erkennen, dass Erwachsene nicht allmächtig sind. Die Eltern werden zu begrenzten Wesen, und dieser Schock muss verkraftet werden. Die Welt, die vorher in die Sicherheit der elterlichen Allmacht gehüllt war, füllt sich mit der Atmosphäre des Unvertrauten und daher Unheimlichen. Magische Praktiken werden eingesetzt, um das Weltgeschick zu beeinflussen. Autonomie wird in Tagträumen ausgelebt: Knaben entdecken fremde Welten und bestehen Abenteuer. Das eigene Wesen steht dabei im Zentrum von Ruhm und Bewunderung. »Jetzt ist man gewohnt, mit Geistern zu leben; man fürchtet sich nicht oder jedenfalls nur ein bisschen und man genießt, dass andere, auch Erwachsene, weniger immun gegen das Unheimliche sind als man selbst« (Bischof 1998, S. 464).

Diese geistige und psychische Entwicklung nimmt nun Züge des Tricksters an: Als Spezialist im Erproben und Anwenden immer neuer Bewältigungsstrategien bleibt er dennoch unerfahren und amoralisch und immunisiert sich gegen jedes Mitgefühl. Er verfügt zwar über Empathie, setzt diese aber nicht unbedingt zum Wohl der Mitmenschen ein, sondern stellt sie mitunter in den Dienst antisozialer Motive. Schadenfreude und Sadismus werden ausgelebt. Eine Hemmschwelle kann die Relevanz des Objekts darstellen. Mit der Unterdrückung dieser Relevanz versucht sich der Trickster jedoch die Welt vom Leibe zu halten. Die unvermeidliche Kollusion mit der Welt zeigt ihm schließlich, dass die Anderen doch nicht so irrelevant sind, wie er gemeint hat. In den Mythenerzählungen läutert sich der gefühllose, egoistische Trickster zu einem Wesen mit Gewissen und Verantwortung und entwickelt sich meist zum Wohltäter der Menschheit und zum Kulturbringer. Dabei muss er seine Unfähigkeit zur Furcht überwinden, denn diese ist das Tor zur Fähigkeit, das Böse zu erkennen und ein Gewissen zu entwickeln.

In dieser Beschreibung der Mythenfigur und der psychischen Figuration des Tricksters erkennen wir mühelos unseren Abenteuerfilmer Carl Denham. Auch er hat keine Angst, auch er benutzt soziale Beziehungen, um sie für seine Zwecke zu manipulieren. Er kann auch nicht lieben, denn wie Jacks Liebesgeständnis vor Augen führt, bedeutet Lieben nicht nur, Angst um das Objekt zu haben, sondern sich auch die Angst vor dem Objekt – vor der Liebe – einzugestehen. Denham sieht die Liebe zwischen Jack und Ann nicht gern. Schließlich hat er sich aufgemacht, ein »Mädchen« zu suchen, und zwar mit den Worten: »… und wenn ich es heiraten müsste«. Er hat Ann zwar weder Ehe noch Liebe versprochen, dafür aber Ehre, Ruhm und Abenteuer. Nie und nimmer könnte er ihr seine Liebe gestehen.

Denham hat eine andere Fantasie, und jetzt wird auch deutlich, warum er auf der Geschichte von der Schönen und dem Biest beharrt: Der Abenteuerfilmer fantasiert, er selbst würde die Schöne entführen, und sie wäre dermaßen hingerissen von seiner Stärke und seinem Mut im Kampf gegen all die Ungeheuer, die sie bedrohen, dass sie sich in ihn verlieben würde. Da dies aber nicht geschieht, Ann sich nicht in Kong verliebt und der langweilige Jack weiterhin ihr Favorit bleibt, verwandelt sich die Fantasie von der Liebe zwischen der Schönen und dem Biest in die Fantasie der Gefangenschaft dieses unzeitgemäßen Wesens, seines wütenden Aufbegehrens, seines Leids und seines Heldentods. Kong als alter Ego des Tricksters Denham lebt seine sadistischen und antisozialen Tendenzen voll aus. Als Urzeitaffe lässt er keine Relevanz des Sozialen zu, nur Ann wird als einziges relevantes Objekt verschont. Kurz vor seinem Tod befühlt Kong das Blut, das aus seinen Wunden fließt; sein Ausdruck ist vorerst mehr ein Erstaunen, lässt aber eine Ahnung der eigenen Verwundbarkeit und Trauer erkennen.

Ann verliebt sich in Jack, der die Furcht kennt und trotzdem kein Angsthase ist und der, wenn es darauf ankommt, hartnäckig kämpft und die richtigen Ideen hat: Flugzeuge! Trotzdem erscheint Jack, verglichen mit dem Draufgänger Denham und seinem Biest Kong, etwas fade, und wir verfallen gerne der Vorstellung, Ann liebe in Wirklichkeit das tragische Monster. Doch wir sollten uns vor Augen halten, dass die andere Seite des furchtlosen Tricksters die Angst ist, sich auf soziale Situationen auch wirklich einzulassen. Das Filmmodell des von Denham so bewunderten Kong, des stärksten aller starken Kerle, ist in Wirklichkeit ein mit einem Hasenfell (!) überzogenes 45 Zentimeter hohes Metallgestell. Der Wolf im Schafspelz lässt grüßen.

Das achte Weltwunder

Das herbeiströmende Publikum will das achte Weltwunder bestaunen, aber man ist sich nicht im Klaren, was hier gezeigt werden soll. Während es Denhams größter Triumph ist, dem Publikum das echte Monster vorzuführen, können sich die echten Regisseure rühmen, mit ihrem Filmmonster Angst und Schrecken ausgelöst zu haben; denn in den 30er Jahren waren die Menschen noch nicht an die Bilder der Leinwand gewöhnt. (Heute ist *King Kong* ab sieben Jahren freigegeben, was ich allerdings für eine große Verkennung des kindlichen Integrations- und Distanzierungsvermögens halte.) Mit *King Kong* setzten sich die Regisseure Cooper und Schoedsack selbst ein Denkmal. Die Identifikation mit ihrer Figur Denham zeigt sich auch durch ihren Auftritt im Film als Kampfpiloten, die Kong den Garaus machen.

Meine These ist: Das achte Weltwunder ist der Film selbst. Die Illusionsmaschine fesselt uns an die Kinositze, wir sind den anstürmenden Bildern und den durch sie in uns erweckten Monstern hilflos ausgeliefert. Wir müssen, wie Ann in den Probeaufnahmen, den Blick zur Leinwand erheben, und unsere Schreie bleiben uns im Hals stecken, bis wir die Augen verdecken.

Betrachten wir die Erfindung des Films als einen Einschnitt in der kulturellen Entwicklung der Menschheit, so können wir die folgende abenteuerliche Interpretation wagen: Ganz früher sind wir der Bedrohung durch gewalttätige Überwältigungen – sprich durch unintegrierte Aggressionen, welche die soziale Gemeinschaft durch kathartische und zerstörerische Ausbrüche bedrohte – mit Opferritualen begegnet. Der so errichtete Schutzwall genügte, um die kulturelle Ordnung zu schützen. Die Monster auf Film zu bannen hieß jedoch nicht, sie zu zähmen, sie brachen vielmehr überlebensgroß in unsere Realität ein. Weder mit magischen Praktiken noch mit Gewehren, Bomben und Flugzeugen können wir der losgetretenen Entwicklung begegnen. Die Geister, die wir einmal riefen, werden wir nicht mehr los.

Doch kommt zu guter Letzt in dieser dritten Interpretation das Trickster-Motiv des Kulturbringers zum Tragen: Mit dem Film schaffen wir uns die Möglichkeit, unsere namenlosen Monster in eine Geschichte einzubinden, in der das Unheimliche Konturen bekommt und das Böse besiegt werden kann.

Literatur

Bischof, Norbert (1998): Das Kraftfeld der Mythen. Signale aus der Zeit, in der wir die Welt erschaffen haben. München (Piper).
Cooper, Merian C. & Schoedsack, Ernest (1927): Chang. Paris (Cinémathèque Française).
Cooper, Merian C. & Schoedsack, Ernest (1933): King Kong und die weiße Frau. Leipzig (Kinowelt Home Entertainment).
Fink, Bruce (2005): Eine klinische Einführung in die Lacansche Psychoanalyse. Theorie und Technik. Wien (Turia+Kant).

Tango der Befreiung
Je ne suis pas là pour être aimé,
Stéphane Brizé, F 2005

WIEBKE RÜEGG-KULENKAMPFF

Einführung

Der französische Regisseur und Drehbuchautor Stéphane Brizé wurde 1966 in Rennes geboren und wuchs in einfachen Verhältnissen auf. Ein handfester Beruf als sichere Existenzgrundlage galt in seiner Familie als selbstverständlicher Lebensentwurf. So absolvierte Brizé zunächst eine Ausbildung als Elektroniker und arbeitete einige Zeit als Techniker beim Fernsehen. Dann aber drängte es ihn, einen anderen Weg einzuschlagen. »Mir war klar geworden, ich muss Geschichten erzählen und Filme machen«, erklärte er in einem Interview (Tur 2006).

Brizé ging nach Paris, wo er Theater- und Dramaturgiekurse besuchte und mit Inszenierungen von Theaterstücken begann. 1993 drehte er seinen ersten Kurzfilm *Bleu dommage*. Es folgten weitere Kurzfilme, und 1999 konnte Brizé den ersten Spielfilm *Le bleu des villes* realisieren. Mit seinem zweiten Spielfilm *Je ne suis pas là pour être aimé* gelang ihm 2005 dann der eigentliche Durchbruch. Der feinsinnige, humorvolle und – ohne je ins Schwerfällige abzugleiten – melancholische Film über die Liebe hatte in Frankreich einen beachtlichen Erfolg und fand auch den Weg in die internationalen Kinos.

Dies verdankte er zweifellos der subtilen Inszenierung, der großartigen Besetzung und nicht zuletzt einer Musik, die mehr ist als nur Untermalung. Mit der Musik wollte Brizé eine zusätzliche Ebene im Film schaffen. Es gelang ihm, das namhafte Tango-Ensemble *Gotan*

Project dafür zu gewinnen. Damit die letzte Tanzszene gedreht werden konnte, musste die Komposition noch vor den Dreharbeiten fertig sein. Den Komponisten stand als Anregung also lediglich das Drehbuch zur Verfügung; sie konnten sich nicht wie üblich vom fertigen Film inspirieren lassen. Hierin lag eine besondere Herausforderung, aber auch die Chance, eine eigenständige Musik für den Film zu schaffen – ganz so, wie es Brizé gewünscht hatte.

Je ne suis pas là pour être aimé erinnert an ein Kammerstück: Der Kreis der handelnden Personen ist klein, die Schauplätze des Geschehens sind beinahe ausnahmslos Innenräume, und der Dialog steht im Vordergrund, obschon – doch dies ist kein Widerspruch – wenig gesprochen wird. Mit seiner ruhigen Kameraführung nimmt sich Brizé Zeit, das einzufangen, was wortlos in Mimik und Gestik zur Sprache kommt. Er lenkt den Blick auf scheinbar Belangloses und Zufälliges, hinter dem sich Bedeutsames verbirgt. Zur Interpretation aber lässt er dem Zuschauer viel Spielraum; manches bleibt offen, und gerade das macht den Film interessant.

Kommentar

Im Zentrum stehen die Schicksale ziemlich gewöhnlicher, man könnte sagen: durchschnittlich neurotischer Menschen, die Schicksale ihrer Liebe mit all den unerfüllten Wünschen, Höhenflügen und Enttäuschungen und mit all dem traurigen Scheitern und der stets begleitenden tiefen Sehnsucht, etwas Verlorenes wiederzufinden. Dies ist der Grundton des Films; in der Metapher des Tangos und im Klang der melancholischen Tangomusik wird er deutlich zum Ausdruck gebracht.

Die Argentinier bezeichnen ihren Tango als traurigen Gedanken, den man tanzen kann. Er ist aus der schmerzlichen Erfahrung des Verlusts hervorgegangen. Um die Jahrhundertwende waren unzählige Bauern aus Europa nach Argentinien in der Hoffnung ausgewandert, dort besseres Land zu finden. Vergeblich – die meisten der Immigranten landeten in den Armutsvierteln von Buenos Aires. Hier, in den Hinterhöfen der Mietskasernen, in denen sich die verschiedensten Sprachen und Kulturen vermischten, entstanden Musik und Tanz des argentinischen Tango, kreiert von Menschen, die einen doppelten Verlust zu betrauern hatten:

den Verlust des sozialen Status und den Verlust der Heimat, ihrer Mutter Erde (Rüegg 1997).

Jean-Claude hat sich, wie es scheint, mit einem Leben abgefunden, das in der freudlosen Alltagsroutine eines Gerichtsvollziehers erstarrt ist. So, wie der ganze Film – die Kleidung von Françoise und die Tangoshow ausgenommen – in ein fades Grau-Rosa-Beige getaucht ist, so farblos und leer erscheint Jean-Claudes Dasein, und mehr noch: sprachlos, einsam und ohne Genuss. Mit einer ungeheuren Schroffheit versteht er es, sich alles und alle vom Leib zu halten. Es fehlt ihm an Selbstliebe und folglich auch an Bezogensein, an Mitgefühl und an Liebe zu seinen Mitmenschen. Wenn Jean-Claude wie im Vorspann des Films einer bestürzten Mieterin die Pfändung ihrer Wohnung ankündigt und sie ihn unter Tränen beschwört, das Schicksal doch abzuwenden, hat er sich innerlich schon aus dem Staub gemacht. Die Szene wird abrupt ins Schwarze ausgeblendet, und nur wir hören noch das Schluchzen der jungen Frau aus dem Off.

Dieser Mensch würde uns vermutlich nicht weiter interessieren, wäre da nicht jene geheime Wunschwelt, die zum Vorschein kommt, wenn Jean-Claude das Fenster seines Büros öffnet, angezogen vom Treiben der gegenüberliegenden Tangotanzschule. Hierhin nimmt er Zuflucht, sobald er seine mühseligen Pflichten erfüllt hat, zum Beispiel die Pflicht, seinen schüchternen Sohn als Juniorpartner in der Kanzlei willkommen zu heißen. Der Sohn mit seiner Leidenschaft für Pflanzen ist voller ängstlichem Respekt und Jean-Claude voller Skepsis, beide sind sie einander fremd – die Begrüßung kann nicht anders als in einer beklemmend steifen Zeremonie enden, die nicht ohne Situationskomik ist. Am offenen Fenster aber, die tanzenden Paare im Blick und die melancholischen Tangoklänge im Ohr, kommt in Jean-Claude etwas in Bewegung. Nicht alle seine Gefühle sind offenbar eingefroren, nicht alle seine Wünsche und Fantasien abgekapselt und vergraben. Im heimlichen Beobachten und Partizipieren aus sicherer Distanz wird seine Neigung zur Musik und zum Tanz spürbar und auch eine stille Sehnsucht. Das ist es, was uns Jean-Claude erstmals näher bringt und in uns eine gewisse Sympathie, vor allem aber Neugier weckt.

Wir erfahren von einer abgebrochenen Tenniskarriere, über deren Hintergründe man nur spekulieren kann, von einer gescheiterten Ehe und von einem ungeliebten Beruf. Als Gerichtsvollzieher ist Jean-Claude stets der Überbringer einer schlechten Nachricht – in einem solchen Beruf muss man sich, wie er seinem Sohn einheizt, eine dicke Haut zulegen. Dies alles mag im Charakterlichen seine Spuren hinterlassen haben, dennoch lässt sich Jean-Claudes psychischer Zustand nicht einfach als »Déformation professionelle« abtun. Sein Zustand verweist vielmehr auf eine psychische Struktur, die in frühen Beziehungserfahrungen und entsprechenden Triebschicksalen ihre Wurzeln haben muss.

Vergangenes wird immer auch durch Gegenwärtiges vermittelt; im Film geschieht dies durch Jean-Claudes Beziehung zu seinem Vater, diesem polternden, ewig unzufriedenen, tyrannischen Alten. Wer seine Wünsche nicht erfüllt und seinen Erwartungen nicht entspricht, wer wie Jean-Claude beispielsweise nicht die gewohnte Schokolade mitbringt oder wer das Gespräch sucht, anstatt ein stummer, williger Spielpartner zu sein, wird entwertet, verachtet, gehasst. Eigentlich kommt alles, was sich den Vorstellungen dieses Mannes widersetzt, einer psychischen Katastrophe gleich. Er verkörpert einen Menschen, der seine Beziehungen auf der Ebene des Anspruchs gestaltet – des unbewussten Anspruchs, geliebt zu werden.

Lacan unterscheidet zwischen Bedürfnis, Anspruch und Begehren. In Anlehnung an die früheste Erfahrung der Bedürfnisbefriedigung durch den Anderen entsteht der unbewusste Anspruch auf die Liebe des Anderen mit der Vorstellung, diese Liebe sei ebenso vollständig durch den Anderen erfüllbar wie das Stillen des Hungers. Kein Anderer aber kann diesen Anspruch je befriedigen; im unerfüllten Rest konstituieren sich der Mangel als symbolische Kastration und das Begehren (Fink 2006, S. 120ff.).

Hinter Jean-Claudes Anspruch verbirgt sich die infantile Illusion der Berechenbarkeit und der restlosen Erfüllbarkeit der Liebe. Der Andere in seinem Anderssein hat hier keinen Platz, denn Differenz, einhergehend mit psychischem Getrenntsein, hinterlässt stets etwas Unerfülltes und konfrontiert uns mit Verlust und Mangel. Verhaftet im Anspruch ist es dem Vater kaum möglich, seinen Sohn als unabhängiges Subjekt mit eigenen Intentionen, Gedanken, Empfindungen und Wünschen anzuerkennen. »Bring mir genau dies und jenes entgegen, nur dann fühle ich mich geliebt, und nur dann kann ich Dich lieben« – aufrechnen, abwägen, erwerben, besitzen, das sind seine Vorlieben, treffend inszeniert im Monopolyspiel als einem seiner Lieblingsbeschäftigungen.

Es ist die ödipale Welt des emotionalen Tauschhandels (Israël 1990), in der sich der Vater bewegt. Die Dimension der Unverhandelbarkeit, der Offenheit, des Wagnisses der Liebe ist ihm fremd. Und es ist die enge Welt der narzisstischen Liebe, in der er gefangen ist. Die sportliche Karriere seines Sohns hat er mit einem Ehrgeiz belegt, als wenn es seine eigene wäre, und Misserfolge erlebt er wie eine persönliche Kränkung. Vielleicht hat Jean-Claude seine Tenniskarriere unbewusst selbst sabotiert, um dem narzisstischen Zugriff seines Vaters und damit einer partiellen Selbstaufgabe zu entkommen. »Auf dich ist eben kein Verlass, auf dich war noch nie Verlass« – dieser wütende Vorwurf des Vaters verweist jedenfalls auf die bittere Enttäuschung über das stets unvollkommene Objekt, die jeder narzisstischen Liebe blüht.

Die Siegespokale des Sohns, heimlich in Besitz genommen und sorgfältig, ja liebevoll aufbewahrt im sicheren Versteck des verschlossenen Schrankes, gehütet also im Innersten seines Herzens – das ist ein berührender und zugleich grausiger Anblick. In diesem Bild verdichtet sich die ganze Tragik dieses einsamen Mannes, dessen Sehnsucht nach Liebe – geliebt zu werden und lieben zu können – am Anspruch und am Narzissmus scheitern musste. Das Fenster des Vaters kann sich nicht zum Leben hin öffnen. Hier wartet nur noch der Tod.

Für Jean-Claude liegt nun die Tragik darin, dass ihm ein Vater fehlte, mit dessen Liebesfähigkeit und Begehren er sich hätte identifizieren können. Um die Anerkennung und die Liebe des Vaters zu gewinnen, blieb ihm nur, sich dem Anspruch des Vaters ein für allemal zu unterwerfen, sich also mit diesem Teil des Vaters – dem Anspruch – zu identifizieren und diesen so ins eigene Psychische aufzunehmen. So unerbittlich fordernd wie früher der Vater ist nun dieses Introjekt in Jean-Claude selbst wirksam. Fest verankert als Funktion im Über-Ich bleiben Introjekte von der weiteren psychischen Entwicklung weitgehend unberührt, dies im Unterschied zu reichen, durch Identifikation entstandenen Repräsentanzen im Ich, die modifiziert, erweitert und neu ausgelotet werden können. Vor allem in der Adoleszenz ist dies ein für die psychische Loslösung von den Eltern entscheidender Prozess. Jean-Claude, beherrscht vom väterlichen Introjekt, hat diese Loslösung nur unzureichend bewältigen können; die Abhängigkeit bleibt bestehen.

Doch »der leitende Affekt der Introjektion ist nicht die Liebe, sondern der Gehorsam – oder die Rebellion« (Müller-Pozzi 2008, S. 100). Im Film sehen wir dies hervorragend inszeniert. Da ist das Diktat der sonntäglichen, höchst unerfreulichen Besuche im Altersheim, dem sich Jean-Claude unterwirft; da ist seine Angst vor dem Zorn des Vaters, wenn er ihm die falsche Schokolade bringt, eine Angst, die so groß ist, dass Jean-Claude dem Vater die Schokolade unterzujubeln versucht, statt sich zu erklären. Wir erleben den Hass auf den mächtigen Vater, der lediglich in der Abgeschlossenheit des Autos kurz und explosiv aus Jean-Claude herausbrechen darf. Und nicht zuletzt wird am altmodisch-angestaubten Interieur der Kanzlei sichtbar, dass sich Jean-Claude das Erbe seines Vaters nicht hat zu eigen machen können. Hier ist die Zeit stehen geblieben.

Diese äußere Szenerie spiegelt wider, was sich innerpsychisch zwischen einem geschwächten und verarmten Ich, dem es an Selbstwert und Autonomie fehlt, und den unerbittlich strengen, entwertenden Introjekten des Über-Ichs abspielt. Es ist die Melancholie, die Jean-Claudes Lebensgefühl durchzieht (Freud 1916–17g).

Dies ist Jean-Claudes Situation bis zur Begegnung mit Françoise, genauer gesagt: bis Françoise ihn erkennt und bei seinem Namen nennt: »Du bist nicht irgendwer, du bist doch der und der!« Dieses Erkannt-werden und überraschende In-Beziehung-Stehen, diese Verbindung auch zwischen Vergangenheit und Gegenwart, all dies macht aus der ersten Begegnung einen höchst bedeutungsvollen Moment, der Jean-Claude tatsächlich berührt. Hier nimmt seinen Anfang, was wir in der Folge ähnlich einem analytischen Prozess beobachten können, nämlich die Öffnung eines psychischen Innenraums mit seinen unbewussten Fantasien und Triebwünschen. Die vorsichtige Hinwendung zu einer Frau, die Jean-Claudes Gefühlswelt wieder zu beleben vermag, und das verwirrende Gewahrwerden verdrängter sexueller Wünsche sind die eine Seite des zaghaften Aufblühens seines Verliebtseins. Und es wäre nicht möglich, wenn nicht zugleich die Liebe zu sich selbst belebt würde. Die Gewissheit, ein guter Tangotänzer zu sein, die Françoise Jean-Claude vermittelt, gibt ihm Aufschwung und erschüttert sein tief verankertes Grundgefühl, nicht liebenswert zu sein. Er findet aus der jahrelangen Indifferenz sich selbst gegenüber heraus und beginnt, über seine Geschichte nachzudenken und Fragen zu stellen: »Was ist eigentlich mit meinen Pokalen geschehen?« Oder anders gesagt: »Was ist eigentlich mit mir selbst geschehen?« Er kann sich vom Drang, den Vater endlich zufriedenstellen zu müssen, ein Stück weit distanzieren und lässt sich nicht mehr alles von ihm bieten.

Ganz anders erscheint das Leben von Françoise zum Zeitpunkt ihrer Begegnung mit Jean-Claude im Tanzkurs. Françoise, diese charmante, nicht mehr ganz junge Frau, eine engagierte Berufsberaterin, freundlich und zugewandt, steht kurz vor einem neuen Lebensabschnitt, ihrer lang ersehnten Heirat mit Thierry. Sie freut sich auf die Hochzeit, freut sich auf ihren Auftritt im wunderschönen Hochzeitskleid, das sie entgegen dem Mitbestimmungsanspruch der Mutter ganz nach ihrem eigenen Geschmack auswählt, und sie will die Hochzeitsgäste mit einem vollendeten Eröffnungstanz beeindrucken, für den jetzt geübt werden muss. Dass ihr zukünftiger Mann sich hierfür wenig eignet, weil er sich kaum fürs Tanzen begeistern kann, schiebt sie schlicht beiseite. Thierry ist mit seinem Vorhaben, einen Roman zu schreiben, in eine tiefe Schaffenskrise geraten. Seine Gedanken kreisen einzig um sich selbst und um sein Buch. Françoise scheint seinen regressiven, jammervollen Zustand mit tröstendem Mitgefühl und mit Geduld hinzunehmen. Sie will sich nicht im Gefühl, alles für eine glückliche Zukunft gefunden zu haben, stören lassen. Umso verwirrender ist der Strudel von Gefühlen, in den sie gerät, kaum dass sie Jean-Claude kennengelernt hat – dieses überraschende Interesse für einen älteren, auf den ersten Blick wenig attraktiven Mann, die Lust, ihn aus der Reserve zu locken, die erotische Spannung, ihr Verliebtsein.

Als sich Françoise Jean-Claude zum ersten Mal als Fanfan zu erkennen gibt, als jenes Kind also, das einst von Jean-Claudes Mutter gehütet wurde – Françoise steht dabei unterhalb von Jean-Claude auf der Treppe und muss zu ihm aufschauen –, wirkt sie wie das kleine Mädchen von damals. Diese Szene erinnert an die Verdichtung von Vergangenheit und Gegenwart, wie wir sie aus Traumerzählungen kennen. Da heißt es oft: »Ich war eigentlich erwachsen, aber plötzlich war ich wieder klein ...« Durch die treffende Inszenierung kommen in diesem Moment unbewusste Wünsche und Fantasien aus der frühen ödipalen Phase der Kindheit ins Schwingen. Françoise lässt ihnen Raum und geht von nun an mit verblüffender Zielstrebigkeit auf Jean-Claude zu – dies just in einer Zeit, in der sie innerlich mit dem definitiven Ja zu ihrem Partner

Thierry beschäftigt ist. Jede Liebe ist ambivalent, und im Moment einer neu zu bewältigenden Lebensaufgabe, einer bevorstehenden Festlegung, die Grenze und Verzicht impliziert, treten die frühen Figuren der ödipalen Szene erneut auf die innere Bühne und reinszenieren alte Triebkonflikte, Sehnsüchte, Idealvorstellungen und Ängste.

Vielleicht ist es gerade Jean-Claudes Verschlossenheit, die Françoise anzieht; dieses sperrige Gehemmtsein, das allerdings deutlich genug Männlichkeit und Begehren durchschimmern lässt. Im Unterschied zu seinem Sohn ist Jean-Claude ja alles andere als eine kümmerliche Erscheinung, denken wir doch bloß an die Szene im Büro, in der er, die Tangoschritte imitierend, eine imaginäre Frau in seinen Armen hält. Vielleicht ist Françoise genau dann besonders glücklich, fühlt sich vor allem dann begehrt, wenn sie einen Mann beleben, inspirieren und so sein Begehren wecken kann. Thierry, obschon unglücklich und verzweifelt, kommt diesem Wunsch gerade jetzt nicht entgegen. Er lässt sich durch Françoises Zuwendung weder psychisch aufbauen noch geistig inspirieren; er schließt sie aus seinem Inneren aus und bewältigt – vielleicht nicht zum ersten Mal – seine kreative Krise allein. Als es ihm wieder besser geht, macht er ihr eine Liebeserklärung, die, wenn auch nicht leidenschaftlich, so doch durchaus berührend ist. Françoise sieht sich plötzlich hin- und hergerissen zwischen zwei Männern. Sie versteht sich selbst nicht mehr, und die zu Rate gezogene Schwester ist noch weniger in der Lage, Françoises wirre Gefühlslage nachzuvollziehen. Wie zwei Fremde sitzen sie sich gegenüber; das Unverständnis ist ihnen ins Gesicht geschrieben.

Françoise hat mit Jean-Claude auf einem Schauplatz jenseits der Realität etwas traumhaft Erfüllendes erlebt. Im Tanz ist dies meisterhaft inszeniert: Hingabe an einen Mann, der sie begehrt und die Führung übernimmt, ohne dass sie den eigenen aktiven Part aufgeben muss; erotische Spannung und selige Verschmelzung in einem erregenden Wechselspiel, einhergehend mit dem Gefühl von Einheit und Vollkommenheit. Freilich durchkreuzt die Realität in Gestalt des Dritten den Schauplatz des Phantasmas (Fink 2006, S. 86ff.): Als Jean-Claude in der beklemmenden Szene im Lift vom eifersüchtigen Nebenbuhler von der bevorstehenden Heirat erfährt und alles zerplatzt, leidet Françoise furchtbar. Was sich eben erfüllt zu haben schien, ist schon wieder verloren, und kein Kompromiss kann etwas davon ins reale Leben hinüber retten.

Auch Jean-Claude geht es schlecht, als alles ein abruptes Ende nimmt. Gekränkt weist er Françoises entschuldigende Erklärung zurück und will sie nie mehr sehen. Er will das Geschehene ausblenden, verdrängen, auslöschen. Zunächst sieht es ganz danach aus, als falle er in sein altes psychisches Funktionieren und in die Melancholie zurück. Aber die Kraft des Wiederholungszwangs kann sich diesmal nicht ungehindert durchsetzen: Jean-Claude hat die Liebe entdeckt. Françoise hat er verloren, die Sehnsucht nach einem erfüllteren Leben indes ist ihm geblieben. Er beginnt zu trauern, betrauert, was er in seinem Berufsleben verpasst hat, und »befreit« daraufhin seinen Sohn, der eben dabei war, die unglückliche Geschichte seines Vaters zu wiederholen und der nun zumindest die Chance bekommt, sich psychisch zu entwickeln und nicht nur mit seinen Pflanzen im Treibhaus aufzugehen. Beim Betrachten der wiedergefundenen Dokumente seiner frühen Tenniskarriere entdeckt Jean-Claude, wie sehr sich sein Vater ein liebevolles Verhältnis zu ihm gewünscht hatte. In der folgenden Nacht träumt er einen wundervollen Traum: Befreit, beglückt, hingebungsvoll und absolut stolperfrei tanzt er mit Françoise den Tango zur vertrauten, aber um viele Verzierungen reicher gewordenen Musik.

Literatur

Fink, Bruce (2006): Das Lacansche Subjekt. Wien (Turia+Kant).
Freud, Sigmund (1916–17g): Trauer und Melancholie. GW X. Frankfurt (S. Fischer).
Israël, Lucien (1990): Verwandlungen des Ödipus. RISS 13/14, 143–150.
Müller-Pozzi, Heinz (2008): Eine Triebtheorie für unsere Zeit. Bern (Huber).
Rüegg, Helena (1997): Der Tango, Lacan und die unstillbare Sehnsucht. Matices – Zeitschrift zu Lateinamerika, Spanien und Portugal 13, 28–29.
Tur, Jean-Christophe (2006): Interview mit Stéphane Brizé. In Bonusmaterial zu: Je ne suis pas là pour être aimé, DVD Xenix Film.

Der Krieg und seine Gegenspielerin
Kukushka, Aleksandr Rogozhkin, RUS/FIN 2002

Hans Peter Bernet

Einführung

Der postsowjetische Regisseur und Autor Aleksandr Rogozhkin wurde 1949 in St. Petersburg geboren. Dort studierte er an der Universität zunächst Kunstgeschichte mit Abschluss. 1971 wurde er Art Director beim Leningrader Fernsehen. Von 1974 bis 1977 war er Produktionsdesigner bei den Lenfilm-Studios und begann gleichzeitig ein weiteres Studium in Malerei und Grafik, bevor er 1982 mit einem Workshop am Staatlichen Institut für Kinematografie beim bekannten russischen Regisseur, Maler und Erzähler Sergei Gerasimov abschloss. Das Institut trägt heute Gerasimovs Namen.

Dass Rogozhkins frühe Filmarbeiten erst später in Russland bekannt wurden, hat wohl damit zu tun, dass es in der alten Sowjetunion nicht einfach war, einen eigenen Stil zu entwickeln. Dies galt ganz besonders dann, wenn man sich von dieser ideologieorientierten und staatstreuen Starre und Konformität verabschieden wollte, die jahrzehntelang das sowjetische Kulturleben prägte. Rogozhkin ist spezialisiert auf »psychologische Dramen«, und er schreibt auch regelmäßig Drehbücher für andere Regisseure.

1995 kam dann in Russland Rogozhkins großer Durchbruch mit dem Film *Besonderheiten der Russischen Jagd*, der in Russland jahrelang die Bestenliste anführte und große Erfolge feierte. 1998 folgten der Film *Blokpost (Checkpoint)* sowie Regiearbeiten für mehrere Folgen der in

Russland bekannten TV-Krimiserie *Streets Of Broken Lights*. Rogozhkins Drehbuch *The Churchill House* wird derzeit von einem anderen russischen Regisseur verfilmt. Vor fünf Jahren war Rogozhkin mit dem Kurzfilm *Sapiens* im Wettbewerb der Berlinale vertreten.

2002 gelang Rogozhkin der internationale Durchbruch mit *Kukushka (Der Kuckuck)*, der beim Moskauer Filmfestival 2002 zum besten Film gewählt wurde, aber auch weltweit Erfolge feierte. Der Film erhielt unter anderem den Publikumspreis des Filmfestivals von San Francisco sowie Film- und Regiepreise in Viareggio und Cottbus.

Kommentar

Es drängt mich, eine Vorbemerkung zur weiblichen Hauptrolle zu machen. Anni-Kristiina Juuso (*1979) ist im nordfinnischen Lappland in einer intakten lappländischen Sami-Familie aufgewachsen, in einer der ältesten Kulturen Europas. Es gibt insgesamt etwa noch 70.000 Sami in Skandinavien und Russland. Ihre Muttersprache ist Sami. Sie sind die einzigen Ureinwohner in der EU. Anni-Kristiina Juuso verließ im Alter von 15 Jahren ihre Familie und besuchte in Helsinki eine Theatermittelschule, um danach in die Schauspielschule einzutreten. Sie arbeitet heute beim Finnischen Radio für das Sami-Programm. Nebenbei ist Juuso – genau wie in *Kukushka* – Rentierhirtin und hat eine eigene Herde in Lappland. Ville Haapasalo, der im Film den finnischen Pazifisten Veikko spielt, fand Rentierhirtin Juuso im Internet, und Rogozhkin engagierte sie sofort. Zur Zeit der Dreharbeiten war sie also erst 23-jährig.

Schon ganz zu Beginn des Films lernen wir in einer stillen, langsamen, manchmal fast unerträglich beengenden Einstellung die brutale Logik des Kriegs kennen: Finnland steht als Verbündeter mit Nazideutschland gegen Russland im Krieg, und wir sehen, wie ein flüchtender Trupp von Finnen und Deutschen hoch oben in der lappländischen Tundra, einem Nebenschauplatz des Zweiten Weltkriegs, einen der eigenen Soldaten wortlos und mit grausamer Selbstverständlichkeit an einen Stein kettet. Prometheus in Lappland! Auf der deutschen Uniform, die er tragen muss, sind die SS-Runen auch für russische Flugzeuge gut sichtbar. Man lässt ihm in seiner prekären Lage ein Gewehr mit Zielfernrohr, ein paar

Schuss Munition und ein paar persönliche Utensilien nebst ein wenig zu essen und zu trinken.

Was hat Veikko, der Finne, verbrochen? Für das perverse Gesetz des Kriegs offensichtlich etwas Schlimmes: Er ist Pazifist und wollte eigentlich gar nicht in den Krieg, wie wir später erfahren. Er hätte viel lieber in Schweden Literatur studiert, Hemingway, Tolstoi, Dostojewski. Offenbar soll er jetzt büßen für diese frevelhaften pazifistischen Wünsche, und er soll als Scharfschütze (russisch »Kukushka«, der Kuckuck) noch möglichst viele Russen erledigen. Es bleibt ihm, an der Flucht gehindert, gar nichts Anderes übrig. Das Unheimliche an dieser Szene ist, dass jede Affektqualität fehlt. Der grausame Vorgang vollzieht sich so, als wäre es das Selbstverständlichste der Welt. Es gibt keine Anklage, keine Verurteilung, keine Empörung, gar nichts.

In dieser stillen und langsamen Einstellung ist fast wortlos und in beeindruckender Bildsprache eingefangen, was Krieg letztlich bedeutet. Es ist die Reduktion des Menschen auf wenige Punkte, auf das Gehorchen, den Hass und das Töten. Krieg ist Entleerung aller kulturellen Möglichkeiten und Entleerung jeder Objektbeziehung, angekettet an diese eindimensionale, teuflische Logik.

Man kann es auch mit Heinz Müller-Pozzi sagen, der in seinem neuen psychoanalytischen Lehrbuch *Eine Triebtheorie für unsere Zeit* das Konzept der Desobjektalisierung von André Green wie folgt umreißt: »Desobjektalisierung heißt Entbindung, und zwar Entbindung dessen, was nicht entbunden werden darf, heißt Auflösung von Struktur und Verlust der Symbolisierungsfähigkeit. Alles wird bedeutungslos. Desobjektalisierung setzt nicht nur das Lust- und Realitätsprinzip außer Kraft, es greift die Bindung selber an« (Müller-Pozzi 2008, S. 184).

Unweit dieses Geschehens, quasi in Zielfernrohrnähe, spielt sich eine ähnliche Szene auf russischer Seite ab: Ein Korporal wird in einem Jeep abgeführt und soll vor ein Kriegsgericht kommen. Was hat Ivan, der Russe, verbrochen? Wir erfahren, dass er Naturpoesie schreibt, und das gilt als antisowjetische Propaganda. Der Krieg kennt keine bessere oder weniger absurde Seite am Feind. Nur die Propaganda, unter welcher Fahne auch immer, behauptet jeweils eine moralische Rechtfertigung. Die Erniedrigung und Einschränkung auf das Töten und Gehorchen ist aber universell. Ein geflügeltes Wort Adornos sagt: »Es gibt kein richtiges

Leben im falschen« (Adorno 1951, S. 19). Kein Zufall also, dass auch hier die eigenen Flugzeuge den eigenen Jeep zusammenschießen. Ivan überlebt, halb tot, als Einziger.

Nur ein halbes Jahr, bevor die Nazis in Deutschland die Macht an sich rissen, diskutierten Einstein und Freud in einem öffentlichen Briefwechsel die große und schwierige »Kinderfrage«: Warum Krieg? Beide waren sehr besorgt und spürten schon lange, was da kommen würde. Einstein fragte Freud als Psychologen unter anderem: »Gibt es eine Möglichkeit, die psychische Entwicklung des Menschen so zu leiten, dass sie den Psychosen des Hasses und des Vernichtens gegenüber widerstandsfähiger werden?« (Freud 1932, S. 12) Freud antwortet höflich und ausführlich und mit der gebotenen Unsicherheit und Ehrlichkeit:

> »Wir nehmen an, dass die Triebe des Menschen nur von zweierlei Art sind, entweder solche, die erhalten und vereinigen wollen – wir heißen sie erotische [...] oder sexuelle mit bewusster Überdehnung des populären Begriffs von Sexualität (also auch Liebesbindungen gemeint) –, und andere, die zerstören und töten wollen, wir fassen diese als Aggressionstrieb oder Destruktionstrieb zusammen« (Freud 1932, S. 20).

Auf die Frage, was dem Krieg entgegenzusetzen sei, antwortet Freud:

> »Wenn die Bereitwilligkeit zum Krieg ein Ausfluß des Destruktionstriebs ist, so liegt es nahe, gegen sie den Gegenspieler dieses Triebes, den Eros anzurufen. Alles, was Gefühlsbindungen unter den Menschen herstellt, muss dem Krieg entgegenwirken. [...] Alles, was die Kulturentwicklung fördert, arbeitet auch gegen den Krieg« (Freud 1932, S. 23–27).

In der dualistischen Triebtheorie Freuds, aber auch in der erneuerten Triebtheorie von Laplanche und Müller-Pozzi, bleibt der Hass oder ein Teil davon in der Nähe der Liebe und wird nicht ausgemerzt oder abgespalten, wie wir das von den meisten religiös geprägten Friedensidealen her kennen. Deshalb kommt dann in Freuds Antwort an Einstein auch noch dieser verblüffende, geradezu militante Satz dazu: »Man kann nicht alle Arten von Krieg in gleichem Maße verdammen. Solange es Reiche und Nationen gibt, die zur rücksichtslosen Vernichtung anderer bereit sind, müssen diese anderen zum Krieg gerüstet sein« (Freud 1932, S. 25). Und in vollem Bewusstsein dieses unumgänglichen Widerspruchs fügt er dann noch an: »Sie sehen, es kommt nicht viel dabei heraus, wenn man bei dringenden praktischen Aufgaben den weltfremden Theoretiker zu Rate zieht« (Freud 1932, S. 24).

Als ob Rogozhkin diese Antworten oder diesen Briefwechsel gelesen und zur Vorlage seines Films gemacht hätte, kommt nun Anni ins Spiel, die hübsche, kecke und verführerische Lappländerin, die allein auf ihrem armseligen Hof mit ein paar Rentieren lebt. Der Krieg hat ihr den Mann genommen. Vier Jahre ist es her, seit er gegangen ist. Er kam nie mehr zurück. Sie findet Ivan halb tot, schleppt ihn in die Hütte und pflegt ihn gesund, nicht ohne verführerischen Augenaufschlag. Veikko seinerseits hat sich nach langem, bewundernswertem Überlebenskampf und mit großem Spürsinn endlich aus seiner misslichen, quasi hoffnungslosen Lage befreit und findet auf der Flucht ebenfalls Annis Hütte, um sich dort endgültig von der Kette zu befreien.

Der Krieg – der Hass – hat seine Gegenspielerin gefunden. Die Männer finden zunächst die präödipale, frühkindlich-versorgende Mutter, die ihrerseits aber schon bald klar macht, dass sie in ihnen vorab nicht pflegebedürftige Soldaten sieht, sondern Männer. Vier Jahre lang hatte sie keinen, und jetzt hat sie gleich zwei auf einmal. Es beginnt nun ein virtuoses Spiel von Gegensätzen, von Liebe und Hass, von Umkehrungen, Beschwörungen und Ritualen. Rogozhkin zeigt sich als Meister der tragischen Komödie, wenn er den Freud'schen Eros als Gegenpart zum Krieg in Szene setzt: Rentierblut wird zur Medizin, Schießpulver, das zuerst töten sollte, wird bei Veikkos Befreiung zum Sprengsatz gegen die elende Kette. Die Patronenhülsen werden zum Hilfsmittel der Befreiung, das Zielfernrohr, das ursprünglich den Feind sicherer töten sollte, zum Instrument der Orientierung, der Neugier und der Beobachtung, wie ein Feldstecher. Das Schimpfwort »Zieh Leine!« (Hau ab! Verschwinde!) wird zum zärtlichen Kosenamen »Ziehlein«. Alles kehrt sich um und wird zum Gegenspieler des Kriegs. Es genügt, dass der ideologisch abgerichtete, vielleicht auch brutale Ivan in Annis Rock gesteckt wird, und die ganze Kriegsherrlichkeit schmilzt auf einen Schlag dahin wie Schnee im Frühling. Ivan ist kein Korporal mehr.

Mit Sprachspielen und irrwitzigen Missverständnissen erleben wir in der Folge die Dynamik einer leidenschaftlichen Dreierbeziehung, ohne dass dabei jemals das Gefühl für das labile Gleichgewicht von Liebe und

Hass verloren ginge oder in eine banale Spaltung im Sinne von »Jetzt herrscht endlich die Liebe und sie hat den Hass besiegt« abdriften würde – eine solche Behandlung des Themas kennen wir aus den einschlägigen US-amerikanischen Mainstream-Filmen oder auch aus unseren Heimatfilmen. Es wäre einfach, in diese Harmoniefalle zu laufen, naheliegend und beruhigend auch, aber die Illusion, die Langeweile und die Leere wären der Preis dafür. Sicherheit ist nirgends.

Eine solche Illusion wird im vorliegenden Film indes nur schon dadurch verhindert, dass alle drei eine andere Sprache sprechen – Finnisch, Russisch und Sami – und sich deshalb nicht verstehen. Sie reden aneinander vorbei. Dank der Untertitelung sind wir Zuschauer die Einzigen, die sich in allen drei Sprachen bewegen können. Und doch: Gerade durch das Sich-Verpassen in der Sprache, durch den Mangel und die Lücken beim Verstehen – Lacanianer würden hier wohl von einer »Leerstelle« sprechen – entsteht eine neue gemeinsame Sprache, eine Körpersprache, die nun alle drei verstehen. Sie ist das sexuelle Begehren, oder wie ein älteres und weniger abgegriffenes deutsches Wort sagt: das sexuelle Verlangen.

Latent ist die Gefahr also immer anwesend, trotz Eros, der jetzt auf den Plan tritt. Sie geht nie weg. Sie ist auch dann anwesend, wenn Ivan vergiftete Pilze isst, nun aber unter Beobachtung und auch unter der Regie von Anni, der Gegenspielerin des Kriegs, die genau weiß, was sie will: Ganz sicher will sie nicht nur Männer pflegen, sondern Männer auch sexuell begehren, und sie schüttelt den Kopf über die Eifersuchts- und Rivalitätskämpfe, die nun zwischen Ivan und Veikko losgehen. »Heutzutage riechen die Männer nach Eisen und nach Tod«, sagt Anni einmal zum Finnen, und mit einem einzigen treffenden Satz entlarvt sie die ganze Illusion aller Kriege, wenn sie sagt: »Es ist eine Kinderei anzunehmen, du könntest dein Leben verlängern, indem du anderen das ihre nimmst.« Aber Veikko und Ivan verstehen diese Sprache nicht.

Ivan, der russische Korporal, bleibt unerbittlich in seinem Feindbild. Nur manchmal zeigt sich seine poetische Seite ganz kurz, und es kommt so etwas wie eine feine Ambivalenz gegenüber Veikko oder sogar etwas Wehmut und Traurigkeit auf, etwa dann, wenn er miterleben muss, wie Anni Veikko mit ins Bett nimmt und ein Liebesstöhnen wie von einer weit entfernten Wölfin durch die Nacht dringt. Aber selbst in den kurzen freundschaftlichen Momenten sagt er zu Veikko: »Danke, Faschist.«

Einmal noch wird diese Unversöhnlichkeit lebensgefährlich, und das ausgerechnet bei der Botschaft vom Kriegsende, die per Flugzeug und dessen junger Pilotin vom Himmel kommt. Rogozhkin bleibt hier so radikal und konsequent, wie Freud es in diesen Fragen immer war: Nicht einmal mit der erlösenden (Friedens-)Botschaft ist Ruhe und endgültiger Friede gesichert. Die Botschafterin, die vom Himmel kommt, erleidet eine Bruchlandung und stirbt. Auch der Friede ist brüchig, mag er noch so ersehnt sein. Begeistert und erleichtert will Veikko seinem russischen Rivalen vorlesen, dass der Krieg zu Ende sei, als Ivan in einem weiteren fatalen Missverständnis mit einer Pistole, die er im Flugzeugwrack gefunden hat, auf ihn schießt. Erst dann versteht Ivan, nun endlich entsetzt, die Botschaft, die Veikko in den Händen hält.

Eros ist nun aufs Höchste bedroht. Anni kämpft mit einem schamanistischen Ritual, das sie von ihrer Großmutter gelernt hat, verzweifelt um das Leben des Sterbenden, der sich schon auf dem Weg ins Reich der Toten befindet. Der Todesengel, der Veikko dabei an der Hand führt, muss noch warten. Auch hier geht es nicht primär um einen humanitären Akt oder eine lappländische Variante von Erster Hilfe und Reanimation, sondern es will eine Geliebte den Geliebten zurück. Sie haucht ihm Leben ein, heult ihn, im Ritual in einen Hund verwandelt, aus dem Totenreich zurück. Das mühsam Errungene darf nicht verloren gehen. Jetzt nicht. Etwas muss zurückbleiben.

Am Schluss des Films ist den Männern etwas gelungen. Die alleinige Herrschaft des Hasses im Krieg hat sich in eine Ambivalenz verwandelt. Ivan und Veikko gehen nach Hause und verabschieden sich fast schon zärtlich voneinander, aber nicht bevor Anni ihren Männern noch warme Winterkleider genäht hat. Die großen Buben gehen, zwei kleine Buben bleiben.

Anni, die von ihren Eltern »Kuckuck« genannt wurde, erzählt nun ihren beiden fiktiven Wunschkindern die Geschichte von Veikko und Ivan als Märchen: Sie seien mutige, gute Männer gewesen, die aufgehört hätten zu kämpfen. Freunde seien sie geworden und hätten sich stets geholfen. Einmal habe ein schlechter Mann den einen schwer verletzt, und der andere hätte ihn zu ihr in die Hütte gebracht. Wie zu Beginn mit dem angeketteten »Prometheus« macht Rogozhkin mit dieser Schlussszene deutlich, dass sein Film als Märchen gesehen werden kann. Anni ist nicht die Wirklichkeit einer Rentierhirtin und auch nicht die Wirklichkeit einer Geliebten, sondern die Verkörperung von Eros, die versucht, sich als Gegenspielerin von Thanatos dem Tod entgegen zu werfen. Der Volksmund hatte schon lange vor den Psychologen die treffende Redewendung für dieses Wechselspiel bereit: Die Hoffnung stirbt zuletzt.

Literatur

Adorno, Theodor W. (1951): Minima Moralia. Frankfurt (Suhrkamp).
Freud, Sigmund (1932): Warum Krieg? GW XVI. Frankfurt (S. Fischer).
Müller-Pozzi, Heinz (2008): Eine Triebtheorie für unsere Zeit. Bern (Huber).
www.sonyclassics.com/thecuckoo (15.03.2009).

Im Namen der Mutter
Transamerica, Duncan Tucker, USA 2005

Alba Polo

Einführung

Eigentlich sind Roadmovies eine mühsame Filmgattung: Man macht sich auf den Weg, um schnellstmöglich ein wichtiges Ziel zu erreichen, und stößt auf alle nur denkbaren Hindernisse; man verirrt sich, weiß nicht mehr weiter, das Ziel rückt in unerreichbare Ferne. *Transamerica* jedoch zieht uns in seinen Bann, denn Tuckers Film ist – salopp gesagt – ein Beziehungsghetto; das Erleben der transsexuellen Bree und des adoleszenten Toby übersteigt unseren Verstand bei Weitem.

Das Roadmovie ist bekannt als Genre der Selbstsuche. Was also sucht, was will Bree? Und was will Toby? Die Vorsilbe »Trans-« bedeutet »hinüber«, »durch« und »hindurch«. Was machen die beiden also durch? Auf dem Weg von New York nach Los Angeles, bei der Durchquerung Nordamerikas, findet für beide Protagonisten eine innere Durchquerung statt: für Bree von einem Geschlecht zum anderen und vom kinderlosen Erwachsenen zum Vater, für Toby vom Kind zum Erwachsenen und vom Waisen zum Sohn.

Transamerica ist der Erstlingsfilm des US-Regisseurs Duncan Tucker. Er gewann mehrere Publikumspreise, unter anderem einen Preis am internationalen Filmfestival Berlin 2005 und eine Oskar-Nominierung für seine Hauptdarstellerin Felicity Huffman in der Rolle der Bree. Die Kritik bezeichnet den Film als »himmlisch-charmant« und »leichtfüßig«, die Benennung seines Genres ist jedoch widersprüchlich: Sie geht von

»Adventure« über »Comedy« bis hin zu »Drama«. Das Genre des Films scheint somit nicht ganz eindeutig zu sein. Im Französischen bedeutet Genre neben Art und Gattung auch Geschlecht. Und es wird sich zeigen: So wenig eindeutig wie das Geschlecht des Films, so wenig eindeutig sind auch die Geschlechter im Film.

Kommentar

Verleugnung 1: Ich werde eine Frau sein

Bree ist Stan und ist ein Mann. Aber der Zuschauer weiß um das Paradox: Das biologische Geschlecht ist nicht das psychische Geschlecht. In der Folge werde ich von der Hauptfigur als Bree sprechen; ich werde von Stanley sprechen, wenn ich den Mann und das Kind meine, die Bree einmal war.

Bree hat nur einen Wunsch: Sie möchte sich von ihrem biologischen Geschlecht trennen: »Ich werde eine Frau sein.« Dazu muss Bree Dutzende von Operationen und Veränderungen an ihrem Körper vornehmen: Sie muss ihre Stimme verändern, rosa Frauenkleider anziehen und sich mit allen möglichen weiblichen Attributen bestücken, von Seidenstrumpfhosen bis zum Lippenstift. Dies alles mit nur einem Zweck: Dort, wo Doppeldeutigkeit herrscht, soll sie zu Eindeutigkeit werden.

Bree muss jede Spur von Stanley, der sie einmal war, auslöschen. Deshalb ist es nur konsequent, wenn sie ihren Namen ändert und von Stanley in der dritten Person spricht. Aus demselben Grund muss Bree auch ihre Familie leugnen: »Meine Familie ist tot«, sagt sie zum Psychiater, »meine Eltern sind tot«, sagt sie zu Toby; und Bree muss leugnen, dass sie jemals Sohn dieser Familie war: »Du hattest nie einen Sohn«, sagt sie zu ihrer Mutter. Es ist daher auch konsequent, dass Stanley versucht hat, sich durch einen Suizid selbst auszulöschen.

Schließlich muss Bree auch ihren Sohn leugnen. Drei Mal versucht sie, Toby loszuwerden: das erste Mal am Telefon, das zweite Mal in seinem Zimmer in New York und das dritte Mal möchte sie Toby bei seinem Stiefvater abladen. Aber warum? Als Bree das alte Foto von Stan und dessen Affäre erstmals sieht, muss sie sich übergeben, denn das Foto ist ein unwillkommener Zeuge: Bree ist Stan, hatte eine Affäre mit einer Frau und hat einen Sohn. Toby verkörpert also das, was Bree tot wissen will – Toby ist das leibhaftige Resultat von Stanleys Männlichkeit.

Bree möchte sich also trennen: von ihrer Vergangenheit, ihrer Familie, ihrem Geschlecht. Aber Bree möchte dies gewaltsam tun. Damit drückt sie aus, dass es ihr innerlich nicht möglich ist, sich zu trennen. Und weil es ihr nicht möglich ist, muss Bree verleugnen; ihre Verleugnung ist demnach der Versuch einer gewaltsamen Trennung. Zum Zeitpunkt, zu dem der Film spielt, möchte sich Bree nicht mehr von ihrem Leben trennen, sondern von ihrem Penis. Wenn das biologische Geschlecht aber nicht das psychische ist, wovon möchte sich Bree dann innerlich trennen?

Verleugnung 2: Ich brauche keine Familie

Toby ist ein verwahrloster Jugendlicher, sein Leben ist strukturlos, seine Zukunft aussichtslos. Er prostituiert sich, konsumiert Drogen und lebt in einer Bruchbude. Im krassen Gegensatz zu Tobys »beruflicher« Tätigkeit stehen seine kindlichen Züge – die zweite Hälfte des Films verbringt Toby mit seinem Plüschäffchen. Toby befindet sich in einer prekären Übergangsphase zwischen Kindheit und Erwachsenenalter, einem Übergang, in dem Realität und Fantasie auseinanderklaffen.

Was ist mit Tobys Eltern? »Ich habe meinen Vater nie kennengelernt, Mum hat nie über ihn gesprochen.« Der Vater ist abgehauen; Tobys Mutter wiederum hat sich gewaltsam von ihrem Leben getrennt, und Toby hat sie gefunden: Sie hat sich vergast. Eine wahrlich lebensuntaugliche Mutter. So wurde Toby gewaltsam von Vater und Mutter getrennt und hat nun einen Vater vor sich, der nicht nur sich selbst, sondern auch ihn, Toby, verleugnet. Der Stiefvater ist als Vaterfigur unzulänglich: Er benutzt Toby nach seinen Gelüsten, dringt in Tobys körperliche und psychische Sphäre ein und ignoriert seinen Willen. Tobys Stiefvater lässt keine psychische und körperliche Trennung zu. So hat Toby einen gewaltsamen Abbruch der emotionalen Bindung zu seinen Eltern und eine destruktive Bindung zu seinem Stiefvater erlebt.

Auf diesem Hintergrund erstaunt es nicht mehr, dass Tobys Erleben übersexualisiert ist und er sich prostituiert, denn in der Prostitution prallen absolute Fremdheit und körperliche Intimität zusammen. Seine sexuelle Identität ist jedoch diffus: Ob Toby Mädchen oder Jungs mag, ist unklar. Im Spielsalon lässt er sich von einem burschikosen Mädchen küssen, mit homosexueller Prostitution verdient er sein Geld. Ist Bree eine Frau, will er sie verführen, hat sie einen Penis, ist das auch gut – er findet sie sexy.

Auf den ersten Blick wirkt Toby desinteressiert, doch er hegt einen Wunsch: Er sucht seinen Vater. Der Gedanke an den Vater ist die einzige innere Verbindung, die ihm geblieben ist. Es ist daher auch verständlich, wenn er seinen Vater stark idealisiert – »mein Dad war ein halber Indianer, mein Dad ist reich und hat eine Villa«. Genau wie Bree hat sich auch Toby innerlich noch nicht von seiner Vergangenheit, von seiner Kindheit, von Vater und Mutter getrennt.

Verleugnung 3: Im Namen der Mutter

Als Bree und Toby bestohlen werden, kommt Bree alles abhanden, was zur Aufrechterhaltung der Verleugnung notwendig ist: Schminke, Hormone und Geld. Bree muss sich somit ihrer Familie stellen: »Dad, ich bin es, nur eben anders.« Der verlorene Sohn kehrt als Tochter zurück und versucht verzweifelt, totzureden, dass er einst Sohn war. Wie soll eine Mutter da nicht verrückt werden? Doch Brees Mutter ist dominant, respektlos und übergriffig. Es wird ersichtlich, wie sie Toby, aber auch Bree bevormundet und belehrt. Toby soll sich ihr zu Füßen setzen, damit sie ihn kämmt wie den eigenen Hund; die Vermutung liegt nahe, dass sie dies auch mit Stanley getan hat. Sie möchte Bree Toby als Ersatz für den verlorenen Sohn sogar abkaufen; Toby ist schon fast in ihren Besitz übergegangen. Schließlich möchte sich Brees Mutter vergewissern, »ob Bree es noch hat«, und fasst ihr kurzerhand zwischen die Beine. Die Mutter greift nach dem Penis des Sohns, als ob es ihr eigener wäre.

Brees Vater ist eine schwache Figur ohne Prinzipien, ohne klares Begehren, und er macht den Eindruck eines nur an Sex interessierten Primitivlings. Brees Vater ist Jude, und das Judentum wird bekanntlich nur über die mütterliche Linie vererbt. In Brees Familie hat dies jedoch weit mehr als eine nur religiös-kulturelle Bedeutung, denn hier ist die

Potenz in Mutterhand: Brees Mutter erniedrigt die Männer ihrer Familie, bestimmt über sie, behandelt sie wie Hunde. Obwohl sie angeblich möchte, dass Bree ein Mann bleibt, nimmt Brees Mutter das männliche Geschlecht nicht wirklich ernst als eines, das etwas zu sagen hätte. In ihrer Gegenwart duldet sie keine ihr ebenbürtigen potenten Männer, sondern hat die sprichwörtlichen Hosen an. Brees Vater wiederum ist nicht in der Lage, seine Funktion als Vater zu erfüllen und sich der Mutter gegenüber zu behaupten (vgl. Fink 2006, S. 82–83).

Brees Mutter benutzt somit die Legitimation, die ihr durch die matrilineare Verwandtschaftsstruktur des Judentums gegeben ist, um die Macht über ihre Familienmitglieder zu ergreifen. Sie erlegt der Familie damit in unbefugter Weise ihr eigenes Gesetz auf, das da lautet: Die Mutter bestimmt das Geschlecht. Brees Mutter erkennt somit das männliche Geschlecht nicht als anderes Geschlecht an, sondern verleugnet die sexuelle Differenz – sie ist das Geschlecht. Somit kastriert sie imaginär sowohl ihren Ehemann als auch Bree und Toby. In ihrer eigenen Fantasie und in jener der Familienmitglieder hat sie die Potenz inne. Die imaginäre Kastration durch Brees Mutter ist aber eine doppelte: Indem sie Ehemann und Sohn ein eigenes Geschlecht abspricht, spricht sie ihnen auch ab, eigenständige von ihr getrennte Subjekte zu sein. Sie lässt nicht zu, dass sich die Familienmitglieder innerlich von ihr trennen (vgl. Müller-Pozzi 2008, S. 149–152).

Diffusion 1: Ein Mann ist kein Mann

Angesichts dieser Familienkonstellation ist Brees dringlicher Wunsch verständlich: »Wenn meine Eltern mich nur richtig anschauen würden, dann würden sie mich sehen!« Damit sagt sie aber auch, dass Stanley nie als Sohn und Subjekt, sondern höchstens vielleicht als folgsamer Hund gesehen wurde. Stans Mutter hat ihm ihre eigenen Vorstellungen und ihr eigenes Gesetz auferlegt. Sie hat ihren Sohn damit nicht seiner biologischen, wohl aber seiner psychischen Männlichkeit beraubt. Stan ist zwar biologisch ein Mann, seine Mutter spricht ihm aber sein psychisches Geschlecht ab.

Dies hat für Stan schwerwiegende Folgen. Im Gegensatz zum biologischen Geschlecht, das von Geburt an gegeben ist, muss sich das Kind sein psychisches Geschlecht erst aneignen (vgl. Müller-Pozzi 2008, S. 143–145). Das Kind kann sich sein psychisches Geschlecht aber nur aneignen, wenn ihm die Eltern dieses Geschlecht auch zuerkennen (vgl. Laplanche 2007, S. 104–105). Als Stan trug Bree noch den Namen des Vaters, Shupak; mit ihrer Geschlechtsumwandlung hat sich Bree aber den Namen der Mutter, Osbourne, zugelegt. Stan, der sich sein biologisches Geschlecht nicht psychisch aneignen konnte, musste sich stattdessen die Wünsche und Fantasien seiner Mutter zu eigen machen (vgl. Fink 2006, S. 86). Im Namen der Mutter ist Bree folglich kein Mann und kann keiner sein: Stan als Mann gibt es tatsächlich nicht. Somit wird klar, dass Bree, als Mann und als Sohn selbst verleugnet, nun auch ihren eigenen Sohn verleugnen muss.

Diffusion 2: Vater ist Mutter, Mutter ist Vater

Toby möchte Bree verführen, doch was begegnet ihm? Eine Bree mit Penis. Wenig später findet Toby Bree aber auch mit Penis sexy, und er bietet sich ihr als Liebespartner an; er bietet ihr sogar an, sie zu heiraten. Versteht man diese Szene als Ausdruck von Tobys Begehren, so verführt Toby imaginär seinen eigenen Vater. Aber Toby möchte seinen Vater heiraten, der zugleich Mutter ist. Oder andersherum: Toby verführt seine Mutter, die zugleich sein Vater ist. Die Worte reichen kaum, um Tobys Erleben zu erfassen, denn die anfängliche Fremdheit zwischen Vater und Sohn ist ins Gegenteil umgeschlagen: in eine unerträgliche Verschmelzung der Geschlechter und Identitäten. Vater- und Mutterfigur sind in Tobys Erleben in der Figur von Bree diffus vereint, und Bree ist Eltern- und Liebesfigur zugleich. In Tobys Erleben besteht demnach keine Trennung zwischen Subjekten, Geschlechtern und Generationen. Kein Wunder, dass sich Toby bei all der Verwirrung mit Drogen betäuben muss.

Trennung 1: Außen ist Innen, Innen ist Außen

Schließlich unterzieht sich Bree der heiß ersehnten Operation und trennt sich konkret von ihrem Penis. Diese Operation – so meine Behauptung –

ist Brees Versuch, sich innerlich von der Mutter und deren Begehren zu trennen (vgl. Fink 2008, S. 84 und S. 102–103). Dafür sprechen zwei Gründe. Erstens das mütterliche Gesetz: Wenn nur die Frau potent ist und nur sie das Geschlecht bestimmt, existiert nur die Frau. Damit Stan psychisch existieren und sich als Subjekt wahrgenommen fühlen kann, muss er sich das mütterliche Gesetz zu eigen machen; er muss die imaginäre Position einnehmen, die ihm von seiner Mutter zugewiesen wurde, nämlich die Position der Frau. Somit versucht Stan verzweifelt, als Bree seine Existenz zu legitimieren und psychisch zu überleben.

Brees operative Geschlechtsumwandlung kann daher als Konkretisierung der Botschaft ihrer Mutter, als Erfüllung ihrer Wünsche verstanden werden: Stan will nicht als Mann begehrt werden und schon gar nicht eine Frau haben – er will Frau sein. In diese Position wurde er hinein gedrängt, und in diese Position flüchtet er sich: Es ist eine erzwungene Wahl (vgl. Fink 2006, S. 90ff.). Signifikant hierfür ist, dass Bree die Hormone der Mutter schluckt: Sie möchte sich die weibliche Potenz der Mutter buchstäblich einverleiben. So muss sich Stan paradoxerweise mit der Mutter und ihrem Begehren identifizieren, um sich von ihr zu trennen.

Zweitens: Bree setzt in ihrer Fantasie den Penis mit der mütterlichen Potenz gleich; der Penis ist für sie die Mutter, und zwar nicht symbolisch, sondern ganz konkret: Der Teil steht hier im Sinn eines Pars pro Toto für das Ganze (Ottmers 2007, S. 181). Weil Bree innerlich keine Trennung symbolisieren und durchführen kann, muss sie sich real von ihrem Penis trennen; Bree sucht demnach das Symbolische im Realen. Wenn dies auch eine Scheinlösung sein mag: Die äußere Trennung von ihrem Glied ist für Bree die einzige Möglichkeit, sich innerlich von der Mutter zu trennen und ihre Individuation durchzuführen.

Trennung 2: Ein Mann ist ein Mann

»Du bist nicht mein Vater!«, schreit Toby Bree zu, nachdem er von ihr erfahren hat, dass sie sein Erzeuger ist. Wenn man bedenkt, dass es sich nicht um den biologischen Vater handelt, sondern um den psychischen, so muss man Toby Recht geben. Ein Vater, der sich selbst als weibliches Wesen begehrt, sich in seinem Begehren als weiblich versteht und sich dem Sohn als Mutter präsentiert, kann seine Funktion als Vater unmöglich einnehmen. Doch wie dem auch sei, Toby muss sich trotzdem von ihm lösen: Durch den Schlag in Brees Gesicht trennt er sich innerlich und äußerlich gewaltsam von seinem Vater. Tobys Wut und Enttäuschung sind aber nicht nur auf die verwirrenden Verhältnisse und deren Enthüllung zurückzuführen; es sind in geballter Form jene Gefühle, die für jede Trennung notwendig sind. Die Schwierigkeit von Bree und Toby wird nun verständlich: Es ist die Schwierigkeit eines Subjekts, das verleugnet wurde, sich zu trennen.

Schließlich gelingt es beiden, ein selbstständiges Leben zu führen. Bree holt den Schulabschluss nach und möchte Lehrerin werden. Toby hat die Idealisierung seines Vaters überwunden und kann nun seinen Weg gehen; er wird blond und dreht Pornos. Toby kann sich Bree auch wieder annähern, doch indem er ihr den Flyer für seinen Pornofilm zeigt, gibt er ihr klar zu verstehen: Er ist ein Mann. Der Vater, der die eigene Männlichkeit mit allen Mitteln aus der Welt schaffen wollte, muss sich nun die Männlichkeit seines Sohns in voller Behauptung ansehen. Während sich Tobys Vater ganz als Frau verstanden wissen will, hat Toby die entgegengesetzte Lösung gewählt: Im Pornofilm für Homosexuelle kann Toby seine Männlichkeit zelebrieren, kann sich ihrer ganz versichern, und zwar zwanghaft repetitiv: Ich bin ein Mann, bin ein Mann, bin ein Mann – was bei all der weiblichen Bedrohung ja auch verständlich ist.

Literatur

Fink, Bruce (2006): Das Lacansche Subjekt. Zwischen Sprache und jouissance. Wien (Turia+Kant).
Laplanche, Jean (2007): La sexualité élargie au sens freudien 2000–2006. Paris (PUF).
Müller-Pozzi, Heinz (2008): Eine Triebtheorie für unsere Zeit. Sexualität und Konflikt in der Psychoanalyse. Bern (Huber).
Ottmers, Clemens (2007): Rhetorik. 2. aktualisierte und erweiterte Auflage. Stuttgart (Metzler).

Filmografie

37°2 le matin
(Betty Blue – 37,2 Grad am Morgen)

Frankreich 1986, 120 min

REGIE: Jean-Jacques Beineix
DREHBUCH: Jean-Jacques Beineix, Philippe Djian
PRODUKTION: Jean-Jacques Beineix, Claudie Ossard
MUSIK: Gabriel Yared, Franz Schubert
KAMERA: Jean-François Robin
SCHNITT: Monique Prim
BESETZUNG: Jean-Hugues Anglade, Béatrice Dalle, Gérard Darmon, Consuelo De Haviland

Betty zieht zu Zorg, der sich um den Unterhalt einer abgetakelten Ferienhaussiedlung am Meer kümmert und sich heimlich als Schriftsteller versucht. Eine betörende und verstörende »amour fou« beginnt, die zeitweilig paradiesisch anmutet, aber auch verdächtig überhitzt aussieht. Zufällig stößt Betty eines Tages auf ein Manuskript von Zorg und ist von da an von seiner außerordentlichen Begabung überzeugt. Das von ihr abgetippte Manuskript wird jedoch von mehreren Verlagen abgewiesen. Die nicht endenden Frustrationen wecken in Betty zunehmend Aggressionen, nicht nur gegen zufällige Personen, sondern auch gegen sich selbst. Schleichend nähert sich Betty einer psychotischen Dekompensation, während Zorg mit ihr von Ort zu Ort zieht, immer auf der Suche nach einer Möglichkeit, gemeinsam mit ihr leben und arbeiten zu können, sei es als Kellner in einer Pizzeria, sei es als Inhaber eines Klavierladens. Nachdem Bettys Wunsch, von Zorg ein Kind zu bekommen, scheitert, dekompensiert sie endgültig und wird in einer psychiatrischen Klinik hospitalisiert, wo der hilf- und hoffnungslose Zorg ein Ende mit Schrecken einem Schrecken ohne Ende vorzieht.

Alien

Großbritannien/USA 1979, 112 min

REGIE: Ridley Scott
DREHBUCH: Dan O'Bannon, Ronald Shusett
PRODUKTION: Gordon Carroll, David Giler, Walter Hill
MUSIK: Jerry Goldsmith
KAMERA: Derek Vanlint
SCHNITT: Terry Rawlings, Peter Weatherley
BESETZUNG: Sigourney Weaver, Ian Holm, Tom Skerritt, Harry D. Stanton

Ein unheimliches Wesen aus einer fremden Welt, eine ganz unheldenhaft menschliche Crew, hilflose Raumfahrttechniker, ein Bordcomputer namens Mother. Das Raumschiff Nostromo ist nach einer langen Reise durchs All auf dem Rückweg zur Erde. Mother ändert aufgrund eines Funksignals selbstständig den Kurs und weckt die Besatzung aus dem Kälteschlaf. Das Signal wird zunächst als Notsignal interpretiert; die Crew landet auf einem unwirtlichen Planetoiden, um der Ursache des Funksignals nachzugehen. Ellen Ripley, an Bord zurückgeblieben, schöpft Verdacht. Nicht ganz zu Unrecht, denn von nun an reist das Alien mit. Die Mannschaft schwindet dahin, nur Ripley entkommt dem Alien in der Rettungskapsel Narcissus. Ripley zerstört das Mutterschiff und mit ihm vermeintlich auch das Alien. Doch dieses taucht im Rettungsboot nochmals auf, und Ripley besiegt es in einem finalen

Kampf: Das Alien verendet im Vakuum des Weltalls. Ripley legt sich in der Hoffnung auf Rettung in die Kälteschlafkammer. Angelpunkt des Films ist das wuchernde, kaum je sichtbare Monster, eine Killermaschine par excellence. Der Zentralcomputer Mother seinerseits ist keine beschützende Mutter und verrät seine Kinder. Eine schmuddelige Crew, ein Raumschiff wie eine Müllhalde – hier wird der Welt-Raum zum Alb-Traum.

Apocalypse Now Redux

USA 1979/2001, 202 min

REGIE: Francis Ford Coppola
DREHBUCH: John Milius, Francis Ford Coppola
PRODUKTION: John Ashley, Eddie Romero, Mona Skager
MUSIK: Carmine Coppola
KAMERA: Vittorio Storaro
SCHNITT: Lisa Fruchtman, Gerald B. Greenberg, Walter Murch
BESETZUNG: Martin Sheen, Marlon Brando, Robert Duvall, Dennis Hopper

Saigon gegen Ende des Vietnamkriegs. Captain Willard, ein desillusionierter amerikanischer Eliteoffizier, erhält von der Armeeführung den geheimen Auftrag, Colonel Kurtz, der tief im Dschungel auf eigene Faust Krieg führt und unvorstellbare Grausamkeiten verüben soll, zu eliminieren. In einem kleinen Kanonenboot und mit einer Handvoll Soldaten macht er sich flussaufwärts auf den Weg, um seine Mission zu erfüllen. Willard wird Zeuge der absurden und zynischen amerikanischen Kriegsführung, der völligen Ignoranz und Verzweiflung der Soldaten, des Leidens der vietnamesischen Bevölkerung, der Brutalität der gnadenlosen Kriegsmaschinerie. Der Irrsinn des Kriegs und der Horror des Inhumanen werden dem Zuschauer schonungslos vor Augen geführt. Willard erreicht nach Strapazen und Verlusten schließlich die Basis von Kurtz. Erst wird er von Kurtz gefangen genommen, dann wird ihm im Camp Bewegungsfreiheit gewährt. Willard zögert nicht und führt seinen

Auftrag aus. Er tötet Kurtz und verlässt, nachdem er es abgelehnt hat, die Position von Kurtz selbst einzunehmen, mit seinem letzten überlebenden Soldaten das Camp.

Caduta degli dei, La (Die Verdammten)

Italien 1969, 155 min

REGIE: Luchino Visconti
DREHBUCH: Nicola Badalucco, Enrico Medioli, Luchino Visconti
PRODUKTION: Alfredo Levy, Ever Haggiag
MUSIK: Maurice Jarre
KAMERA: Armando Nannuzzi, Pasquale De Santis
SCHNITT: Ruggero Mastroianni
BESETZUNG: Dirk Bogarde, Ingrid Thulin, Helmut Griem, Helmut Berger

Die Nachricht vom Reichstagsbrand platzt in die Geburtstagsfeier Joachim von Essenbecks, des Stahlbarons einer deutschen Industriellenfamilie. Unter den Familienmitgliedern befinden sich auch Sophie und ihr Sohn Martin, der, dekadent und pervers, als Joachims Enkel im Kostüm des »Blauen Engels« eine Transvestitenshow zeigt. In derselben Nacht wird Joachim ermordet. Sein Mörder Friedrich Bruckmann – Sophies Geliebter – steigt zum Generalbevollmächtigten des Unternehmens auf. Joachims Sohn Konstantin meldet ebenfalls seine Ansprüche auf die Führung des Unternehmens an, wird aber im Rahmen der Abschlachtung der SA durch die SS in Bad Wiessee ebenfalls von Bruckmann umgebracht – auf Anstiftung eines Cousins der Familie, des hohen SS-Offiziers Aschenbach. Für Aschenbach ist Bruckmann ein gefährlicher Mitwisser. Martin ist wegen seiner aktenkundigen pädophilen Neigung dem Nazi ausgeliefert. Als die machtgeile Sophie und ihr Geliebter versuchen, Martin zu enterben, richtet sich Martins Hass auf die beiden. Er vollzieht mit der Mutter den Inzest, woraufhin Sophie in einen psychotischen Zustand verfällt, der sich auf die ganze Handlung überträgt. Martin, in eine SS-Uniform gekleidet, zwingt Sophie in einer unheimlichen, derealisierten und mechanisierten Atmosphäre, Bruckmann zu heiraten, um anschließend das frisch vermählte Paar mit zwei Zyankalikapseln zum Selbstmord einzuschließen. Das infernalische Glühen eines Hochofenstiches kündigt zuletzt den Ausbruch der Hölle an.

Conversation, The (Der Dialog)

USA 1974, 109 min

REGIE: Francis Ford Coppola
DREHBUCH: Francis Ford Coppola
PRODUKTION: Francis Ford Coppola
MUSIK: David Shire
KAMERA: Bill Butler
SCHNITT: Walter Murch
BESETZUNG: Gene Hackman, John Cazale, Allen Garfield, Harrison Ford

Der Abhörspezialist Harry Caul überwacht im Auftrag eines Firmenchefs dessen Ehefrau, die angeblich mit einem Angestellten ein Verhältnis hat. Bei einem Stelldichein während der Mittagszeit belauschen Caul und sein Team das nichts ahnende Paar. Bei der Bearbeitung der Tonaufnahmen glaubt der Abhörspezialist zu entdecken, dass sein Auftraggeber einen Mord an dem heimlichen Liebespaar plant. Der sonst so distanzierte Caul, der den direkten Kontakt mit seinen Mitmenschen vermeidet und auch seiner Freundin nicht sagt, wo er wohnt und was er arbeitet, versucht, das Verbrechen zu verhindern. Er mietet sich in das Hotel ein, in dem sich das Paar treffen will; der hintergangene Gatte weiß von der Verabredung. Im Nebenzimmer wird Caul Zeuge eines Mordes. Doch nicht die Ehefrau oder ihr Geliebter ist das Opfer, sondern der Firmenchef, dessen Tod offenbar schon von langer Hand geplant war. Als der erschütterte Harry Caul sich in seine Wohnung zurückzieht, klingelt dort das Telefon, obwohl niemand seine Nummer kennt. Caul wird davor gewarnt, etwas von dem Komplott zu verraten; man spielt ihm eine Tonaufnahme ab, die beweist, dass in seiner Wohnung Mikrofone versteckt sind. Auf der Suche nach den Wanzen demoliert Caul sein ganzes Appartement, doch die Abhöranlage ist nirgends zu finden.

Damage (Verhängnis)

Frankreich 1992, 107 min

REGIE: Louis Malle
DREHBUCH: David Hare, Josephine Hart
PRODUKTION: Louis Malle
MUSIK: Zbiginiew Preisner
KAMERA: Peter Biziou
SCHNITT: John Bloom
BESETZUNG: Jeremy Irons, Juliette Binoche, Miranda Richardson, Rupert Graves

Der Staatssekretär Stephen Fleming hat es weit gebracht – steile Karriere, Wohlstand, Familie. Seine Frau ist stolz auf ihn. Überraschend begegnet er Anna Barton, der neuen Freundin seines Sohns Martyn. Vom Blick dieser attraktiven Frau fühlt er sich sogleich in den Bann gezogen. Als Anna den Kontakt wieder sucht, kann Stephen nicht widerstehen. Er stürzt sich hemmungslos leidenschaftlich in die inzestuöse Beziehung. Anna enthüllt nach und nach die Tragik ihrer Jugend. Als sie sich aus der engen Beziehung zu ihrem Bruder lösen wollte, nahm dieser sich 16-jährig das Leben. Das Verhältnis zwischen Martyn und Anna wird immer verbindlicher. Für Stephen dagegen ist die Realität des Getrenntseins unerträglich. Er ist bereit, sein bürgerliches Leben für Anna aufzugeben. Aber Anna beschwört ihn, nichts zu verändern; sie werde stets für ihn da sein. Die Heirat zwischen Martyn und Anna wird vorbereitet. Annas Mutter, der nichts entgangen ist, bittet Stephen, sich zurückzuziehen, worauf er den Versuch macht, die Beziehung zu beenden. Anna spürt seine Halbherzigkeit und schickt ihm die Schlüssel zu einem heimlich gemieteten Zimmer. Martyn, der die Adresse zufällig erfährt, überrascht seinen Vater mit Anna im Bett. Entsetzt weicht er zurück und stürzt über das Treppengeländer zu Tode. Stephen verliert alles. Zurückgezogen verbringt er sein Leben mit einem wandbreit vergrößerten Foto von Anna, Martyn und ihm selbst. Anna beginnt ein neues Leben mit Peter.

Dreamers, The (Die Träumer)

Großbritannien 2003, 115 min

REGIE: Bernardo Bertolucci
DREHBUCH: Gilbert Adair
PRODUKTION: Jeremy Thomas
MUSIK: Jimi Hendrix, Janis Joplin, The Doors, Michel Polnareff, Françoise Hardy, Charles Trenet und andere
KAMERA: Fabio Cianchetti
SCHNITT: Jacopo Quadri
DARSTELLER: Michael Pitt, Eva Green, Louis Garrel, Anna Chancellor

Mai 1968. Der junge Amerikaner Matthew weilt für ein Sprachstudium in Paris. Vor der geschlossenen Cinémathèque Française begegnet er dem Zwillingspaar Isabelle und Théo und befreundet sich mit ihnen. Gerne nimmt er ihre Einladung an, während der Ferien ihrer Eltern zu ihnen in die große Wohnung zu ziehen. Während draußen die Straßenkämpfe toben, verlassen die drei immer seltener die Wohnung. Matthew wird immer mehr in die Fantasiewelt der Zwillinge hineingezogen. Sie spielen Filmszenen nach, und wer im Ratespiel scheitert, den trifft eine Strafe. Sie schreiten zur Tat, immer härter werden die Strafen: von der öffentlichen Masturbation zum ebenso öffentlichen Koitus – nichts wird ausgelassen. Matthew verliebt sich in Isabelle und möchte sie aus der symbiotischen Beziehung zu Théo befreien, doch Isabelle schafft den Schritt nicht. Als Isabelle merkt, dass die Eltern eines Nachts kurz nach Hause zurückgekehrt sind und das geschwisterliche Treiben entdeckt haben, will sie aus Schuld und Scham nicht nur sich, sondern auch Matthew und Théo umbringen. Der Versuch scheitert daran, dass ein Stein durch das Fenster fliegt: Die drei stehen auf und gehen auf die Straße. Théo und Isabelle nehmen an den Kämpfen teil, Théo wirft seinen ersten Molotow-Cocktail. Matthew versucht noch, die beiden zu stoppen, bleibt aber allein zurück.

Duel
(Duell)

USA 1971, 90 min

REGIE: Steven Spielberg
DREHBUCH: Richard Matheson
PRODUKTION: George Eckstein
MUSIK: Billy Goldenberg
KAMERA: Jack A. Marta
SCHNITT: Frank Morriss
BESETZUNG: Dennis Weaver, Jacqueline Scott, Tim Herbert, Lou Frizzell

So spannend kann Autofahren sein. David Mann, ein unscheinbarer Angestellter, ist geschäftlich mit seinem Wagen unterwegs im kalifornischen Hinterland. Ein wichtiger Kunde wartet, die Ehefrau nervt am Telefon, er ist gestresst und will keinen Ärger. Doch der kommt schneller, als Mann sein rotes Auto vorwärts bringt. In der menschenleeren Gegend taucht plötzlich ein Tanklastwagen auf, schikaniert ihn mit dummen Überholspielchen, lässt sich trotz Manns trickreicher Fluchtversuche nicht abhängen und wird immer mehr zum lebensgefährlichen Verfolger. Es gelingt Mann nicht, Hilfe zu holen, denn niemand will ihm glauben. Was zunächst den Anschein eines harmlosen, bald ärgerlichen Spiels macht, entwickelt sich zu einer wahnwitzigen Autojagd. Nach etlichen Zwischenfällen lockt Mann den Feind in einem spektakulären Showdown in den Abgrund. Mister Mann gegen ein Monster, David gegen Goliath: In *Duel* wird die Distanz zwischen Film und Zuschauer so eng wie der Abstand des Trucks zur Stoßstange von David Manns Wagen. Mit wenigen Zutaten ungeheuer viel Spannung – der Psychothriller war das Spielfilmdebüt des damals gerade 25-jährigen Steven Spielberg.

Fight Club

USA/Deutschland 1999, 139 min

REGIE: David Fincher
DREHBUCH: Jim Uhls
PRODUKTION: Ross Grayson Bell, Art Linson
MUSIK: The Dust Brothers
KAMERA: Jeff Cronenweth
SCHNITT: Jim Haygood
BESETZUNG: Edward Norton, Brad Pitt, Helena Bonham Carter, Zach Grenier

Der vereinsamte Angestellte Jack leidet an chronischer Schlaflosigkeit. Um sich mit anderen Leidenden zu konfrontieren, simuliert er Krankheiten und findet Trost und Geborgenheit in Selbsthilfegruppen. Dabei trifft er auf Marla Singer, die ihn durchschaut und sich für ihn interessiert. Jack entwickelt einen imaginären Doppelgänger, Tyler Durden, der das verkörpert, was Jack gerne wäre. Während er Marla zurückweist, begehrt und befriedigt Tyler sie sexuell. Jack und Tyler entwickeln ein von Tyler nach sadistischen Regeln inszeniertes und kommandiertes brutales Männerritual, den Fight Club, in dem es darum geht, einander so hart als nur möglich zu schlagen. Das Ritual findet immer mehr Anhänger; gleichzeitig verliert es an Reiz, die aggressive Befriedigung muss gesteigert werden. Aus dem Fight Club wird eine von Tyler angeführte Terrorarmee rekrutiert, deren vandalistische Aktionen immer skurrilere und sadistischere Formen annehmen. Als Höhepunkt wird die Sprengung von Bankenhochhäusern geplant. Jack erkennt, dass sein Doppelgänger ein Teil seines Selbst ist, geht zu ihm auf Distanz und überwindet die Spaltung, indem er den Doppelgänger tötet und zur Liebesbeziehung mit Marla findet.

Filmografie

Harry, un ami qui vous veut du bien
(Harry meint es gut mit dir)

Frankreich 2000, 117 min

REGIE: Dominik Moll
DREHBUCH: Dominik Moll, Gilles Marchand
PRODUKTION: Diaphana
MUSIK: David S. Whitaker
KAMERA: Matthieu Poirot-Delpech
SCHNITT: Yannick Kergoat
BESETZUNG: Laurent Lucas, Sergi López, Mathilde Seigner, Sophie Guillemin

Ein Sommer in Frankreich. Michel und Claire sind mit ihren drei quengelnden Töchtern im überhitzten Auto unterwegs in ihr Ferienhaus. Unterwegs trifft Michel auf der Toilette einer Autobahnraststätte seinen alten Schulkollegen Harry, an den er sich kaum erinnern kann. Harry, ein reicher Bonvivant, plant gemeinsam mit seiner Freundin Prune kurzerhand einen Abstecher zu Michel und Claire in deren einsames, renovationsbedürftiges Ferienhaus. Er überrascht durch intime Kenntnis von Michels Schulvergangenheit und animiert Michel, doch wieder mit dem Schreiben anzufangen, da er von seiner Begabung überzeugt ist. Um ihr den Alltag zu erleichtern, schenkt Harry der Familie als Erstes einen klimatisierten Offroader. Dann beginnt er, in Michels Leben aufzuräumen, indem er die dominanten Eltern von Michel in einen tödlichen Autounfall treibt. Nach der Beerdigung muss als nächster Störenfried Michels Bruder daran glauben. Harry geht kaltblütig vor, und nur Claire kommen Zweifel, wie gut Harry ihrem Michel eigentlich tut. Als Michel Prunes Intelligenz in Zweifel zieht, bringt Harry auch sie um und entsorgt die Leiche gemeinsam mit Michel in einem Schacht im Garten. Der Vorschlag, gemeinsam auch noch Claire und die Töchter zu beseitigen, geht Michel dann aber zu weit: Michel tötet Harry und versenkt seine Leiche im selben Schacht, den er nachts zuschüttet. Am nächsten Tag scheint die Sonne. Die Familie reist glücklich und entspannt im klimatisierten Auto nach Hause.

Hours, The
(The Hours – Von Ewigkeit zu Ewigkeit)

USA 2002, 114 min

REGIE: Stephen Daldry
DREHBUCH: David Hare
PRODUKTION: Robert Fox, Scott Rudin
MUSIK: Philip Glass, Richard Strauss
KAMERA: Seamus McGarvey
SCHNITT: Peter Boyle
BESETZUNG: Nicole Kidman, Julianne Moore, Meryl Streep, Stephan Dillane

Drei Frauen, drei Zeiten, drei Schicksale, kunstvoll verbunden durch einen Roman. In den frühen 20er Jahren des letzten Jahrhunderts, in einem Londoner Vorort, kämpft die geniale Schriftstellerin Virginia Woolf mit ihren psychischen Abgründen und dem ersten Satz ihres Romans *Mrs. Dalloway*, dem sie ursprünglich den Titel *The Hours* geben wollte. 20 Jahre später, im Los Angeles der Nachkriegszeit, liest sich die schwangere Hausfrau und Mutter Laura Brown mit *Mrs. Dalloway* aus einem Leben weg, in dem sie nur äußerlich verwurzelt zu sein scheint. Wie Mrs. Dalloway, der Protagonistin in Virginias Woolfs Roman, werden Laura die Doppelbödigkeit und das Lügenhafte ihres Lebens bewusst, und sie trifft eine folgenreiche Entscheidung. Schließlich, im Jahr 2001, gibt Clarissa Vaughan, eine Lektorin im heutigen New York, eine Party für ihren todkranken ehemaligen Geliebten – genau wie Mrs. Dalloway in Woolfs Roman. Drei Schicksale am Wendepunkt, drei Frauen, deren Lebensgeschichten sich in diesem einen Tag spiegeln und in ihrer Vielschichtigkeit entwickeln. In einem krisenhaften Augenblick bricht auf, was lange unbewusst war.

Filmografie

Je ne suis pas là pour être aimé
(Man muss mich nicht lieben)

Frankreich 2005, 93 min

REGIE: Stéphane Brizé
DREHBUCH: Stéphane Brizé, Juliette Sales
PRODUKTION: Milena Poylo, Gilles Sacuto
MUSIK: Eduardo Makaroff, Christop H. Müller
KAMERA: Claude Garnier
SCHNITT: Anne Klotz
BESETZUNG: Patrick Chesnais, Anne Consigny, Georges Wilson, Lionel Abelanski

Das Leben von Jean-Claude, Gerichtsvollzieher in zweiter Generation, ist freudlos und einsam. Verdrossen geht er seinem ungeliebten Beruf nach, lustlos verbringt er die Sonntage mit seinem tyrannischen Vater, dem er nichts recht machen kann. Mit schroffer Distanziertheit begegnet er seinen Mitmenschen, auch seinem Sohn, der lieber Grünpflanzen züchten würde, als in den Fußstapfen des Vaters Gerichtsentscheide zu verkünden. Einziges Vergnügen bietet Jean-Claude der Ausblick aus seinem Bürofenster: Tanzpaare üben sich, begleitet von berührender Musik, im Tango. Als ihm der Arzt eines Tages mehr Bewegung verordnet, wagt er einen Tangokurs. Dort lernt er Françoise kennen, 20 Jahre jünger als er, charmant, offen und zu seiner Überraschung an ihm interessiert. Im Tanz beginnt eine behutsame Annäherung und ein für beide verwirrendes Aufbrechen einer zarten Verliebtheit. Françoise allerdings steht, was Jean-Claude nicht weiß, kurz vor der Hochzeit mit Thierry, dessen Gedanken allerdings mehr um seine schriftstellerische Tätigkeit kreisen als um seine zukünftige Frau. Als Jean-Claude durch Zufall von Françoises Heiratsabsichten erfährt, bricht er den Kontakt abrupt ab. Aber in die alte Resignation fällt er nicht ganz zurück. Er löst sich aus der Unterwerfung gegenüber dem Vater, der kurz darauf stirbt, und entdeckt die Tragik ihrer gescheiterten Beziehung. Er entlässt seinen Sohn mit dem Rat, Gärtner zu werden. Und seine Sehnsucht bleibt lebendig: Im Traum sieht er sich hingebungsvoll mit Françoise Tango tanzen.

King Kong
(King Kong und die weiße Frau)

USA 1933, 96 min

REGIE: Merian C. Cooper, Ernest B. Schoedsack
DREHBUCH: James Ashmore Creelman, Ruth Rose
PRODUKTION: Merian C. Cooper, Ernest B. Schoedsack
MUSIK: Max Steiner, Bernhard Kaun
KAMERA: Edward Linden, J. O. Taylor, Vernon L. Walker
SCHNITT: Ted Cheesman
BESETZUNG: Robert Armstrong, Fay Wray, Bruce Cabot, Frank Reicher

Der berühmte Abenteuerfilmer Carl Denham bricht zu einer Seereise auf, deren Ziel er vorerst sogar dem Schiffskapitän verschweigt. Um seinem neuen Film noch mehr Glanz zu verleihen, verpflichtet er die bezaubernde, durch die Wirtschaftsdepression mittellos gewordene Schauspielerin Ann Darrow, die den Mut hat, ins Unbekannte mitzufahren. Zu Beginn der Reise hegt die Mannschaft noch Zweifel, ob es King Kong wirklich gibt oder ob Denham sich von dem norwegischen Kapitän, der ihm in Shanghai die Karte einer bisher unerforschten Insel verkaufte, einen Bären hat aufbinden lassen. Doch die auf keiner Seekarte registrierte Insel taucht tatsächlich auf, und als sie Zeuge des Rituals der Eingeborenen werden, wissen die Männer, dass es Kong gibt. Statt wie geplant zum inszenierten Filmabenteuer, gerät Ann in der Gewalt Kongs und ihre Befreiung wird zum Horrorerlebnis. Kong wird nach New York gebracht und als Achtes Weltwunder dem Publikum vorgeführt. Doch er sprengt seine Ketten und versetzt die Stadt durch sein zerstörerisches Wüten in Angst und Schrecken. Damit ist Kongs Untergang besiegelt.

Filmografie

Kukushka
(Kukuschka – Der Kuckuck)

Russland 2002, 100 min

REGIE: Aleksandr Rogozhkin
DREHBUCH: Aleksandr Rogozhkin
PRODUKTION: Sergei Selyanov
MUSIK: Dimitri Pavlov
KAMERA: Andrei Zhegalov
SCHNITT: Yuliya Rumyantseva
BESETZUNG: Anni-Kristiina Juuso, Ville Haapasalo, Viktor Bychkov, Aleksei Kashnikov

Die temperamentvolle Anni lebt allein auf ihrem Hof in der Tundra Lapplands. Der Zweite Weltkrieg, der auch im hohen Norden tobt, hat ihr vor vier Jahren den Mann genommen. Unweit ihrer Hütte wird der Finne Veikko von seinen Soldatenkollegen wie Prometheus an einen Stein gekettet, weil er als Pazifist nie in den Krieg wollte und viel lieber in Schweden Literatur studiert hätte. Er soll als Scharfschütze (Kukushka) noch möglichst viele Russen erledigen. Ivan, ein russischer Korporal, erleidet gleichzeitig ein ähnliches Schicksal. Er wird verhaftet, weil er Naturpoesie verfasst hat, doch eigene Flugzeuge beschießen den Jeep, und Ivan bleibt als Einziger schwer verletzt am Leben. Anni findet ihn und pflegt ihn in ihrer Hütte gesund. Bald taucht auch Veikko auf, der sich in ärgster Not und mit großem Erfindergeist von seinem Prometheus-Schicksal befreit hat. Alle drei sprechen eine andere Sprache – Finnisch, Russisch, Sami – und reden ununterbrochen aneinander vorbei. Doch hinter dieser Sprachverwirrung entsteht eine vierte Sprache, die alle drei verstehen: die Sprache des sexuellen Begehrens. Ein virtuoses Spiel zwischen Liebe und Hass beginnt.

Lone Star

USA 1995, 135 min

REGIE: John Sayles
DREHBUCH: John Sayles
PRODUKTION: R. Paul Miller, Maggie Renzi
MUSIK: Mason Daring
KAMERA: Stuart Dryburgh
SCHNITT: John Sayles
BESETZUNG: Chris Cooper, Elizabeth Peña, Joe Morton, Cilfton James

Der Film des unabhängigen amerikanischen Regisseurs John Sayles spielt in einer Kleinstadt an der Grenze zwischen Texas und Mexico. Ein Skelett in der Wüste wird als jenes des ehemaligen Sheriffs Wade identifiziert. Der jetzige Sheriff Sam Deeds, vor Kurzem erst an seinen Heimatort zurückgekehrt, muss den Fall von Amts wegen untersuchen. Er stellt im Verlauf seiner Nachforschungen widerstrebend fest, dass er nicht umhinkommt, sich noch einmal mit seinem legendären Vater Buddy zu beschäftigen, den er ebenso gern hinter sich lassen wollte wie die Bürger der texanischen Kleinstadt Frontera die 50er Jahre mit dem korrupten und rassistischen Sheriff Wade. Etablierte Versionen individueller und kollektiver Geschichte müssen so in der Grenzregion, die von Kriegen, Migration und ethnischen Konflikten gezeichnet ist, noch einmal aufgerollt und überprüft werden. Im Lauf von Sams Recherche entfaltet sich ein dichtes Gewebe von Figuren und ihren miteinander verbundenen Geschichten. Heranwachsende spielen in diesem Prozess der Überarbeitung von Erinnerung eine zentrale Rolle, indem sie die Definitionsmacht der Erwachsenen infrage stellen. So begegnet auch Sam seiner Jugendliebe Pilar wieder, von der ihn sein Vater gewaltsam getrennt hatte, und wagt es jetzt, sich dem Verbot zu widersetzen. Aber seine Ermittlungen über seinen Vater sind noch nicht abgeschlossen.

Filmografie

Piano, The
(Das Piano)

Australien 1992, 115 min

REGIE: Jane Campion
DREHBUCH: Jane Campion
PRODUKTION: Jan Chapman
MUSIK: Michael Nyman
KAMERA: Stuart Dryburgh
SCHNITT: Veronika Jenet
DARSTELLER: Holly Hunter, Harvey Keitl, Sam Neill, Anna Paquin

Viktorianisches England 1851. Ada McGrath, die Mutter der unehelich geborenen neunjährigen Flora, hat im Alter von sechs Jahren zu sprechen aufgehört. Keiner weiß warum, auch sie selbst nicht. Seitdem spielt sie leidenschaftlich Klavier. Adas Vater vermählt die gefallene Tochter per Brief in die Kronkolonie Neuseeland an einen Engländer, Stewart. Ada reist mit Tochter und dem geliebten Klavier ins Ungewisse. Stewart wird sogleich zum Feind, da er bei der Ankunft das Klavier am einsamen Strand zurücklässt. Anders Stewarts Nachbar Baines: Er führt Ada durch den Busch zum Klavier zurück und kauft es Steward ab, um von Ada Klavierstunden zu erhalten. Diese gestalten sich bald als Tauschhandel: Für jede intime Berührung, die Ada Baines gewährt, kann sie eine Taste des Klaviers zurückgewinnen. Baines gibt ihr das Klavier schließlich freiwillig zurück. Plötzlich vermisst Ada Baines und sucht ihn erstmals aus eigenem Antrieb auf. Die eifersüchtige Flora und auch Stewart beobachten die Liebesszene. Danach versucht Stewart, Ada zu vergewaltigen, und sperrt sie ein. Als Ada durch Flora eine Klaviertaste als Liebespfand an Baines schicken will, hackt ihr Stewart in mörderischer Wut einen Finger ab. Schließlich gibt Stewart Ada frei. Bei der Abreise mit Baines erweist sich das Klavier als zu schwer. Ada lässt es ins Meer werfen, ihr Fuß verheddert sich im Tau, und sie wird mit in die Tiefe gerissen. Erst im letzten Moment entscheidet sie sich fürs Leben und befreit sich.

Rashomon
(Das Lustwäldchen)

Japan 1950, 88 min

REGIE: Akira Kurosawa
DREHBUCH: Akira Kurosawa, Shigeo Nishida
PRODUKTION: Minoru Jingo
MUSIK: Fumio Hayasaka
KAMERA: Kazuo Miyagawa
SCHNITT: Akira Kurosawa
BESETZUNG: Toshirô Mifune, Masayuki Mori, Machiko Kyô, Takashi Shimura

Ein Wolkenbruch mit sintflutartigem Regen bringt einen Holzfäller, einen Priester und einen Knecht zusammen. Sie sitzen auf den Stufen eines halb verfallenen Tempels im Japan des elften Jahrhunderts. Um sich die Wartezeit zu verkürzen, beginnen sie eine Unterhaltung über den Tod des Samurai Takehiro und die Vergewaltigung seiner Frau Masako. Takehiro wurde im nahe liegenden Wald mit einem Schwert ermordet, und der Holzfäller war derjenige, der ihn gefunden hat. Der Holzfäller wird deshalb vor Gericht geladen und muss dort aussagen. Was der Holzfäller vor Gericht erlebt, verwirrt ihn außerordentlich. Außer ihm sind noch Masako und Tajomaru, der mutmaßliche Täter, zur Befragung vorgeladen. Doch als sie ihre Aussagen machen, erzählt jeder eine völlig andere Geschichte, und beim zunächst unbeteiligten Zuschauer vermag der Eindruck entstehen, dass es sich um unterschiedliche Fälle handelt. Als Masako und Tajomaru ihre Versionen der Tat geschildert haben und man zu keinem Urteil kommen kann, wird zur Klärung eine Geisterbeschwörerin eingeschaltet. Diese soll es dem getöteten Takehiro ermöglichen, seine Sicht des Tathergangs zu schildern. Doch auch Takehiro erzählt eine neue Version, die sich von jenen Masakos und Tajomarus unterscheidet. Der wahre Tathergang und seine Motive bleiben im Film letztlich ungeklärt.

Rosemary's Baby
(Rosemaries Baby)

USA 1968, 131 min

REGIE: Roman Polanski
DREHBUCH: Roman Polanski, Ira Levin
PRODUKTION: Robert Evans, William Castle, Dona Holoway
MUSIK: Krzysztof Komeda
KAMERA: William A. Fraker
SCHNITT: Sam O'Steen, Bob Wyman
BESETZUNG: Mia Farrow, John Cassavetes, Ruth Gordon, Sidney Blackmer

Frisch vermählt, suchen Guy und seine Frau Rosemary eine Wohnung in New York, um eine Familie zu gründen. Nach einem Todesfall wird in einem sagenumwobenen Häuserblock im Herzen Manhattans eine Wohnung für sie frei. Minnie und Roman Castevets, zwei Senioren aus der New Yorker Oberschicht, und deren Pflegetochter werden ihre Nachbarn. Guy und Rosemary finden die Einrichtung der Verstorbenen abstoßend; sie werfen alles weg, renovieren die Wohnung und vermeiden den Kontakt mit den Nachbarn. Der Selbstmord der Pflegetochter bringt dann jedoch eine Annäherung. Guy, ein erfolgloser Schauspieler, und Roman, das ambitiöse Oberhaupt einer okkultistischen Sekte, können viel voneinander profitieren. Romans Lebensziel ist es, den Antichristen in die Welt zu bringen. Guy seinerseits will Rosemarys Freund Hutch, ebenfalls Schauspieler und Guys Konkurrent, beseitigen. Er verspricht Roman sein zukünftiges Kind, wenn er Hutch umbringt. Rosemary wird mit Rauschgift narkotisiert und von Guy geschwängert. Eine Schwangerschaft voller Schmerzen, Ängste und Albträume beginnt, die Symptome sind Krankheit und rettende Botschaft zugleich. Rosemary schöpft Verdacht: Jemand will dem Baby Böses antun. Ihre Aufklärungen richten sie fast zugrunde. Bis zuletzt kämpft sie, doch vergeblich: Auch die Gynäkologen gehören zur Sekte. Bei der Geburt wird sie narkotisiert, man sagt ihr, das Baby sei tot. Doch Rosemary findet schließlich ihr Kind – in der Gestalt des Antichristen.

Stalker

UdSSR 1979, 163 min

REGIE: Andreji Tarkovskj
DREHBUCH: Arkadi Strugatsky, Boris Strugatsky
PRODUKTION: Aleksandra Demidova
MUSIK: Eduard Artemyev, Maurice Ravel, Richard Wagner, Ludwig van Beethoven
KAMERA: Aleksandr Knyazhinsky
SCHNITT: Ljudmila Feiginow
BESETZUNG: Aleksandr Kaidanovsky, Alisa Frejndlikh, Anatoli Solonitsyn, Nicolai Grinko

Der »Stalker« lebt zusammen mit seiner Ehefrau und seinem behinderten Kind am Rand der »Zone«, einer von der Regierung abgesperrten verrottenden Industrielandschaft, in der merkwürdige Dinge passieren. Er kennt das Sperrgebiet, erforscht seine Phänomene und respektiert dessen Eigenheiten. Unter seiner Führung überschreiten ein Wissenschafter und ein Schriftsteller die Grenze und betreten das mysteriöse Terrain, wo es ein Zimmer geben soll, in dem die geheimsten Wünsche der Menschen in Erfüllung gehen. Die drei Männer erleben die Unberechenbarkeit und Gefährlichkeit der Zone, während sie sich vorarbeiten. Sie sind den Elementen und der Zeitlichkeit als Grundkategorie des Lebens unmittelbar ausgesetzt, verlieren sich in rätselhaften Gesprächen und sind schmerzhaft mit den unbeantworteten Fragen ihres Lebens konfrontiert. Die unterschiedlichen Motive des Schriftstellers, des Wissenschafters und des »Stalkers« zeigen sich schließlich an der Schwelle zum unheimlichen Zimmer. Geläutert kehren sie aus der Zone zurück. Die Expedition der drei Männer ist zu einer Reise in ihre inneren und unerforschten Bereiche geworden; nun müssen sie sich der Auseinandersetzung mit diesen stellen.

Transamerica

USA 2005, 103 min

REGIE: Duncan Tucker
DREHBUCH: Duncan Tucker
PRODUKTION: Linda Moran, Rene Bastian, Sebastian Dungan
MUSIK: David Mansfield
KAMERA: Stephen Kazmierski
SCHNITT: Pam Wise
BESETZUNG: Felicity Huffman, Kevin Zegers, Fionnula Flanagan, Elizabeth Peña

Bree, eine Mann-zu-Frau-Transsexuelle, steht kurz vor ihrer operativen Geschlechtsumwandlung, als sie erfährt, dass sie einen mittlerweile 17-jährigen Sohn aus einer flüchtigen Affäre hat. Da sie von ihrer Psychologin keine Einwilligung für die Operation erhält, wenn sie ihren Sohn nicht trifft, fliegt Bree von Los Angeles nach New York, um Toby aus der Jugendhaft zu holen. Bree gibt sich als Missionarin aus und möchte Toby so schnell wie möglich loswerden, da sie in wenigen Tagen für die Operation wieder zurückkehren muss. Toby möchte aber zu seinem Vater nach Kalifornien, und Bree entschließt sich, ihn im Auto mitzunehmen. Brees Plan, Toby bei seinem Stiefvater abzusetzen, scheitert, denn der Stiefvater ist gewalttätig und hat Toby missbraucht. Die Weiterfahrt wird jedoch verhindert, denn Bree und Toby werden ausgeraubt. Bree macht deshalb mit Toby bei ihren Eltern Zwischenhalt, wo es allerdings zu Auseinandersetzungen mit der Mutter kommt, die ihre Transsexualität missbilligt. Mittlerweile hat Toby entdeckt, dass Bree eine Transsexuelle ist, und möchte sie verführen, doch Bree weist ihn zurück. Er erfährt, dass sie in Wahrheit Stanley, sein Vater, ist. Toby wird wütend und verschwindet. Bree fliegt nach Los Angeles zurück und unterzieht sich der Operation. Toby, der in Los Angeles einen Pornofilm dreht, sucht sie schließlich doch noch auf, und die beiden nähern sich wieder an.

Autorinnen und Autoren

HANS PETER BERNET, lic. phil., Studium der klinischen Psychologie, Psychopathologie und Ethnologie in Zürich. Psychoanalytiker und Psychotherapeut in eigener Praxis in Zürich. Mitglied des Psychoanalytischen Seminars Zürich und dort in der Ausbildung tätig. Seminare zu Narzissmus, Sexualität und Aggression, Film und Psychoanalyse. Mitglied der Jury des »Prix Art & Essay CICAE (Conféderation International d'Art et d'Essai)« am Filmfestival Locarno 2007.
Kontakt: bernet.hp@bluewin.ch

JOHANNES BINOTTO, lic. phil., Studium der Germanistik, Anglistik und Philosophie in Zürich. Wissenschaftlicher Assistent und Filmpublizist. Seit fünf Jahren Dozent am Zürcher Lacan-Seminar mit dem Kurs »Film & Psychoanalyse«. Diverse Aufsätze zu den Schnittstellen zwischen Film, Psychoanalyse, Literaturwissenschaft und Architekturtheorie. Zurzeit Arbeit an einer Dissertation zum Freud'schen Unheimlichen und dessen Repräsentation in bildender Kunst, Literatur und Film.
Kontakt: johannes@binotto.ch

MARKUS FÄH, Dr. phil., Psychoanalytiker SGPsa/IPA in eigener Praxis in Zürich. Mitglied und Dozent am Freud-Institut Zürich, Lehrauftrag an der Sigmund-Freud-Privatuniversität Wien. Zahlreiche Artikel und Buchbeiträge zu Psychotherapie und Psychotherapieforschung, Geschlechterfragen, Paarbeziehungen, seelischer Gesundheit. Buchautor

(u. a. »Der perfekte Mann«, »Schluss mit Jammern – und das Leben kommt von selbst«).
Kontakt: info@markusfaeh.com

INGRID FEIGL, lic. phil., Studium der klinischen Psychologie, Psychopathologie und Philosophie. Psychoanalytikerin in eigener Praxis in Zürich, Mitglied des Psychoanalytischen Seminars Zürich; schreibt regelmäßig im »NZZ-Folio«, dem Monatsmagazin der Neuen Zürcher Zeitung.
Kontakt: ingrid.feigl@gmx.ch

YVONNE FRENZEL GANZ, lic. phil., Dipl.-Päd., Studium der Soziologie, Pädagogik sowie klinischen Psychologie und Psychopathologie in Frankfurt am Main und Zürich, Psychoanalytikerin SGPsa/IPA in eigener Praxis in Zürich. Mitglied des Freud-Instituts Zürich, Mitherausgeberin des Buchs »Unterwelt in Aufruhr« (2007) im Psychosozial-Verlag. Initiantin des Projekts *Cinépassion*.
Kontakt: frenzel@psypraxis.ch

BIANCA GUEYE, Dr. med., Spezialärztin für Psychiatrie und Psychotherapie FMH, Psychoanalytikerin SGPsa/IPA in eigener Praxis in Zürich. Mitglied des Freud-Instituts Zürich. Als Gruppenanalytikerin der Internationalen Arbeitsgemeinschaft für Gruppenanalyse (IAG) in der Ausbildung in Moskau tätig. Mitherausgeberin des Buchs »Unterwelt in Aufruhr« (2007) im Psychosozial-Verlag.
Kontakt: bianca.gueye@hispeed.ch

ROLF HÄCHLER, lic. phil., Lehre als Bauzeichner, Studium der Klinischen Psychologie, Psychopathologie und Kunstgeschichte in Zürich. Ausbildung am Freud-Institut Zürich, Psychoanalytiker in eigener Praxis in Zürich, Supervision von Lehrerinnen und Lehrern. Verschiedene Artikel zu Essstörungen und Adoleszenz.
Kontakt: rolf.w.haechler@bluewin.ch

ANDREA KAGER, Dr. phil., Studium der Psychologie, Germanistik und Philosophie in Graz, Salzburg und München. Ausbildung am Psychoanalytischen Seminar Zürich und am Freud-Institut Zürich. Mitarbeiterin,

Lehrbeauftragte und Supervisorin in verschiedenen psychiatrischen und psychosozialen Institutionen. Psychoanalytikerin und Paartherapeutin in eigener Praxis in Zürich.
Kontakt: andrea.kager@bluewin.ch

BEATE KOCH, lic. phil., Studium der deutschen und englischen Literaturwissenschaft und Literaturkritik in Tübingen und Zürich, anschließend Zusatzstudium in klinischer Psychologie. Psychoanalytische Ausbildung in Zürich, Fortbildung in London. Mitglied und Dozentin des Psychoanalytischen Seminars Zürich, Psychoanalytikerin in eigener Praxis in Zürich.
Kontakt: beatekoch@bluewin.ch

ALEXANDER MOSER, Dr. med., Spezialarzt für Psychiatrie und Psychotherapie FMH, Psychoanalytiker SGPsa/IPA in eigener Praxis. Langjähriger Dozent für Fallanalyse und Interviewtechnik an der Universität Zürich; Dozent und Ausbildungsanalytiker am Freud-Institut Zürich, Supervisor an verschiedenen Institutionen. Publikationen zu Theorie und Technik von Psychoanalyse und Psychotherapie, zur Anwendung der Psychoanalyse auf soziokulturellem Gebiet und zu Ausbildungsfragen.
Kontakt: mosera@bluewin.ch

ALBA POLO, lic. phil., Studium der Psychologie in Lausanne, Madrid, Genf und Zürich, Ausbildung in psychoanalytischer Psychotherapie an der Universität Zürich, Psychotherapeutin an der psychologischen Beratungsstelle für Studierende der Universität und der Eidgenössischen Technischen Hochschule Zürich sowie in eigener Praxis. Gründungsmitglied des Jungen Forums für Literatur und Psychoanalyse in Freiburg 2008. Dissertation zur Bedeutung der Vaterimago im Entwicklungsprozess der weiblichen Adoleszenz.
Kontakt: alba.polo@psychologie.ch

WIEBKE RÜEGG-KULENKAMPFF, lic. phil., Studium der Psychologie, Pädagogik und Philosophie in Zürich, psychoanalytische Ausbildung am Freud-Institut Zürich und am Psychoanalytischen Seminar Zürich, Gruppenanalytische Ausbildung SGAZ. Psychotherapeutin SPV/ASP.

Psychoanalytikerin und Supervisorin in eigener Praxis sowie Psychotherapeutin an der psychologischen Beratungsstelle für Studierende der Universität und der Eidgenössischen Technischen Hochschule Zürich.
Kontakt: w.rueegg-kul@bluewin.ch

MIRNA WÜRGLER, lic. phil., Studium der Ethnologie, Soziologie und Psychologie an der Universität Zürich. Feldforschung in Ecuador. Mitglied des Psychoanalytischen Seminars Zürich. Psychoanalytikerin in eigener Praxis. Mitherausgeberin von »Kultur Migration Psychoanalyse« (1999) und von »Neue psychiatrische Diagnosen im Spiegel sozialer Veränderungen« (2008). Publikation »Heimat – Identität im Spiegel« im Band 1 der Studien zur Ethnopsychoanalyse (2002).
Kontakt: mirna.wuergler@bluewin.ch

Psychosozial-Verlag

Andreas Jacke
Stanley Kubrick

Theo Piegler
Mit Freud im Kino

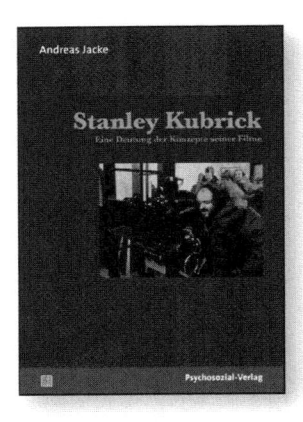

2009 · 359 Seiten · Broschur
ISBN 978-3-89806-856-7

2008 · 262 Seiten · Broschur
ISBN 978-3-89806-876-5

Stanley Kubrick (1928–1999) gehört zweifellos zu den wichtigsten Regisseuren der zweiten Hälfte des 20. Jahrhunderts. Doch sind seine Filme voller Rätsel: Was bedeutet der Monolith in »2001: A Space Odyssey« (1968)? Warum stürzt eine Blutwelle aus der Fahrstuhltür in den Flur eines Hotels in »The Shining« (1980)? Weshalb erschlägt Alex in »A Clockwork Orange« (1971) eine Frau mit einem riesigen Plastik-Phallus? Was hat der Arzt Bill Hartford in »Eyes Wide Shut« (1999) nachts maskiert bei einer dekadenten Sex-Orgie verloren? Das Buch möchte versuchen, diese Fragen zu beantworten, und beschreibt das gesamte Werk eines Mannes, dem es gelungen ist, zwischen Kunst und Kommerz, zwischen Arthaus-Kino und Hollywood über Jahrzehnte hinweg immer wieder perfekte Filme zu drehen, die einen ganz eigenen Ausdruck haben.

Das Buch lädt den Leser ein, Filme Seite an Seite mit dem Begründer der Psychoanalyse zu erleben und zu genießen. Diese Perspektive ist in besonderer Weise geeignet, den ganzen Reichtum von Filmen zu erfassen. Neben einer Darstellung der Beziehung von Film und Psychoanalyse werden internationale Filme der letzten fünf Jahrzehnte aus psychoanalytischem Blickwinkel betrachtet. Beiträge des Stuttgarter Psychoanalytikers Peter Kutter und des Berliner Filmemachers Christian Schidlowski runden das Buch ab.

Der Text verbindet in gut verständlicher Form Film und Psychoanalyse und kann so nicht nur als Einstieg in die Psychoanalyse, sondern auch als psychoanalytische Interpretationshilfe beim Betrachten von Filmen genutzt werden.

Walltorstr. 10 · 35390 Gießen · Tel. 06 41-96 99 78-18 · Fax 06 41-96 99 78-19
bestellung@psychosozial-verlag.de · www.psychosozial-verlag.de

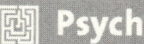

Psychosozial-Verlag

Mathias Hirsch
»Liebe auf Abwegen«

Parfen Laszig, Gerhard Schneider (Hg.)
Film und Psychoanalyse

2008 · 198 Seiten · Broschur
ISBN 978-3-89806-842-0

2008 · 262 Seiten · Broschur
ISBN 978-3-89806-807-9

In den vergangenen Jahren ist das Kino immer mehr ins Interesse der Psychoanalytiker gerückt. Der Zuschauer kann sich berühren lassen und den Film als verschlüsselte Narration des eigenen Unbewussten verstehen. Er kann aber auch beruhigt das Eigene als Fremdes auf der Leinwand belassen. Dies ist ein Sinn des Voyeurismus. Der Film wird den unbewussten Motiven, Begierden, auch den Ängsten des Zuschauers entsprechen, ihn aber nicht dauerhaft verändern. Insofern ist Guattaris Spruch, das Kino sei »die Couch der Armen«, nicht mehr als ein witziges Bonmot.

Alle Filme, die in diesem Buch vorgestellt werden, führen uns in die Abgründe und Abwege der Liebe, die auch in uns als menschliche Möglichkeiten enthalten sind: Der Weg geht von der Mutterliebe, dem Inzest, der einen oder anderen Form der Perversion, der Ehe und der Selbstliebe bis hin zur Liebe in der Psychotherapie.

In den letzten Jahren ist eine Reihe psychoanalytischer Filminterpretationen erschienen, in denen die Filme als Indikatoren soziokultureller Befindlichkeiten verstanden werden. Das legt den Versuch nahe, der kulturpsychoanalytischen Perspektive in der Filmpsychoanalyse einen Ort einzuräumen und die Betrachtungsweise Siegfried Kracauers aufzunehmen. Er verstand Filme als »Spiegelbild« jener »Tiefenschichten einer Kollektivgesinnung, die mehr oder minder unterhalb der Bewusstseinsschwelle liegen«, und konnte so eine Geschichte der Befindlichkeiten der Weimarer Zeit schreiben. Analog dazu werden im vorliegenden Buch Gegenwartsfilme als Oberflächenphänomene vor- und unbewusster soziokultureller Befindlichkeiten der sich globalisierenden spätkapitalistischen Welt aufgefasst.

Walltorstr. 10 · 35390 Gießen · Tel. 0641-969978-18 · Fax 0641-969978-19
bestellung@psychosozial-verlag.de · www.psychosozial-verlag.de